新生代美术教育家书系　主编／尹少淳

美术教师专业发展图景

——知识与行动的研究

● 李静　著

西南师范大学出版社
国家一级出版社　全国百佳图书出版单位

序

任子弹落，让子弹飞

● 尹少淳

春夏秋冬，寒暑冷暖，日出日落，昼白夜黑，生物因寒暑而变化，因昼夜而动伏，不觉岁月如水，生命已至尽头。如此代代繁衍，生生不息，演绎着生命的故事，演奏着生命的乐章，给静寂之宇宙增添了无尽的生气和温暖。

独人为智慧之生物，乃发明“时间”以为衡量岁月之尺度，秒、分、时、日、周、月、年、世纪……于是“时间”成为自觉，既往可以扼腕叹息，未来可以引颈期待。以“时间”为参照和想象，可以加速，可以延缓。时间虽然是客观的，也是主观的，时间会因为我们的心情、态度而产生种种变化。时间如一间房子，或空空荡荡，或密密塞塞，或空或塞，端赖人之所为。

“代”是个时间概念，可以是历史划分的时期，譬如时代、世代、古代、近代；也可以是世系的辈分，譬如上一代、下一代。何谓一代，却并不确定。一代可以是数百年、数十年甚至数年、数月，信息时代之代际时间跨度越来越短。相对不同的事物，“代”的涵义并不相同。战机可以分为第一代、第二代、第三代，现在最先进的战机已臻第五代。

介乎于第四代和第五代，甚至出现了四代半战机。无线上网的标准乃根据上网之速率、容量及稳定性来划分，在经历了几代的发展之后，现在已经到了 4G，而且 5G 已是指日可待。虽然每一代的差别难以明确界定，但代际之间都会有台阶性的进步。

人是如何分代呢？就家族而言，以吾辈为参照，父母是一代，其上的祖辈是一代；儿女是一代，其下的孙辈又是一代。过去结婚早，生育早，四代同堂的现象不鲜见；现在虽然人更加长寿，但因为结婚晚，生育迟，四代同堂的现象同样并不鲜见。学人的分代，虽然跟年龄相关，但更体现为师承和集群的意义。一般而言，老师和学生应该属于两代学人的关系，比如季羡林先生与钱文忠先生作为师生应该算作两代学人了。所谓集群，则在一个学术时代，有一群学人在一个学术现象和学术高峰中共同发挥着“加薪添柴”的作用。就如同 20 世纪 50 年代至 80 年代中期的“美学热”时出现的朱光潜、蔡仪、李泽厚、王朝闻、高尔泰等学人，尽管年龄差别很大，而且其中如朱光潜在 20 年代第一次美学热的时候就已经能呼气为云了，但依然可以从集群的角度归为一代。

取名“新生代美术教育家书系”，自然需要弄清楚什么是“新生代”。

“新生代”首先是一个自然科学的概念，主要在地质学上运用。“新生代”主要指距今 6500 万年地球历史上最新的一个地质年代。其前期被称为中生代，中生代的结束以恐龙的灭绝为标志。新生代时期形成了被称为新生界的地层，以哺乳动物和被子植物的高度繁盛为特征。生物界逐渐呈现了现代的面貌，所谓新生代，也即现代生物时代。作为社会意义的概念，“新生代”的用法广泛而模糊。“新生代歌手”“新生代农民工”“新生代作家”……都是我们耳熟的说法。概而言之，在社会学的语境中，新生代是一个相对的概念，相对于老一代而言，大致指称最新的一代，朝气蓬勃，富有锐气和创新精神，或许又隐含着些许不成熟的意味。

在美术教育理论研究领域的“新生代”又是何指呢？

不可否认，中国的美术教育研究自近代以来就出现过一些卓有贡献的美术教育理论家，如姜丹书、丰子恺等。但在前期，代与代之间并不存在“泾渭分明”的现象，似乎从1949年之后，代际的轮廓才开始变得略微清晰。尽管如此，我还是主张以一种模糊的态度加以区分，因为这样可以避免一些因认识上的差异而产生的争议。1949年以后的第一代美术教育理论家差不多已经作古，第二代中的一部分人也已谢世，在世的一般都在70岁以上。第三代在60岁左右，抵近或超过退休的年龄，已经或将要陆续离开工作岗位。此后一代的理论家大致就是我意指的“新生代美术教育家”了。

这套书系的作者，也即所谓“新生代的美术教育家”，他们大致有如下特点：其一，年龄跨度较大，最大的在40多岁，最小的也在30岁左右；其二，基本上在高校从事美术教育的教学和研究工作；其三，大多数均有博士或硕士学位；其四，也是最重要的是他们对美术教育怀有深沉的感情并具有深刻的认知和丰富的经验。

清人赵翼《论诗》中有云："李杜诗篇万口传，至今已觉不新鲜。江山代有才人出，各领风骚数百年。"当代社会，知识更新速率加快，折旧速率同样加快，"江山代有才人出"可谓至理，"各领风骚数百年"倒未必真实。关于代际的关系的表述，还有我们所熟悉的一句俏皮话："长江后浪推前浪，前浪拍死沙滩上。"我倒更倾向于一个不俗的比喻："任子弹落，让子弹飞。"一代代学人就像前面的子弹被后面的子弹顶着飞出枪膛，先是加速度，最终上演的是"强弩之末"的悲剧，落在了一个它该落的地方。子弹飞出枪膛是勇猛的，落在一个地方同样是悲壮的。无论是"江山代有才人出""长江后浪推前浪"，还是"让子弹飞"，历史复演同样的悲喜剧，但正是在这种悲喜剧中，人类社会却真真切切地发展了。

世界毕竟是新一代的，对他们应该期待、包容、支持和鼓励，为的是让人类社会的大舞台不断出现新的面孔、奇的景观，保持不绝的生气和永恒的魅力。"新生代美术教育家书系"编辑出版的目的正在于此。

对新一代的美术教育家的理论研究成果是可以期待的。我一直认为，在一个学人的成长中，最值得关注和珍视的是其处女作。因为几乎所有的处女作都具有“厚积薄发”的特征，体现为最高程度的智慧、积累、精力、体力的集中喷射，闪烁着耀眼光芒，弥散着灼人的温度。而以后的著作可能因为功利的目的或受其他力量的支配，在原来的学术积累消耗殆尽而未及补充的情况下，勉强地“挤压”而成，其力度和高度往往远逊于处女作。这当然是一般的现象，不可一概而论，尤其不能绝对化。只要排除干扰，努力积累，认真研究和写作，后面的著作依然可以是出类拔萃的，甚至超越处女作而爬至新的高峰。这两种情况在这套书系中都存在，我们当然希望是正面意义的存在。

这套书系研究的问题涉猎广泛，包括：美术教育学的哲学研究；中国美术教育的历史研究；学校的设计教育研究；美术教师专业发展研究；美术教师教育专业改革研究；校外美术教育研究；非物质文化遗产与美术课程研究；中国传统文化与美术教育研究；美术教育的文化研究；信息化与美术教学设计；基础美术教育中的知识、课程与教学研究；艺术本位与美术教育研究……在这些研究中，“新生代”们各有侧重地运用了哲学思辨法、调查法、观察法、文献研究法、实验法、实证研究法、定量分析法、定性分析法、跨学科研究法、个案研究法等现代研究方法，反映出这些学者都具有良好的理论思维能力和驾驭不同研究方法的能力。当然，方法毕竟是方法，更重要的是研究中闪烁的智慧之光，显示的真知灼见。因为我们见过太多的用“科学的”研究方法来证明一个“平庸且了无新意的思想”的现象。幸好在这套书系中并没有出现这种现象，每位作者都能坚持独立的思考，进行独立的判断，大胆提出一些具有启迪性的思想和新颖有效的方法，值得我们关注和追踪。“文无第一，武无第二”，应该说各位“新生代”的研究成果，并无高下之分，却有特色之别，揆诸全部著作中之思想和方法，我的判断是各自的理论体系是自洽的，依恃的学术品质是优秀的。

人生短暂，故而令人嗟叹，嗟叹之中哲学乃生，宗教乃成，因为哲学、宗教直追人生之终极目标：人为何而生？如何于短暂之生涯中获得永恒的价值？希望这套书系让我们的“新生代”获得些许作为“新生代”的成就感，感悟到生命的价值，在未来的日子里让“子弹”加速度地飞，候俟新的子弹飞起来，让我们落在该落的地方，将终生无憾无悔。“任子弹落，让子弹飞”，世事如斯，人生如此。

稍贡刍见，谨布数语，以声援“新生代”之进步与发展，亦盼中国美术教育理论繁荣昌盛，蔚为大观。

是为序。

美术教师专业发展图景

——知识与行动的研究

前言

学校美术教师专业发展是学生美术学习成功的关键

谈及教师专业发展，专家们经常会把教师与医生、律师做类比，认为教师的专业性不强。这或许有一定的道理，但教育面对的是人的长期的发展过程，教育活动及教育研究具有长期性和复杂性，教师专业发展贯穿于教师整个职业生涯。正如“教学，是‘学习’的专业”，这个联合国教科文组织（UNESCO）二十世纪的宣言，如今已成为国际共识，今日学校美术教育面临最严峻的挑战之一或许可表述为：每一位影响学生美术学习的人都必须时刻地学习。换句话说，美术教师连续的专业学习有助于促进学生提高美术学业成就。

自我国基础教育美术课程改革以来，美术学科发展非常迅速，美术教师参与教育改革的范围日趋广泛，研究者对美术教师的关注也越来越多。然而，基础教育中的美术教师仍处于弱势地位却是不争的事实，美术教师专业发展存在着起步不足、针对性不强以及研究不够等诸多问题。

首先，美术学科不受重视。现有的高考制度，使社会更加重视语文、数学和英语等“主科”的学习，素质教育在高考指挥棒之下成为“面子工程”，而往往当学生的“主科”学习处于不理想状况时，他们才将视线转向艺术类高考。事实上，在录取艺术类考生时，对他们文化课考分要求相对较低，这容易使学生只重视美术技能学习而忽视文化素养的提高。这一短板又势必会影响到学生成为一名美术教师后的专业发展。

其次，美术教师工作繁杂、机会少。中华人民共和国教育部令（第13号）《学校艺术教育工作规程》中明确规定，学校艺术教育工作包括：艺术类课程教学，课外、校外艺术教育活动、校园文化艺术环境建设。当有着美术技能而富有个性的美术预备教师入职之后，一方面，他们的专业背景和思维习惯与其他学科教师相异，与其他教师在学科上的交流不多；同时他们在中小学校园内除了负责正常的美术课堂教学与课外活动外，还被要求承担学校里众多的宣传工作，可用于自我学习进步的自主时间有限。另一方面，由于一所学校内美术教师的数量较少，外出培训的机会也少，他们在日常教学中遇到困难时会面临孤立无援的境地。因而，美术教师专业发展的时间和空间有限。

第三，美术教育具有跨学科的特征。美术教师扮演着教育者和艺术实践者的双重角色，他们经常穿梭于感性思维和理性思维之间。现行的美术教师教育课程中，存在着偏向单纯的美术技能学习、美术理论学习或教育理论学习的现象，缺少儿童或青少年心理学课程及与儿童或青少年美术学习经验相关联的课程学习，而大学文化与中小学文化上的差异，使得在教师培养上与中小学日常教学实践的衔接较弱。新教师在任教的最初 3 至 5 年内辞职和跳槽的现象不少，流失率较高，美术教师专业发展很难延续下去。

第四，美术教育研究，需要跨学科的人才与研究思维。美术教育的理论与实践需要不断拓展和延伸，以促进美术学科向健康和良性的方向发展，从而丰富整个教育的研究成果。这可以转化为有效的实践指导，为未来美术教师专业发展指明方向，提供有针对性、有实际意义的策略与方法。然而，就目前来说，对美术教师专业发展的理论与实践的研究还远远不够。

《国家中长期教育改革与发展规划纲要（2010—2020 年）》的一项重要内容就是，提高中小学教师队伍整体素质，造就一支高素质、专业化教师队伍。

2010年教育部颁布的《教师教育课程标准（试行）》将教师专业发展作为教师教育的核心思想，并列为教师教育课程之一。2018年1月，中共中央、国务院印发了《关于全面深化新时代教师队伍建设改革的意见》，对培养高素质教师队伍做出顶层设计和明确要求。要做到这些，迫在眉睫的是转变教师培养和培训思路，提高教师专业发展活动的效能。这对于起步晚、受重视程度不高的美术教师专业发展来说，是挑战，也是机遇。

那么，美术教师专业发展环境如何？也就是说，美术教师专业发展的客观背景与内在条件怎样？即，美术教育的历史、文化与政策制订，对教师专业发展有着怎样的影响？美术教师是否真正了解自己，知道自身专业知识结构特点？他们在专业发展时有哪些优势与不足，即受哪些外因与内因的影响或推动？这需要我们客观、冷静地做出梳理、思考与分析。

教育的一切改革最终都离不开好老师，美术教育尤其需要好老师。优秀的美术教师有强烈的职业认同感，对教书育人有极大的热情和全身心的投入，这种榜样的力量最为可贵。那么，优秀的美术教师是如何成长的？他们有着怎样的发展路径？他们的成长是否有规律可循？有什么样的共性和个性特征？又有哪些地方是值得广大的普通美术教师借鉴和学习的？这应该是我国许多美术教师、教育行政管理者以及教育研究人员非常关心的一个问题。

如果说关于优秀美术教师专业发展的研究探究的是个体发展的特殊性和典型意义，那么，对于普通美术教师的现状、困境我们又了解多少？他们在专业发展时的瓶颈在哪里？日常教学中，普通美术教师同社会大众对美术教育的认识是否存在价值认同上的差异？学术研究对美术教师专业发展的评价或标准怎样？国内外在对美术教师专业发展问题上的认识与做法有何差异？对这些问题的进一步追问与研究，对美术教师专业发展的定位、建设与评价等问题的解决有何价值？

上述这些问题至关重要，对它们的研究贯穿本书的始终。我着眼于美术教师专业发展的诸多问题并加以认真梳理，在知识与行动中建立一种关联，这种关联的焦点就落实在美术教师身上。通过质性研究的方法，阐释美术教师要在“应该知道”和“知道如何去实践”上行动，一方面是美术教师个体的知识积累和行动反思；另一方面，美术教师身处整个美术教育改革中，要善于借鉴别人的行动与实践，或者与别人一起行动和实践，这也是专业化发展在日常实践中的重要部分，从而产生“实践得如何”的评价。如此不断深入，最终实现持续的专业发展。

美术教育是一门跨界的独立学科，它不是美术和教育两个学科“1+1”的简单组合。为美术教师专业发展提供理论支撑的研究，可以探明领域内的基本问题，是对学科普遍性、规律性的总结和归纳。在梳理前人对美术教师研究成果的基础上，从哲学、心理学、教育学和学科价值等方面架构美术教师专业发展的理论基础。通过分析，进一步认清美术教师身份以及把握这种身份应该知道的方面；明确美术教师专业发展是职业的特点，也是做好工作的要求。

在我国基础教育中，美术教师专业发展与环境有关，这种环境分为外部环境和内部环境。外部环境是指国家政策和导向影响下的美术教师专业成长的硬件空间。研究以梳理与分析国家政策与文件入手，对美术教师准备入职、从职、发展的不同时期，美术教师工作的性质、要求、发展途径和空间等进行了较为全面的分析解读，为深入探讨和研究问题提供了背景。内部环境是指美术教师专业知识体系结构，是软件空间。研究以美术教师专业知识体系为抓手，探索了我国美术教师专业发展的内部环境。通过对每一项知识的内涵分析、知识内容框架构建，阐释美术教师只有努力建构职业生涯中每一阶段的专业知识体系结构，才能获得专业发展的内在动力，促进专业的发展。内外环境的研究能促使美术教师专业发展趋向良性。

美术教师专业发展路径的个体和团队案例研究，旨在从中获得有针对性的启示。在个体案例方面，为凸显典型性和代表性，我们从城市和农村两个区域出发，在城市，选取新手教师、熟手教师和专家教师的案例来对应美术教师职业生涯的不同发展阶段进行研究，同时选取农村地区的熟手教师与城市熟手教师进行对照研究。我们发现，不同教龄、不同发展阶段、不同地区的优秀美术教师，虽然他们同样面临着专业化发展的问题，但由于个人的知识、能力、阅历、性格的不同，在面临专业化发展挑战时，各自采取的应对策略存在差异。在团队案例方面，我们分析了在美术教育先进地区、经济发达地区、城乡结合区以及经济欠发达地区中美术教师团队专业发展中遇到的问题与挑战，以及他们解决专业发展难题和困惑的途径与方法。研究发现，美术教师根据当地美术教育的环境和条件，因地制宜地探索出独特的专业化发展路径，既有效地解决了当地美术教师专业发展的个性问题，又探索出有意义的专业化发展模式：学习共同体、城乡一体化、持续的学习和分层式发展。

美术教师专业发展的理论基础研究和美术教师专业发展内外部环境研究，以及优秀美术教师专业化发展路径的案例研究，目的是从普遍现象和特殊发展中探寻出美术教师专业发展的一般规律，给我国未来美术教师专业化发展提供参照。这种研究也使我们认识到目前我国美术教师专业化发展的必要性及存在的一些误区。美术教师专业标准框架正是基于上述研究而构建的，我们从教学、学习、交往、能力等四个维度二十个细化指标构建标准框架，提出建立美术教师电子档案袋和测试工具，并采用美术教师专业发展的发展性评价和终结性评价相结合的评价方式。合理利用评价结果，促进美术教师专业发展培训课程和管理平台的建设。从用实践性知识进行专业发展、夯实教学专长形成教学风格、实现“好的教学”和参与良好的专业发展活动等四个方面提出美术教师专业发展路线图。以上研究旨在促进不同职业生涯阶段的美术教师都能走向优秀教师成长的道路。

吸引优秀人才加入到教师队伍中才能保障学生的学习，这是许多发达国家在教师专业发展上的共识，了解和学习发达国家美术教师专业化发展的政策和经验，可以拓宽我们学校美术教育视野和美术教师专业化发展空间。随着国内外在美术教育政策制订、领导管理和实践举措上的发展，我国未来美术教师专业发展也会面临诸多挑战。而社会、教育、科技等因素使美术教育产生许多可能，美术教师专业发展的跨界意义也会凸显，美术教师的专业化发展借助各方面的力量和研究团队的合作，越来越显示出更加广阔的图景。

目录 CONTENTS

19

[第一章]

[第二章]

[第三章]

[第一章]

1 美术教师专业发展理论研究

学生通过美术学习不仅可以获得对美术学科本身的理解，还可以拓宽视野、促进其对其他领域的学习和能力迁移。美术教师是促进学生美术学习的关键，其专业化及成熟程度是实现学生素质教育的前提。

我国中小学美术教师的形象是通过其专业化特质显现的，研究者对这一群体形象的集体认同，可以使我们形成一定的感知和认识。在此基础上，本研究进一步探寻美术教师专业发展的理论基础，以建构对这一问题深入研究的根基。同时，这种研究也是扎根于国内外学者对该领域研究的视野之中，以社会、时代的动态发展与变化，对照不同场域下美术教师专业发展的时代认知。

第一节 我国中小学美术教师形象

一、“职业”和“专业”

（一）语义上的区分

研究教师专业发展问题，首先要认识“职业”和“专业”的概念。从语义上理解，“职业”有5种语义：①官事和士、农、工、商四民之常业；②职分应作之事；③犹指职务、职掌；④犹指事业；⑤今指个人在社会中所从事的作为主要生活来源的工作。“专业”有4种语义：①专门从事某种学业或职业；②专门的学问；③高等学校或中等专业学校所分的学业门类；④产业部门的各业务部分。由此看出，二者语义上虽含有多重意义，但“职业”（vocation）与“专业”（profession）存在着概念差异，这一点也可以从张民选对国内外著名学者的职业和专业概念研究的比较中窥知一二。（如表1-1）

表1-1 “职业”与“专业”概念差异[①]

项目	职业	专业
工作实践	以经验和技巧为基础	工作实践以专门知识和专门技术为基础
工作过程	以重复操作为特征	根据工作过程需要而变化，并以这种变化为特征

① 根据《教师评价——提高教师专业实践能力》一书中张民选撰写的“译丛总序”部分改编。

续表

项目	职业	专业
工作态度	需要服从指挥	需要自主权
从业条件	通过学徒培训即可	需接受高等教育，学习高深学问和专门知识
业务能力	工作中日益熟练、灵巧	需不断更新知识，掌握新工具、方法
从业资格	容易获得	不易获得
从业目的	谋生手段	服务社会

（二）社会学中的关联

在传统社会学中，社会组织形态被划分为血缘社会、地缘社会和业缘社会。尽管学者们在此基础上还有更加多样化的组合划分，但他们大都认为，在现代社会的众多组带中，业缘组带是最基本、最普遍的。“对我们社会中的绝大多数成年人而言，职业通常是人们的首要身份”①，职业关系是人际关系中主要的关系。随着人类生产、生活的社会分工越来越细，职业专业化的需求就越来越明显，这也是现代社会的一个重要特征。

由此可见，专业是社会分工、职业分化的结果，是人类对自然和社会的认识达到一定深度的表现。为发展这种专业，就会产生出一种以专门训练、特殊知识、管理技能、专业道德守则，以及献身于某种特定生活方式为主的文化。这种文化即某种专业化规范。

（三）教师群体

教师群体是一个业缘群体，“是以教育职业或活动为生存、发展方式和联结纽带的一种人类聚合体，即由从事教学工作和教育教学管理活动的人所组成的人群。它是人类教育需要与能力不断积累、分化，教育活动的专业化程度日渐提高的产物。”②可见，教师职业本身就隐含着对专业的需求。随着社会的发展，对教育的需求呈现出多元化和多样化的特征，教育活动内部分工更加细致，行业的专业性和独立性也随之得到强化。

教师“职业”与“专业”的含义，有过模糊和不确定。由联合国教科文

① [美]戴维·波普诺. 社会学[M]. 李强，等译. 北京：中国人民大学出版社，1999：97.

② 刘捷. 专业化：挑战21世纪的教师[M]. 北京：教育科学出版社，2002：13.

组织（UNESCO）和国际劳工组织（ILO）1966年在《关于教师地位的建议》中提出的“教学应被视为一种专业”，可以看出，用“视为”一词也只能说明当时的国际社会对教师是否能像医生、律师那样完全达到专业标准，教师是否都是专业人员还存有疑虑。而随着教师职业地位认识的不断延展，在20世纪80年代以后，提高教师专业技能日益成为相关研究者所关注的焦点。特别是20世纪90年代以来，在一些学习、活动或团体建议中，要求在大学教育中实施在职教师教育延伸计划的呼声日益强烈。世界各国相继出台了关于教师教育发展前景的计划、方案或教学标准，开始对教师专业发展的途径、方式等所涉及的“如何培养高效能教师”之类的议题投入大量关注。至此，“专业”比“职业”拥有了更加丰富的内涵。

二、美术教师职业形象

教育研究文献中，通常认为教师具有“异乡人、旅行社、向导、艺术家、农夫和接生婆”[①]等形象特点，研究者试图从一个又一个的比喻中表明作为一名教师应该具备的特征或素质，表明自己对教师职业特征的认识，即什么样的人能做教师，或者教师应该是什么样的。郭丁荧认为，所谓教师角色，是指教师与角色伙伴互动的社会情境中，基于其特殊的身份、地位，而被期望及实际表现的行为或特质。[②]由此看来，美术教师的角色或形象与其所处社会环境中的伙伴互动和其角色期待有关，因而影响着美术教师自身“实际表现的行为或特质”，也就是说，对美术教师角色的理解有“理想角色”和“实际角色”两种层面上的理解。

在研究中，我们发现美术教育研究者认识美术教师形象从两个方面入手，一方面是从美术教师的素质来分析，另一方面是从美术教师从业资质来界定，下表1–2为不同的观点表述。

---

① [美]辛普森，[加]杰克逊，[美]艾科克．杜威与教学的艺术[M]．耿益群，译．北京：中国轻工业出版社，2009：9.

② 郭丁荧．教师图像——教师社会学研究[M]．高雄：高雄复文图书出版社，2004：83.

表 1-2 研究者对美术教师形象（素质）的不同观点

研究者	美术教师形象（素质）
鲁道夫·阿恩海姆	最出色的教师并不是将自己的所知倾囊相授，也不是滴水不漏，而是凭着一个优秀园丁的智慧、观察、判断，在需要帮助的时候给予帮助。①
赫伯·里德	教师应能创造自发的气氛；了解"涵容"学生的品赋；对学生有爱；明确教学目标。②
埃里奥特·W.艾斯纳	能控制课堂，有足够能力与学生保持日常关系，且能将自己的才华展示给学生；有专业知识；好教师的本领并不只包括掌握理论和技术，对自我和他人的敏感性、交流能力、鼓舞启发学生的能力也是必要的。③
穆罕默德·阿姆里	教师应具备创作和表现艺术作品的知识，分析、解释和评价艺术作品的知识，其他时代和文化的艺术作品的知识，如何计划艺术教学的知识，如何实施艺术教育教学的知识以及如何评价艺术教学的知识。④
小山悦之	教师应具备技术和人格两方面的能力，在技术方面应包括专业技能、智谋技能和交际技能；在人格方面，包括个性和动机。⑤
蒋荪生	教师应具有三方面素养：思想品德修养、美术专业和文化科学知识修养、教学能力修养。⑥
常锐伦	业务文化素质（合格学历的文化基础知识、丰富的美术专业知识、熟练的专业技能、教育科学的基本理论知识），能力（美术教学能力、思想教育能力、胜任学校工作的能力、现代教育技术运用与电脑工具掌握的能力），基本心理品质（为人师表、热爱美术教育、热爱学生、有良好的意志品质、强化不懈的学习、终身学习的意识和实验）。⑦

① [美]鲁道夫·阿恩海姆．对美术教学的意见[M]．郭小平，翟灿，熊蕾，译．长沙：湖南美术出版社，1993：431.

② [英]赫伯·里德．通过艺术的教育（第二版）[M]．吕廷和，译．长沙：湖南美术出版社，1993：283.

③ [美]埃里奥特·W. 艾斯纳．教育想象——学校课程设计与评价[M]．李雁冰，等译．北京：教育科学出版社，2008：351.

④ MOHAMMED AL-AMRI. Roadmap for Preparing Teacher of Arts Education[R/OL]. UNESCO, 2006. http：//portal.unesco.org/culture.

⑤ 转引自：钱初熹．美术教学理论与方法[M]．北京：高等教育出版社，2005：301.

⑥ 转引自：尹少淳．美术教育：理想与现实中的徜徉[M]．北京：高等教育出版社，2005：237.

⑦ 常锐伦．美术学科教育学[M]．北京：首都师范大学出版社，2000：428-438.

续表

研究者	美术教师形象（素质）
钱初熹	只有具备完备的专业素养的美术教师才是优秀的美术教师，这里专业素养包括人格素质、美术教学能力，对现代教育理念与美术教育理念有比较深刻的认识，对美术学科有比较充分的认识，具有广阔的视野和丰富的想象力，具有教学科研能力、交流合作能力。①
尹少淳	独特的人格魅力；多样的美术知识与技能；基本的教育知识与技能；全面的文化理解力。②
王大根	高尚的师德和艺德；坚实的美术知识和技能；卓越的教育、教学能力；不懈的研究和创造精神；健康的心理素质；文明的仪表风度。③

从上表中我们可以看出，不同学者分析美术教师形象的视角各不相同，显示出对美术教学价值、目标理解的差异，研究者为我们描画出他们心目中美术教师的形象，有助于改变我们对美术教师简单的、脸谱化的印象。对美术教师的要求不只是简单地具有想象力和艺术特质，而要综合复杂得多。从这些研究中我们可归纳出作为一名美术教师应具备的一些基本要求，如专业知识、与学生交流的能力、教学能力、个性与人格魅力等。同时，这些研究给美术教师要成为什么样的人也提供了参照，例如，美术教师应知道如何建构环境，以使得学生提出的问题在其解决问题的能力范围之内。这意味着，理想的美术教师不仅应该承担社会责任，理解美术课程，还应该创设恰当的美术课堂情境，更多地去了解学生的美术学习背景，挖掘他们的潜能。

然而，在现实环境下，我们对美术教师素质的争论并不少见，学校期待的美术教师和学生心中的美术教师，甚至社会、家长认为的美术教师是什么样的，这些认识并没有达成一致，各种因素造成美术教师的职业形象并不理想，更不用说在不同发展水平的地区还普遍存在着差异。而在论及美术教师专业发展问题时，不同区域、性别的美术教师的专业发展更是参差不齐……

① 钱初熹．美术教学理论与方法[M]．北京：高等教育出版社，2005：301-302.

② 尹少淳．美术教育学新编[M]．北京：高等教育出版社，2009：363.

③ 王大根．美术教学论[M]．上海：华东师范大学出版社，2001：66-67.

在今后很长的一段时间内，美术教师工作从广泛意义上成为受人尊重的职业，美术教师进入良性化的专业发展阶段，依然需要多层次的理解和更多研究力量的投入。

三、美术教师的专业特征

（一）特征描述

讨论美术教师的专业特征，首先必须界定“美术教师”这一概念，否则无从描述其“特征”。这种特征是与美术教育工作的性质和任务联系在一起的。顾名思义，美术教师即“美术学科”的“教师”，是强调“美术学科”还是强调“教师”？侧重点的不同可能会导致具有这一身份的人在行动上的差异。如果强调美术学科，可能会侧重于美术学科的知识和技能；如果偏于教师，可能会侧重于从教学的角度来规范行为。我们所探讨的美术教师不同于专业院校以培养专门人才为目的的专业美术教师一职，强调的是在基础教育环境下，以针对不同年龄和具有不同美术学习经验的学生，通过美术教育促进他们身心发展为主要价值取向的教师职责。因此，这里的美术教师具有以下四个特征：

第一，有专业的学科知识和技能。掌握美术学科基本的知识和技能，熟悉所教学段的学生美术学习的知识点和技能要求，是胜任美术教学工作的前提。

第二，有专业的教学理论和教学实践。认识美术学科独特的价值，拥有美术教学所需要的教学经验和教学方法，面向全体学生，提高美术教育质量。

第三，有专业发展的需求和行动。随社会和时代的发展，更新自己的教学知识和教学技能，了解学生日常生活实践和美术学习的需求，突破自我专业发展困境，善于反思和实践。

第四，有较强的研究能力。在教学中善于发现问题，并带着问题进行校本教研，研究拓展型课程和研究型课程，这是新时代对美术教师提出的要求。

（二）面临的问题

如果说美术教师的角色存在“理想角色”和“实际角色”两个概念的

话，那么，美术教师应有其独有的专业发展道路，拥有独特的个性和特殊的要求，然而，现有的专业发展模式对这些专业特征并没有起到太大的作用。

从“理想角色”来说，培养模式与就业的矛盾突出。一方面，因为体制和历史的原因，在培养美术教师的模式上，混合着专业知识教育与教师职业教育的教学体系，使学生处于尴尬的境地：他们接受的专业知识教育往往广而杂，学习的深度上不如单纯接受专业知识学习的学生，因而如果就业时不选择教师职业，他们在竞争中就会处于不利地位。另一方面，美术教育课程多偏重于教育理论的学习，对教育实践和实习环节不够重视，一些课程的设置与基础美术教育的衔接不够，时代性、针对性、综合性不强，学生作为教师从业者的优势非常有限。因此，这种培养模式下的美术教师到基础美术教育场景中时，往往会对以素质教育为培养目标的美术教育价值理念产生认识偏差，在教学方法和手段上准备不足，甚至影响其今后的职业生涯和专业发展。此外，当今社会中基础教育的飞速发展、学习型社会的推进、家长对教育期望值的日益提高，也对教师提出了更为多样化的要求，如果不改善传统的美术教师培养模式，是很难适应未来美术教育发展变化的。

从“实际角色”来看，教师终身教育体系尚未形成。职后美术教师的专业发展模式绝大多数是传统的、补救式的、培训式的，卢乃桂等人认为培训者控制着对教师实践工作的指导和评判的“权威性话语”，[①]教师扮演着沉默客体的角色。陈向明也认为，教师“在专家面前的心态就像是他们的学生在自己的面前一样……他们自己质朴的智慧失落了，被专家的知识淹没了”[②]。美术教师专业发展始终处于“被期待”和“被要求”的状态，美术教师的专业性特征并没得到很好的强调。自21世纪学校课程改革以来，美术教师边缘化的现状在不同学校得到不同程度的改变，对美术教师的研究从素养、素质、修养等最初的直观形象探讨，逐步深入到美术教师职业所需要的具有专业特质的思考中。然而，我们在梳理学者研究成果的过程中，并未获得美术

---

① 卢乃桂，操太圣．立法者与阐释者：大学专家在“校院合作”中角色之嬗变[J]．复旦教育论坛，2003.1（1）：19.

② 陈向明．实践性知识：教师专业发展的知识基础[J]．北京大学教育评论，2003.1（1）：110.

教师专业化发展路径、方向或标准参照等方面研究的有力论证。而这一点，正是现阶段影响我国学校美术课程改革突破瓶颈、深入发展的重要因素之一。

第二节 我国中小学美术教师专业发展理论基础

对美术教师专业化和专业发展的讨论，需要从多角度来反思美术教师的专业性，这就要求我们在探讨美术教师专业化和专业发展的问题时，对其理论基础进行研究，在哲学、心理学、教育学等学科的基础上进行源头探究。

一、美术教师专业发展理论支撑

从目前的研究来看，学者们对教师专业发展的概念有两类解释角度，即研究对象的角度和社会学的角度。研究对象的角度可分为个体和群体两方面，从个体出发，教师专业发展被定义为通过系统的努力来改变教师的专业实践、信念，以及对学校和学生的理解[①]，强调的是教师个人知识、技能的获得以及教师生命质量的成长[②]。从教师这个职业群体出发，教师专业发展指的是这个群体符合专业化标准的过程[③]。社会学的角度是从社会学众多理论学派研究的视角来对教师专业发展进行解释，综合来说，教师专业发展可以理解为“教师不断成长、不断接受新知识、提高专业能力的过程。它包含教师在职业生涯中提升其工作的所有活动。在这一过程中，教师通过不断地学习、反思和探究来拓宽其专业内涵，提高专业水平，从而达至专业成熟的境界。教师专业发展强调教师终身学习和终身成长，包括职前培养、新任教师培养和在职培训。教师专业发展不仅包括教师个体生涯中的知识、技能的获得和情感的发展，还涉及学校、社会等更广阔情境的道德和政治因

① GRIFFIN G. Introduction: the Work of Staff Development[G]GRIFFIN G. Staff Development: Eighty- second Yearbook of the National Society for the Study of Education. Chicago: The University of Chicago Press, 1983(2).

② 于泽元. 教师专业发展视野中的高师课程改革[J]. 高等教育研究, 2004 (3): 56.

③ 朱旭东, 周钧. 教师专业发展研究述评[J]. 中国教育学刊, 2007(1): 68.

素”[①]。追溯这些关于教师专业发展的研究源头，离不开对哲学、心理学等门类的具体的理论分析，而对于美术教师专业发展的理论研究来说，还离不开对美术学科价值理论的深入探讨。

（一）哲学支撑——“知行”关系理论

1. 知行关系

“知”和“行”的关系，是古今中外哲学研究中的特殊问题。在中国古代，对知行关系问题的探讨主要是从规范人的道德认识与行为出发的。从宋代朱熹的“知先行后”到明朝王阳明的“知行合一”，再到明清时期王夫之提出的“知行相资以为用”“并进而有功”的知行统一观，主要集中在主客观孰轻孰重、知行是否合一等问题上进行论道。而在西方，对认识论的研究历史悠久，关于知识的来源，“可以是内省、理性、本能或神明；而其目的，也并非‘行之有效’”[②]，重视程度多于对实践的研究。直到近现代，实用主义的观念才从一个贬义词转变为一个褒义词。实践可作为知识的尺度和目标，不断丰富哲学问题的研究。

将这种哲学观迁移到教育领域内，观照教师的“知”和“行”关系，会显得意义非凡。简单地说，就是知识的领域和实践行为的领域之间的关系，也就是人的所知和所为之间的关系。这种关系受人的知识、经验、思想以及周遭环境、社会发展等因素的影响。而所知和所为以及如何评价所知和所为之间的关系，对这三者的不同认识体现出人们在看待世界、认识事物的价值观上的差异。

2. 美术教师的“知行关系”

什么是美术教师的“知行关系”？什么关系到这种“知行关系”？这种“知行关系”对美术教师专业发展来说有何意义？约翰·杜威（John Dewey）关于“知行关系”的理论或许可以给我们提供参照，他认为，“经验的获得，只有通过与一个行为期待有可能与之遭遇的实在的互动，才有可能”。他关注的是“人们必须在其中‘应付’实在并‘与之相处’的日常实

① 卢乃桂，钟亚妮. 国际视野中的教师专业发展[J]. 比较教育研究，2006(2)：72.

② 赵毅衡. 论知行不必合一[N/OL]. 外滩画报. 2005-03-30. http：//news.sina.com.cn/el/2005-03-30/20496243358.shtml.

践”[①]，这种经验必须与遭遇的实在互动，关注日常实践的观点，对美术教师的知行来说具有启示意义。一方面，美术教师的“知”，与其“知识”“感知”相关，“行”，指的是“行为”“行动”，符合在日常教学中积累经验的行为；另一方面，经验的主动方面涉及做事情的人，而被动方面涉及我们的行动所产生的结果。人与其周围环境的互动导致变革和学习。经验涉及的不仅仅是活动和变革，它还涉及有意识地将结果与最初的活动或行动联系起来的学习。

杜威哲学中最关注的问题是“如何通过人本身的行为、行动、实践（即他所谓的以生活和历史为双重内容的经验）来妥善处理人与其所面对的现实世界（自然和社会环境），以及人与人之间的关系”[②]。他认为知识的重要性在于它能促进并改变我们对行动的看法。我们之所以强调“理论联系实际”的重要性，是因为理论可以带来实践上的结果。而明智的行动比盲目的行动更有所指向，更具有目的性，能促使人们进行有意识的行动，更具有智慧的性质，而达到这一行动要通过教导、见闻和知识来实现。

杜威认为的这种“知行”关系，如同自然的知识源于在自然中的实践一样，那些指导我们生活的价值观，也产生于我们的生活实践。生活实践是现实，是既有条件。生活的价值是理想，是可能性。理想并不外在于现实，正如哈贝马斯“内在超越”[③]观念一样，它的基础是“现实生活中所潜在的可能性”，这种可能性有赖于在实践中实现。“这些超越都是通过作为有机体的人与其所面对的环境的交互作用实现的，也就是通过生活、行为、实践而实现的。”[④]那么，对于美术教师来说，他们的日常生活实践来自他们的日常教学，在经验中反思，也就是说，我们不是从经验中学习，而是从对经验的思考中学习。真正重要的是思考。在他们熟悉的教学生活中积累实践性知识，

---

① [美]约翰·杜威. 确定性的寻求：关于知行关系的研究[M]. 傅统先，译. 上海：上海人民出版社，2005：2.

② 刘放桐. 杜威：曾被误解的“实用主义”者[N]. 社会科学报，2011-04-07.

③ [德]尤根·哈贝马斯. 在事实与规范之间[M]. 童世骏，译. 上海：生活·读书·新知. 三联书店，2003：18.

④ 刘放桐. 杜威：曾被误解的实用主义者[N]. 社会科学报. 2011-04-07.

并使这种知识成为他们在实践中实现美术教学目的的工具和手段，这种日常生活理论对于美术教师专业发展来说是具有现实意义的。（如图1–1）

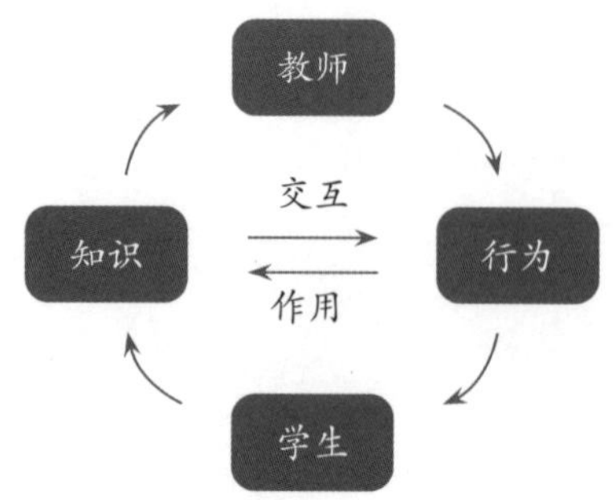

图1–1 教师学生互动关系示意图

（二）心理学支撑——建构主义理论

1. 建构主义

建构主义源于认知心理学，尤其是杜威、维果茨基（Vygotsky）和皮亚杰（Piaget）的研究。在反思以动物行为研究建模的行为主义“刺激—反应”学习理论、以计算机处理信息方式建模的信息加工理论的基础上，建构主义理论研究将焦点放在认知的问题上，研究有关学习和与教学密切相关的知识，强调知识的建构性、社会性、情境性、复杂性和默会性。虽然在20世纪建构主义理论并没有被普遍接受，但是，现在的认知心理学家认为，它为了解儿童和成人如何学习提供了最有力的框架。

建构主义理论有不同的理论研究取向，它们从不同的视角探讨知识的本质，而且每一种取向都十分重视知识在动态互动中的形成过程。这对于学习和教学来说，蕴含着不同的隐喻。（如表1–3）

表1–3 不同理论取向隐喻比较

不同理论取向	学习上的隐喻	教学上的隐喻
激进建构主义	学习是知识的建构	学习环境的创设
社会建构主义	学习是知识的社会协商	建立“学习共同体”“学习者共同体”

续表

不同理论取向	学习上的隐喻	教学上的隐喻
社会建构论	学习与认知者相关，与求知过程相联系	情境脉络,对话关系，实践中生成系统的、普遍的联系方式，打破界限
信息加工建构主义	学习具有生态性、反身性	合作学习，超文本的学习环境
控制论系统观	学习与技术、手段有关	技术
对待中介行为的社会文化观点	工具、符号影响学习，学习与社会文化传统和实践相关	互动教学
情境理论取向	真实日常生活情境、创建实习场	实践共同体
知识默会维度研究	默会知识互动和转化	处理预设与生成

奈尔·诺丁斯（Nel Noddings）认为，“杜威的作品中极其详细地展现了一种主动的学习观……杜威和皮亚杰……二人都是彻底的互动主义者；他们都把知者和被知者置于一个潜在的经验之中。但皮亚杰沿袭康德的足迹，提出了描述每一发展阶段的思维活动的认知结构的假设，而杜威则青睐于可观察的行为、可言说的意图和可观察的结果”①。与皮亚杰关注发展所不同的是，杜威感兴趣的是教育。

建构主义认为，所有人都是学习者，也就是说，“人们对任何概念的理解，完全取决于他们自己在获得概念中的体验”②。换句话说，不同的人对知识的理解是受他们自己的经验、经历和自身认知结构的影响的。学习就是通过不断改造已有的知识来创造新的知识，学习的过程就是不断创造的过程。当学习与个人内在需求直接关联时，我们学得最好。因此，在教学中，让学生怎样学习就成为讨论的焦点，是将教学内容以某种方式传递给学生，还是让学生“构建”产生他们自己的理解？教师在这时就成了引导者。与传统教学不同的是，教学设计的重点转移到让学生参与构建重要知识的活动和任务上，所以创设情境、帮助学生解决问题是教师的责任。

① [美]奈尔·诺丁斯. 教育哲学[M]. 许立新，译. 北京：北京师范大学出版社，2008：147.

② [美]夏洛特·丹尼尔森. 提升专业实践力：教学的框架[M]. 杨晓琼，译. 北京：教育科学出版社，2008：19.

2. 建构主义学习理论运用于美术教师专业发展

建构主义关注的是内部治理结构和过程。“在过去的20年间，教育心理学经历了一场从行为主义到建构主义的革命。心理学家的兴趣已经从机械学习（如记忆无意义的词语和音节）转移到了有意义的学习（如阅读理解、数学和科学问题的解决、故事的写作）和其他需要理解和辨别意义的任务上来。”[①]建构主义学习理论中的四个要素——情境、协作、会话和意义建构，应用于今日的美术课堂教学将有助于教和学的双向过程。例如，创设情境是意义建构的前提，美术教师意识到这一点，在制作PPT课件或使用多媒体工具时，就不会仅仅把它们作为传授知识、再现知识的简单工具，而是把它们作为创设情境、帮助学生主动学习、探索认知的辅助工具。在这里，教师的任务就是要从如何建构学生有意义的学习开始，研究学生作为学习者的经验、学生的日常生活经验和时代的发展，并结合自己作为学习者的经验来创设情境，进行有意义的教学活动。

因此，在美术教学中，美术教师面临的主要任务是使学生概念表达清晰和富有挑战性，帮助学生进行更加有效的思考，解读外部世界的信息。而要达到这些目标，美术教师自身应首先尝试体验有意义的学习，体会到有意义的学习过程是如何建构的。

（三）教育学支撑——终身学习理论

1. 终身教育和终身学习

“终身教育”概念是由法国成人教育家保尔·朗格朗（Paul Lengrand）在1965年联合国教科文组织“第三届促进成人教育国际委员会”所做的主题为“L'Education permanente”学术报告而来的，联合国教科文组织将这个法文译为英文“life-long education”，即“终身教育”。此后，其出版的《终身教育入门》《学会生存》和《回归教育——为终身教育之战略》三部著作，为“终身教育”奠定了理论基础。20世纪70年代以后，成人教育领域内兴起以“终身学习”取代“终身教育”的浪潮，凸显出成人把握发展的主

---

① [美]乔治·J. 波斯纳. 课程分析[M]. 仇光鹏，韩苗苗，张现荣，译. 上海：华东师范大学出版社，2007：116.

动权、成人主动适应所处社会中的教育和知识的整体变化、成人根据自我生活环境灵活安排自己的学习活动的成人教育理念。

我国古代就有“活到老，学到老”的纯朴的学习思想。这种朴素的思想与西方人提出的终身学习概念，反映出人们对知识的态度。后现代知识观相较于传统的知识观有了很大的变化。传统知识观认为“知识依据三种方式实现自己的合法化：逻辑思维、经验主义与实用主义”[①]。哲学和纯数学知识与逻辑思维有关；通过感觉体验与感悟的知识与经验主义有关；而实用主义知识只有被个体学习、掌握与应用才具有意义。但在以法国让–弗郎索瓦·利奥塔为代表的后现代主义思想家看来，在知识经济发展、科技革命、全球一体化以及国际秩序新格局的要求下，当下的知识发生了四个变化：实用化、商品化、外显化和传播多样化。知识呈现出差异性、多元性、解构性和不确定性等特点。这些变化和特点，要求成人能主动建立起“终身学习”的意识，从而不断完善自己、发展自己，以适应全球化社会生存发展的需要。

终身学习建立在学习化社会基础之上，社会必须为个人的终身学习提供机会和条件。终身学习是一种终身性的学习方式，它在客观上打破了由某一教育机构垄断教育的局面，形成在全社会范围内，无所不在、无所不包和无所不能的信息时代的学习化情景。对于生活在今天的学习型社会中的个体来说，开放的学习网络、传播媒体与社会互动等已构成多样化的学习途径和多元化的学习内容。学习即生活，生活即学习。因此，终身学习社会的营造与推进，有赖于政策支持和全民参与。其中，学校是培育终身学习的重要机构之一，教师应首先成为终身的学习者。

2. 终身学习理论运用于美术教师专业发展

从现代学习论来看，发展源于学习也促进学习，它既是学习的过程也是学习的结果，发展论与学习论密切相关。教育大计，教师为本。高素质的教师来自专业化的发展，而教师专业化是一个过程。这是一个不断学习、不断探究和发展的过程。“教师工作不仅会直接影响到学生对知识的掌握，还表

① 王保星. 从“终身教育”到“终身学习”：国际成人教育观念的根本性变革[J]. 比较教育研究，2003(9)：68.

现在对学生未来知识视野、思维方式的影响。”①德国教育家第斯多惠（Diesterweg）认为，教师只有不断致力于自我教育的时候，才能教育别人。因此，教师只有树立终身学习的理念以及踏实行动，才能教会学生如何学习。这一点，美术教师也不例外。

世界上的发达国家都把培养高素质的教师放在教育改革的首位。日本在其第三次教师教育改革中，“以终身学习为理念，着力于构建教师教育培养、任用、进修的终身学习体系”②，进行了专业化教师教育课程、教师任用制度和教师研修制度的改革，突出教师教育课程的专业特性，重视加强教育实习，重视对任用教师素质能力标准的调适。在美国，形成了多层次、多渠道和网络化的教育体系，社区学院成为推进终身教育与终身学习的重要机构。而英国则是以全面推进职业教育为基础来发展终身教育。“本世纪以来，欧盟委员会先后以备忘录、决议书、建议书、工作报告等形式发布了一系列促进欧盟成员国终身学习体系的指导性政策文件。”③在实施过程中积累了不少经验。

我国在1995年就确立终身学习作为整体教育体制改革的目标，并在《中华人民共和国教育法》中以法律的形式确定了终身学习的作用和地位。终身学习理应成为美术教师专业发展的要求，成为提高其生命质量的一种途径。唯有这样，美术教师才能够积极地应对极富挑战性的美术教师这一职业，才能在千变万化的对象和环境中，不断积累教育智慧，在发现问题和解决问题中获得发展。

（四）学科支撑——美术教育价值

1. 美术教育的意义

美术是人类历史与文化的一种载体，是人类个体和群体认识世界、表现世界、建构世界的一种方式，更是全世界人们进行沟通交流的一种国际语言。通过美术学习，学生的思辨能力、形式组织能力和情感表达能力将得到提升，创新精神将得到培养。

---

① 王建勤．终身学习：教师专业化的根本要求[J]．中国成人教育，2009(12)：74.

② 辜芝兰．构建教师终身学习体系——日本第三次教师教育改革的实践及启示[J]．继续教育研究，2010(5)：13.

③ 杨平，魏奇，杨东．欧盟终身学习政策与实践新进展[J]．教育发展研究，2010(17)：83.

我们今日的社会正经历着全球化发展的变化，致使一些经济、科技欠发达地区的文化，因受强势文化的影响而逐渐衰微。美术是人类文化最早的和最重要的载体之一，运用美术的形式来传递情感和思想，可以增进不同文化之间的理解。因此，美术教育可以促进人与人之间的互动与交流，在宽容和欣赏他人文化的同时，加深对本土文化的认同感，这对培养未来的具有个性和独创精神的人才来说意义重大。并且，在这个视觉文化时代，美术教育可以逐渐培养学生的视觉文化素养，提升他们个人的判断力、辨识力和主动思考的意识。此外，美术教育可以帮助学生缓解一些突如其来的灾难所带来的心理压力，使其释放情感，积极地面对各种人生变幻。

2. 美术教师专业发展需要创新思维

如果美术教学缺乏创新，就不会有活力，教学过程就会变成简单的知识传播，失去让学生学习的真正意义。美术教学并不是简单的知识传授，而是在教学过程中培养学生的自我探究能力、创新思维和合作能力。美术教师在教学中融入创新的理念、方法和策略，在传授知识、发展能力的同时，培养学生的创新意识、创新思维、创新能力与个性，以适应未来社会发展的需要。

这就要求美术教师在专业发展的时候，首先要有不断学习的意识，保持对事物的好奇心和热情，培养自己捕捉新知识的能力；其次，在实践中形成质疑的能力，观察教学，发现问题并带着问题去学习，锻炼自己的批判思考能力；再次，养成不断改变自己思维的习惯，从而改变一些习惯性的思维方式，善于从新的视角思考教学中出现的问题。

二、美术教师专业发展认知取向

选择什么样的教师专业发展的目标与方式，取决于美术教师专业发展的认知取向。对美术教学和学习的认识差异，以及美术教师培养方式的不同，导致了美术教师专业发展的不同走向。

（一）强调美术专业知识和技能

在美术教师专业发展问题上，美术教师的不足在于缺乏美术专业学术性的知识和实践的技能，致使他们在实际教学中，存在着美术知识和技能传授不足的现象，因此，教师需要用专业发展来加强其知识和技能的储备。这种专业发展理念关注的是教师专业发展的结果，如教师的知识、能力和个人品行等。持这种观点的人，认为美术教师应具备的知识和技能有特定的组织要素，美术教师对这些要素的理解与他们专业发展是否顺利有关。正如在教育领域中，以舒尔曼为代表的研究者对教师知识方面的研究一样，美术教师也应具备学科背景知识和教育学方面的知识，而当这种知识不断发展时，才能实现提高美术教学质量的目标，从而实现面向学生发展的美术教育。

然而，这种理论取向在实践环节上往往造成“片段式”的专业发展。目前，对美术教师专业发展有这样一种做法，许多教师和学校管理人员把美术教师专业发展看作一段时间的集中培训或研讨，如参加为期几天的美术课程与教学改革的学习、短期的工作坊和讲座等，而参与这些活动的结果是可以取得对应的评价积分，以应对与绩效或职称相应的考核。这种专业发展的活动似乎在强化这样一个概念：美术教师专业发展是可以在集中的时间内完成的任务，是独立于美术教师的日常生活实践的。这种概念的后果是，美术教师努力寻求“我如何凑够我的时间”而不是“我需要什么来完善我的实践”以及“我如何得到它”。当然，这里并不是说那种集中的培训和学习不合时宜，而是说无论何种活动和方式，都必须辅以适当的后继活动或实施指导。

（二）强调发展教学技能

教师专业发展的核心是把教师始终放在“学习者”的位置，强调教师的专业发展是为了使他们获得教学技能和技巧，以促进学生个性化的学习。美术教师通过学习挖掘自身教学潜能以便更好地发掘学生美术学习的潜力。这种美术教师专业发展的理论取向，关注的是教师专业发展的过程，例如，美术教师的终身学习。认同这种美术教师专业发展取向的人，通常会从美术教师职业生涯上去规划不同阶段的专业发展，在不断进步、反思中学会了解自我，理解美术教学，不断思考和创设学生的美术学习环境以提高学生美术学习的兴趣，追求学生的个性发展。

这种理论通常立足于成人发展和需要的基础上，在整个教学生涯中积累美术教学经验以获得进步，但这种教育理论在实践上会产生“旁观行为式”的专业发展。由于美术教师专业发展是在长期过程中的不断学习，所以美术教师自身始终处于学习中的状态，不但要学会自主学习，还要学会向他人学习，特别是关注优秀美术教师的课堂教学、录像课以及其他同事的课堂教学。这种课堂观察的方式，也被认为是可以促进美术教师专业发展的一种有效途径。但这种向他人学习的方式，有时候会因为优秀教师的专业知识是隐性的，美术教师在观察学习的时候，很难辨识和判断优秀美术教师的专业知识到底是怎样的。而当他们理解教学之后，却往往已经错过了自身专业发展的最佳时机。美术教师要始终保持一种积极的、批判的心态，把握自我专业发展的机遇，并不是一件容易的事。

（三）强调技术辅助

如今，社会发展日益多元，信息科技的发展使学科不断扩展、交叉或融合，产生出边缘学科和新的研究领域。美术学科的发展不断经历着内涵和外延的丰富变化，这势必会给基础教育美术教学带来深刻的影响。因此，在研究美术教师专业发展时，对新知识的研究、新媒介的掌握、跨学科之间的融合等的关注也日益明显。强调这种关注技术辅助和学科整合的美术教师专业发展的观点，更加关注美术教育在社会发展下的新的内涵和诉求，将美术教师置身于建构学习理论的环境之下，在美术教育及相关领域里问题的理解上出现了多重建构，产生了多元发展的态势。

这种美术教师专业发展的倾向，强调的是对美术教师专业发展目的的探讨，即发挥美术教师的自主意识并鼓励美术教师参与到美术教育改革之中，说明美术教师个人的专业发展对学校、课堂以及学生的学习是有深刻影响的，应充分认识到美术教师个人专业发展的责任。如果过于强调技术的因素，会使教师陷入单纯的技术学习而忽视美术意义的批判性学习。教师的技术技巧娴熟，再加上智能化和科技感的介入，一方面，能提升学生的创新创造的能力，即得性、复制性、随意性的呈现方式，能加强经典艺术作品的现代意义挖掘和个性化解读；但另一方面，容易减弱学生美术学习中对真实媒材、工具的体验感，加深其对经典作品的理解难度和与现代生活的距离感。这些都是当代美术教师在美术教学中面临的现实问题，也是他们在专业发展时应该深入思考的地方。

（四）强调学科整合

在学校体制中，为了便于教学将知识体系进行分类而形成了不同的科目。随着美术课程改革的不断发展，强调学科整合成为一大特点。适当的学科整合可以优化学科知识结构，引起头脑风暴和知识的碰撞，产生创意和创新，因而能促进美术学习。许多美术教师在教学中自觉地尝试与其他学科整合，以求得更好的教学效果。为达到这一目的，美术教师在专业发展时，会关注整合学科的途径和方法，寻找融合的切入点。不可否认，这是为了更好地实现美术教学，促进学生学习，但过多强调学科整合会出现这样的情况：第一，如果在强调学科整合的过程中不能体现美术学科的特点，一味追求整合，往往会使美术课不能体现美术学科的特点，使学科整合走向极端，产生去美术化的危险。正所谓“种人家的地，荒自己的田”；第二，如果美术教师的美术学科知识和技能不扎实，就很难切中要害，不能达到整合其他学科为美术教学服务的目的，反而使学生对美术学习产生错误的理解。

因此，这种美术教师专业发展方向，对美术教师的综合素质的要求更高。教师不但要对美术学科本身的内容是什么、如何组织教学顺序、如何使用独特的教学方式等了然于心、得心应手，还要了解美术学科与其他学科的差异在哪里，可以借力的地方在哪里，如何让其他学科为美术教学“说话”、发挥作用等。强调的是美术教师要不断充实自己，不断提高美术学科知识和技能，不断反思和提炼，要涉猎多门学科知识，以便更好地促进美术学科的教学。

三、衡量美术教师专业发展的四个侧面

目前，美术教师的专业形象并不鲜明，衡量美术教师专业发展程度还没

有一个明确的专业发展标准。我们只能从美术教师参与的不同级别、不同层次的美术活动、行动研究以及教研活动等来探求其专业发展所体现出的程度。

（一）课堂教学

课堂，是美术教师日常教学的主要场所，几乎是美术教师每天都要面对的实际场景。在实际工作中，经常把一种特殊形式的课堂当作考评教师专业发展水平的一把尺，各级教育与管理部门通过这把尺，测量美术教师专业发展的程度，这种特殊课堂就是广大美术教师非常熟悉的各种形式的公开课、优质课或示范课。要参与上述这些形式的课堂，美术教师及其参与团队就要展开各种美术教学细节上的研讨，投入大量的时间、精力和物力，以凸显出他们对最恰当的优质美术课的集体理解，显示美术课的教学特色。

（二）课题研究

新课程改革以来，教师参与课题研究成为潮流。带着问题深入教育现场，以求证并获解，这是一种积极的教师专业成长方式。但我们看到，对于美术教师来说，独立地、主动地思考问题，寻求解决途径的课题研究方式还是不够的。以2007年至2010年全国教育科学规划领导小组办公室与教育部体育卫生与艺术教育司合作，实施“全国教育科学规划学校体育、卫生、艺术和国防教育研究专项课题”为例，在立项的159个课题中，美术教育领域的研究仅有24项，只占这4个方向专题研究的15%左右，说明美术基础教育领域的研究还是非常少的。从这些立项的课题研究的内容来看，真正关注美术教师自身专业发展研究的也不多。

（三）教研活动

教研制度是我国中小学教育中特有的一种形式。以行政部门设立专门的教研机构来对学校学科教育实行指导和监督，也是帮助教师提高教学水平的一种途径。美术教师对各种级别的教研活动并不陌生，他们定期或不定期地参加各种教研活动，这些活动形式一般有观察课堂教学听评课活动、听专题讲座等。教研活动的质量与主持教研活动人员的思想观念、活动方式等因素有关。通过教研活动，美术教师能突破本学校范围内的美术教师人数限制，与其他学校的同行或行业内的专家进行交流与互动，也是促进他们专业发展的一种方式。但也不排除质量不高、流于形式的教研活动，这对教师的专业发展会带来不利的影响。

（四）专业培训

这是美术教师在职专业发展的一种途径。美术教师在入职一段时间后，要求接受各种形式的专业培训，例如，教学设计培训、课堂教学培训、美术技能学习、课程改革专题讲座等，这种培训通常会被安排在寒、暑假进行，有时也会集中一段时间，对某一专题进行短期持续的学习。美术教师的培训方式，除了各级教研部门定期或不定期地进行上述专业或专题培训之外，针对教师在职的专业培训，还有由大专院校组织的各种级别的、针对不同美术教师群体的培训，通常会设有一定的课程学习和实践体验。2010年我国启动“中小学教师国家级培训计划”（简称“国培计划”），包括“中小学教师示范性培训项目”和“中西部农村骨干教师培训项目”两项内容。通过创新培训机制，采取骨干教师脱产研修、集中培训和大规模教师远程培训相结合的方式，对中西部农村义务教育骨干教师进行有针对性的专业培训。但就普遍意义上来说，在面对社会与美术学科的发展时，美术教师应该获得什么内容、采取怎样的方式才能足够应对挑战？例如，培养美术教师反思能力和文化批判能力，将创新思维运用于课程内容设计与教学实践活动，并未形成普遍意义上的共识。

第三节 美术教师专业发展国内外研究聚焦

一、有关教师专业发展的研究趋势

1. 专业化内涵与教师专业发展变化

自18世纪以来，教师教育从“专业化”转向“技术化”，又从“技术化”转向“反专业化”，进而发展到21世纪初的教师专业理念与制度的重建阶段。教师作为一种专门职业，包含了关注其职业成为专门职业，并拥有专业地位和关注其教学品质、职业内部的合作方式，教学人员如何将其知识技能和工作职责结合起来，整合到同事关系、与其服务对象的契约、伦理关系中所形成的情景这两方面内容[①]。从1980年起世界教育年鉴的主题确定为“教师专业发展”，1996年第45届国际教育大会指出，在提高教师地位的整体政策中，“专业化（Professionalization）是最有前途的中长期策略”[②]。世纪之交时，国际“关注的焦点已从改进学校的质量转移到改进教师的质量上”[③]。“全美教学与美国未来委员会”相继发表《什么最重要：为美国未来而教》和《做什么最重要：投资于优质教育》这两份报告，“勾画了美国21世纪新型的‘卓越教师’形象，强调‘重新设计教师的专业发展’……意味着在更高层面上寻求更高程度的‘专业化’”[④]。

教师专业发展研究始于20世纪60年代末的美国，20世纪七八十年代兴盛于欧美，20世纪90年代中后期传入我国并很快成为教育决策部门、教育理论工作者关注的焦点。对教师专业发展的内涵，传统观点认为教师专业发展在其外部力量，如通过师范学校、职后培训机构的培养而获得不断成长。人们更重视培训部门在教师专业发展中的作用，相对忽视教师在成长中的主体意识与主观能动性。后现代学者倡导以“内在发展”思想来代替上述的自上而下的发展过程，认为教师专业发展的本质是发展的自主性，发展是教师不断超越自我的过程，更是教师作为主体自觉、主动、能动、可持续的建构过程[⑤]。这意味着教师要从自身的教育实践活动中寻求自我成长的源泉和动力。教师专业化是教师个人日益成为教育教学中的专业人员并逐渐发挥越来越重大作用的转变过程，教师专业化伴随教师成长发展的始终。

---

① 张淑芳，张熙君. 教师专业化与教师专业发展：反思与实践[J]. 教育实践与研究（小学版），2009(3)：4.

② 赵中建. 全球教育发展的研究热点：90年代来自联合国教科文组织的报告[M]. 北京：教育科学出版社，1999.

③ R.C. 米什拉. 印度教育研究[M]. 教育展望(中文版). 上海：华东师范大学出版社，2000(3)：29.

④ 钟启泉. 教师“专业化”：理念、制度、课题[J]. 教育研究，2001(12)：12.

⑤ 姜勇. 论教师专业发展的后现代转向[J]. 比较教育研究，2005(5)：67.

2. 教师知识与教师专业发展

教师专业发展的主体是教师，教师思维、知识和行为的研究影响着人们对教师专业发展的看法。“教师知识”方面的研究，展示了不同类型的教师知识和来源及其在专业发展上的作用。国外学者们的研究主要集中在学科取向的内容知识和实践取向的默会知识两个方面。前者以舒尔曼（Shulman）为代表，他将教师知识分为学科知识，学科教学法知识，课程知识，一般教学法知识，学习者知识，教育环境的知识和教育的目的、目标和价值的知识这7个部分。后者以约瑟夫·J.施瓦布（Joseph J. Schwab）、唐纳德·舍恩（Donald Schon）、迈克·波兰尼（Michael Polanyi）、艾尔贝兹（Elbaz）等人为代表，认为教师拥有的知识具有实践性、情境性、模糊性和个人性的特点，常常难以用言语来表达。施瓦布认为教师“实践性样式”的特征是以多元观点深入思考一件事物的做法；舍恩“反思性实践者”的提出取代了“技术熟练者”的说法，他肯定了教师这一专门职业，为教师专业化奠定了强有力的理论基础。他认为“反思性实践者”具有自己的思维和行动特征，有两种方式，即“对行动反思”和“在行动中反思”，在这个过程中获得正式的和严谨的专业知识；波兰尼认为人的知识分显性知识和默会知识，后者为人的认识活动提供解释框架和知识观念。艾尔贝兹认为教师知识是动态的、不断变化的，这种变化随课堂实施环境变量的变化而变化。

国内学者这方面的研究多集中在对教师知识结构的划分上，林崇德、申继亮等人把教师知识分为本体性知识、实践性知识和条件性知识三方面。但这些教师知识结构的“研究大多是演绎式的研究，是从社会或教师的工作需要的出发界定教师的知识构成……罗列出的教师各类知识过于抽象概括，很难与教学实践相结合”[①]，目前国内对教师知识结构尚未有一个统一的看法。因为教学具有学科性与情境性，因此“并不存在普适的，对任何学科、任何情境都有效的教学专业知识”[②]。学科教学的情境是千变万化的，而不

① 钟启泉，王艳玲．教师知识研究的进展与启示[J]．大学（研究与评价），2008(1)：13.

② 刘宇．教师专业知识及其发展——图式观与组织文化条件[J]．教育理论与实践，2007(9)：35.

同学科有其特有的术语结构，教师知识结构所体现出的不同讲授方法，会带给学生不同的理解，产生不同的效果。

陈向明认为“理论联系实际”的提法对教师专业发展来说太笼统，教师在培训中或阅读后所理解的理论概念常常在工作中不能运用，因为“理论的抽象性、确定性和客观性特征，与教师工作的在场性、不确定性和主观性之间缺乏足够的亲和力”①，理论联系实际基于“技术理性”的不足，而教师专业发展遵循的是“反思理性”，教师专业发展不应该完全从学术界的理论视角开始，而应该将教师亲历的经验作为出发点，教师专业发展的理论应该来自教师自己的实践和经验的积淀。这些“实践理论”具体包括教师的教育信念、自我认知、人际感知、教学机智、策略性知识、批判反思意识等。

综合来说，“‘内容知识’是通过教师有意识地学习内化而成的、可以明确表述的外显性知识。……具有明显的教师职业群体的类知识特征。”而“‘默会知识’则是教师在个人经验基础上建构起来的，不能明确表述的内隐性知识”②。前者是教师入职的基本条件，后者是教师个人专业发展程度的标志。对教师知识的全面理解，可以提高教师专业发展的主动性。教师专业发展的目标不仅在于要从‘技术的兴趣’出发获得知识和技能，更重要的还在于要从‘解放的兴趣’出发在反思和批判中获得发展③。在创建学习共同体和创设情境过程中突出平等交往，“交往是教师专业发展的重要路径，通过建立交往模式来张扬‘解放的兴趣’，正是解决教师专业发展现代性困境的重要出路”④。

3. 教师教育与教师专业发展

我国教师教育的理论研究，主要着眼于“教师专业化的澄清和专业地位

① 陈向明. 理论在教师专业发展中的作用[J]，北京大学教育评论，2008(1)：44.

② 邹斌，陈向明，教师知识概念的溯源[J]. 课程 · 教材 · 教法，2005(6)：88.

③ 徐今雅. 交往：教师专业发展的重要路径——哈贝马斯批判理论对教师专业发展的启示[J]. 教师教育研究，2008(1)：14.

④ 徐今雅. 交往：教师专业发展的重要路径——哈贝马斯批判理论对教师专业发展的启示[J]. 教师教育研究，2008(1)：17.

的获得，而非教师专业发展本身，特别是缺乏提高教师专业发展效能的研究”[①]。原有的“师范教育”概念向“教师教育”转化，说明教师的发展不是“完成时”而是“进行时”。历史上出现的“学艺型教师”“方法型教师”“专业型教师”三种类型的教职观，也体现出教师职业地位到教师专业发展的轨迹。我国教师教育现状存在教师、儿童、学习、实践以及教材研究的滞后，建立教师教育课程标准非常重要，而借助教师的专业化来确立教师的“人格魅力”和“专业威望”来替代“行政权威”，应成为目前教师教育改革的目标[②]。教师专业发展理论基于终身教育理念，教师教育课程是促进中小学教师专业发展最为重要的资源和纽带。“基础教育教师的课程素养是当前教师教育的核心。”“没有教师的专业发展，就没有课程的发展。”“没有课程改革就不可能促进教师的专业成长。”课程领导、校本课程开发以及课程领域的研究可以推进教师专业发展。教师的课程素养“凸显为教师专业成长的核心内容，也成为当今教师教育和师资培训的热门话题”[③]。

芬兰在培养研究型教师时，要求所有本科生都要开展一项他们自己的研究，以进一步强化教师职业的学术基础。这一思想基于这样的观点，即“教师专业发展要有贯穿整个职业生涯领域的、持续不断的支持，而让师范生亲自参与研究活动才能为这种不断发展奠定基础”，因此，不仅要把“教师教育与日常工作中遇到的问题整合起来，而且要把教师在职培训与职前培养紧密结合起来”。研究型教师教育有6个特点，即“每个单元都与研究有关；持续不断地学习研究方法；能够全面掌握研究方法；教师是实践的研究者；每个学生必须完成硕士论文；可直接进入博士阶段的学习”。其目的是“为社会的教育系统培养有能力的教师，培养足够的专业品质如教学反思、研究反思、理论反思，以及教与学的实践等，来保证教师终身职业发展”。[④]

---

① 丁钢．全球化背景下的教师专业发展创新计划[M]．北京：北京师范大学出版社，2009：40.

② 钟启泉．我国教师教育制度创新的课题[J]．北京大学教育评论，2008（3）：46-59.

③ 蔡铁权．课程理论：教师专业化的主旋律——基础教育课程改革推进教师的专业化发展[J]．教育科学研究，2005(7)：16，27.

④ Jouni Väliärvi．芬兰研究型教师教育述评[J]．陆璟编译．上海教育科研，2009(1)：22.

中国香港师训会早在2003年就制定并实施的《教师专业能力理念架构》，要求“在职教师专业能力架构立足于教师工作的基本价值，围绕着教与学的范畴、学生发展范畴、学校发展范畴、专业群体差异及服务范畴，从学科知识，课程及教学，教学策略、技巧、媒体、语言，考核及评估，教师专业发展五个方面”，以‘基本要求’‘力能胜任’‘卓越境界’为标示，由多层次、多领域、分项目及分阶段要求构成，构建了香港教师涵盖面广、多元化的专业能力结构，充分体现了教师工作的重要性和专业能力的开放性”[①]。

澳大利亚墨尔本大学2008年推出“教学硕士计划”，减少本科学位的数目，增加通识教育，研究生阶段采用“研究生院模式”，制订标准、课程和培养模式，强调“专业训练”，提供更加集中、更加专业化的硕士学位课程以满足学生今后职业生涯的需要[②]。澳大利亚教育部2010年推行了教师“新兵训练营计划”，让非师范类的优秀毕业生有机会到全国各地最有挑战性的学校任教，使他们在实践中学习，并将自己的专业知识传递给学生。

4. 有效教学与教师专业发展

教师专业发展的最终目的是实现教育的目标，更好地促进学生发展。而有效教学的研究就是“以有效地改善学生的学习方式和提升教师的专业水准为前提的”，它反映了在教育研究中“教学视点的变革与研究方法的转型”，是基于师生对话和教师角色转变的假设下进行的，有效教学的研究“有助于实现教师文化的创造，大大开拓教师研究共同体的实践空间”，在关注学生发展的基础上，教师能力从“传递力”向“创造力”转变，教师的视野从“学科视野”向“课程视野”转变，教师的作用从“控制者”向“引领者”转变。在有效教学的研究中，“教师不再以知识权威和绝对权力的姿态走进教室‘传道、授业、解惑’，而是充当课程实施的‘积极推进者’‘平等对话者’‘行动研究者’的多重角色”[③]，这就要求教师应具备敏锐的洞察力、综合力和反思力。

---

① 敖洁. 香港教师职业的准入要求及教师教育概述 [J]. 当代教育论坛（上半月刊），2009(2)：117.

② 徐今雅，黄运红. 澳大利亚学士后教师教育的新模式——墨尔本大学“教学硕士计划”评析 [J]. 比较教育研究，2010(2)：85.

③ 钟启泉. “有效教学”研究的价值 [J]. 教育研究，2007(6)：35.

日常教学活动中的教师专业发展包括许多方面，最主要的是“教师如何关注自身的言语行为，以及从学的角度出发与学生建立共同的教学目标，这是通过教学效能关注而提高教师专业素养的重要方面”。“教师在学科教学中的教学效能关注，在教学过程中的自我反思，以及教师之间专业团队合作是教师专业发展的三个重要途径。”[①]

课堂教学是教师日常生活的主要内容，就教师专业发展的基本特征来说，专业发展自主、尊重并重视教师个人已有经验、教师的教学实践、学校真实教学情境等构成了教师专业发展的重要内容，特别是教师的教学实践在教师专业发展中有重要作用。教师教学过程中经常会遇到一些关键事件，如何应对这些事件是能否促成有效教学的关键，也会对教师的专业发展产生重大影响。有效教学必须“集中更多的时间和精力去从事那些有效果和有创造性的活动”，能善于利用“相互听课、研讨、说课、学生意见调查等”教学中的关键事件而为“教师专业发展提供契机”。[②]

教师专业水平是教学“有效”程度的最全面、最客观、最精确的权衡尺度。有效教学理论下教师的综合素养包括如下七个方面，即“教师专业的核心是教学设计”“理解学生”“关注学科和教育学等相关领域的更新，特别是变化的性质、原因、方法论问题，以及趋势、可能性和对教师专业发展的意义”“心理健康，并有良好的师德”“不断反思，并具有参与教育研究的意识及能力”“教学过程的有向开放、交互反馈和集聚生成”“关注学生的学习并予以有效的指导”[③]。

5. 教师能力与教师专业标准

近年来，一些国家制订教师专业标准，以探讨教师胜任教师职业的基本要求以及教师专业发展方向，不少国家在标准中特别强调教师能力的重要性。

英国政府认识到：面对未来的学习型社会，教师专业已不再局限于个人能力的提升，更重要的是在学校乃至社区中扮演重要角色。因此，提出“一

① 丁钢. 日常教学生活中的教师专业成长 [J]. 教育科学，2006 (6)：53，55.

② 何善亮. 论有效教学的实践建构 [J]. 课程 · 教材 · 教法，2010 (5)：25.

③ 吴宏，徐斌艳. 基于有效教学理论的教师专业化发展 [J]. 北京教育学院学报，2008 (2)：71-73.

体化”教师专业标准框架，将教学相关的知识和能力作为教师专业素质的核心，将“教师的专业素质分为专业品质、专业知识与理解、专业技能”三个维度，以教师专业标准为基础，后续的标准在它的基础上拓展，职前教育是教师专业发展的奠基阶段，突出教师专业发展的阶段性特征，反映“教师的知识、专长和经验的发展性”以及他们“所扮演角色的逐渐变化”，以体现时代发展对教师专业素质的新要求。特别强调教师不仅要是教学能手，努力寻求自身的专业发展，而且还要为同事和学校的发展做出积极的贡献。[①]提升教师的团队合作能力、对整个学校的教育教学效果的影响以及在校内外的战略性领导的能力。

德国在制订教师专业标准时依据丰富的知识，即理论知识、职业知识以及教学行为知识。影响教师专业发展有三个因素：个性特征、教育反思、教学方法的行为能力。这个标准还制订了职业教师的五项任务以及完成这些任务的能力指标分析，包括教学能力、教育能力、评价能力和创新能力四个领域[②]。

澳大利亚《国家教师专业标准框架》规定了任何学科的教师都必须具备的专业要素：专业知识、专业实践能力、专业评析能力和专业关系协调能力[③]，强调教师间的合作意识与能力，关注教师专业发展的顺序性，以及教师专业标准的动态性。

在研究教师专业标准上，我国有学者认为，“教师认知能力作为教师教学能力的核心成分，是教师在长期教学过程中积累的知识与经验以及在此基础上形成的有效组织教学活动的教育教学能力”。并从教师对课堂信息的选择注意加工、教师知觉能力以及教师思维能力发展三个方面进行了研究。[④]。教师专业标准可以促进教师专业发展，教师专业发展可以“从量与质两个维度来考察”，意味着“量的增加”和“质的提高”，前者是指在“教师专业知识、专业能力、教学经验、教育理论素养等方面的积累”，后者是

---

① 王艳玲. 英国“一体化”教师专业标准框架评析 [J]. 比较教育研究，2007(9)：79，81.
② 徐斌艳. 德国教师教育标准的理论依据及内涵分析 [J]. 外国中小学教育，2007(2)：13-17.
③ 赵凌，张伟平. 教师的专业标准：澳大利亚的实践与探索 [J]. 比较教育研究，2010(4)：87-90.
④ 张学民，林崇德，申继亮. 国外教师认知能力发展研究述评 [J]. 比较教育研究，2004(5)：1.

指“教师由新手型向胜任型、专业型和专家型的发展或由新手阶段向胜任阶段、熟练阶段、专家阶段的发展，而这种发展是连续的、层层递进的、不断完善的”。[①]

6. 教师专业发展的影响因素与测量工具

研究影响教师专业发展的因素，可以为测评教师专业发展水平，促进教师专业发展提供帮助。胡惠闵和王建军将影响教师专业发展的因素归为三类特质：第一类属于教师个人特质，如教师个人生活背景、已有教育观念、专业发展态度和动机等；第二类属于社会环境特质，如学校文化导向、学校内部支持力度等；第三类属于促进教师专业发展的措施特质，指各种旨在促进教师专业发展的专业发展活动。[②]

2008 年，OECD（Organization for Economic Co-operation and Development，经济合作与发展组织，简称“经合组织”）研发了一种测量教师的教与学状况和专业发展的项目——TALIS（Teaching and Learning International Survey，教与学的国际调查），24 个国家参与了 2008 年的首次国际性针对教与学状况的调查（亚洲国家有韩国、马来西亚参与）；2013 年，34 个国家和经济体参加了第二次调查（亚洲新增日本和新加坡两国）。OECD 组织调查的目的在于通过借助跨国性大数据调查和国际比较，对参与国共同面临的挑战进行详细解读，从而了解各国间的教师教与学的差异，以提升教师的专业发展水平和学生的学业表现。TALIS 调查的主要内容包括：学校领导力（包括团队领导），教师培训（包括专业发展和教师教育），教师的评价和反馈，教师的教育信念、态度和教学实践，教师自我效能感、工作态度和工作环境氛围。TALIS 还重点确定了详细的测量每个维度变量的具体指标，并进行明确界定。[③]这一关于教师专业发展的大型跨国调查，对于正处于积极推进教师队伍建设，谋求教师培养和发展方式变革的我国来说，其参考价值是不言而喻的。

---

① 钟启泉，胡惠闵. 我国教师教育课程标准的建构[J]. 全球教育展望，2005(1)：26-29.

② 胡惠闵，王建军. 教师专业发展[M]. 上海：华东师范大学出版社，2014：67.

③ 殷玉新. TALIS：一种教师专业发展水平的测量框架——基于2013年国际性教与学的大数据调查[J]. 外国中小学教育，2015(2)：11-17.

7. 研究方法的变化

对教师专业发展的研究体现出多学科的视野，研究者们从哲学、心理学、社会学、教育学、文化学、生态学、系统学以及管理学的角度得出了丰硕的研究成果。同时，在研究方法上也呈现出诸如理性思辨、实证主义、人文或解释主义以及批判主义方法论的多元化趋势[①]。其中，接近人类经验的叙事研究方法，“遵循杜威的哲学观点：把人、经验、生活以及教育视为等同”，成功地捕捉到个人和社会维度中那些以一般的方式和数据无法定量的东西，从侧重教师及其专业生活景观的研究，转为探究目前教师置身其中的多元文化问题的研究。[②]

二、美术教师专业发展研究趋势与特征分析

美术教师作为整个教师群体中的一个组成部分，其专业化发展趋势以及学者群的相关研究，具有上述教师专业发展的共性特征，同时，美术教师专业发展又受美术学科自身研究环境影响，有其专业化发展的特殊之处。

（一）国外研究

1. 文件与政策

2006年联合国教科文组织发布的《艺术教育路线图》，说明美术教育研究发生了以下六点变化：①研究重点转向，由画室经验转向教师培训；②研究内容拓宽，注重与社区合作；③培训范围发生变化，开始转向专门化并深入发展；④转变教师观念，要求教师能利用外部平台不断学习，获得经验，同时学会反思经验；⑤提出好教师是灵活的教师的观点，他们能够适应变革，知道什么是重要的以及如何去获得；⑥提出21世纪美术教师新的角色变化，如会运用新技术和新媒介等。

20世纪末以来，世界各国从政策上开始重视艺术[③]教师的专业化发展。

---

① 朱旭东，周钧. 教师专业发展研究述评[J]. 中国教育学刊，2007(1)：68.

② [加]D. 简·克兰迪宁，F. 迈克尔·康纳利等. 叙事探究：质的研究中的经验和故事[M]. 张园，译. 北京：北京大学出版社，2008：3.

③ 这里的艺术，在美国，是指舞蹈、音乐、戏剧和视觉艺术；在英国，指工艺与设计、戏剧、音乐和舞蹈。在中国，是指美术和音乐。

在美国，国家艺术教育协会（NAEA，即National Art Education Association）首先关注学校艺术计划质量的改善，出版了《学校艺术计划的目标、原则和标准》（*Purposes, Principles, and Standards for School Art Programs*），从艺术的定义到视觉艺术与个体、社会、文化的关系，说明在视觉艺术中，学生应该知道什么并能够知道什么，从组织、课程发展、个人化、实践与程序、教学设施、材料、设备和资源，以及资金这几个方面规定了学校艺术计划的标准，希望能通过这些使美国的学校艺术教育变得更好。2009年，NAEA出版了《艺术教师准备标准》（*Standards for Art Teacher Preparation*），列出了优秀艺术教师的特点，从教师准备和学院准备两个方面出发，描绘出高质量的美术教学范式。1987年成立的美国国家专业教学标准委员会（NBPTS）也是一直致力于完善教学标准并进行认证评价的部门，目前有25个领域、16个学科认证，至2014年，已经有超过110，000名教师成功获得认证。美国国家专业教学标准委员会制订的《国家委员会专业教学标准》分为《早期儿童和中期儿童/艺术标准——3～12岁学生的教师（第一版）》和《青少年到年轻人/艺术标准——11~18岁学生的教师（第二版）》两个文件，前者规定了9个一级标准，后者规定了10个一级标准，同时每个一级标准下面规定了详细的二级评价指标。代表了关于教学实践的共识，教师必须努力以便通过高质量的教学认证。该委员会希望更加重视熟练型艺术教师的专业性，为他们的专业发展提供机会，从而更好地提高学生的艺术学习水平。总之，这些标准为什么是好的美术教育、什么是好的美术教师素质提供了参照，也为美术教师评价自我专业化发展水平提供了帮助。

在英国，《你的孩子，你的学校，我们的未来：建设一个21世纪的学校制度》白皮书（2009）中提出要提高教师职业地位并提升教师专业发展的水平，将专业发展与教师资格认证相结合，提供高质量的培训和专业支持，建立专门小组发展教师专业化。英国教育部于2007年颁布教师标准，2011年进行了标准的修订工作。新修订的教师标准体现出对教师实践的重视，聚焦了课堂教学技能和专业知识，同时关注了行为管理和学科知识[①]。从教学、个人和专业行为两个方面对贯穿教师职业生涯的价值观和专业行为提供相应的参照，制订合格教师的最低标准。对各级教师实践培训有指导作用，培训者对初任教师进行培训时应确保他们的培训项目以这些标准为依据来设计，对优秀教师的评价也应依据优秀教师评价的标准。

澳大利亚作为联邦制国家，地方拥有教育的法定权责，各州有权制订自己的课程标准，但这也给联邦政府统计和比较各地的教育数据带来困难。20世纪80年代，澳大利亚政府就提出在继续教育阶段建立统一的国家课程，2008年《墨尔本宣言》明确了基础教育阶段的8个核心学习领域，艺术（表演和视觉）是其中一个。2009年5月，澳大利亚成立负责监管各地开发幼儿园至12年级的国家课程机构——澳大利亚课程、评估和报告委员会（Australian Curriculum, Assessment and Reporting Authority, ACARA），指导国家课程改革与方案的实施。出于改革和促进教师职业发展的目的，澳大利亚政府2010年3月颁布了全国教师专业标准，从2013年3月起组织评估小组对标准进行为期3年的实施评估，到2015年12月得出结论。

2. 研究趋势

通过对EBSCO历史学术数据库中*Studies in Art Education*（2004~2009）、*International Journal of Education*、*Art Education Policy Review*、*Art Education*以及*School Arts*等刊载论文的研究，可以发现在美术学科研究趋势上，从关注美术工具和经验的拓展研究，到美术与其他学科的关系研究，如今开始转向美术教育的意义和美术教师的身份、责任以及职前与在职美术教师的相关内容研究。其中，涉及美术教师的研究具有主题性、阶段性和案例叙事性的特征。

---

① 李静．构建我国基础教育美术教师专业知识体系及其评估模式研究[M]．杭州：浙江人民美术出版社，2014：66-68.

例如，通过对100名美术教师进行调查研究，针对大学美术教师应具备什么样的教育背景和经验，艺术教师如何辨别他们的专业身份，什么观念是最重要的以及在未来美术教育领域中，最好的专业发展是什么样的等议题，进行视觉文化下美术教师的责任与身份探讨①。通过不同风格的视觉艺术作品调查分析26名师范生的艺术判断基础，以探究未来教师教育发展的方向。认为未来的美术教师在中小学教学实践中应具备反思能力，以适应时代变化，在广泛的理解和多元的观点上选择艺术作品进行有效教学②。

从《不让一个学生掉队》法案出发探讨美术教师专业发展，提出重新思考美术教师专业发展理念，质疑短期内专家经验传授与扩大教师经验的意义，定期培训的意义如何等，说明美术专业发展研究上的不足，影响整个美术教师专业发展。美术教师怎样才能积极塑造专业形象，积累专业经验，有针对性地促进自身专业发展，是需要深思的问题③。《学校艺术》（*School Arts*）在2006—2009年连续刊登了与实习教师有关的文章，通过对实习教师所面临挑战的分析，预测可能遇到的困难及其对策、教学提示，并对美术教师的认识和专业成长等进行一些生存指导研究。

此外，研究开始关注美术教师个案，如通过某位艺术教师日常生活考察其认知、道德、情感和精神。通过分析这些因素是如何影响这位教师职前或职后的日常生活情境的，说明目前艺术教育者正面临着一个多元、复杂的教育环境，美术教师的工作尤为特别，成功教学的关键是帮助和鼓励学生连接他们的生活与视觉世界，积极参与学习，融入社会④。

---

① MELODY K. MILBRANDT, SHERI R. KLEIN. *Survey of Art Teacher Educators: Qualifications, Identity, and Practice*[J]. *Studies in Art Education*, 2008, 49(4): 343-357.

② MARY ERICKSON, PAT VILLENEUVE. *Bases of Preservice Art Teachers' Reflective Art Judgments*[J]. *Studies in Art Education*, 2009, 50(2): 184-200.

③ COLLEEN M. CONWAY, SHANNAN HIBBARD, DAN ALBERT, RYAN HOURIGAN. *Professional Development For Arts Teachers* [J]. *Arts Education Policy Review*, 2005(107): 3-10.

④ LYNN GALBRAITH. *Daily Life: A Pre-Service Art Teacher Educator and Her Work*[J]. *International Journal of Art & Design Education*, 2004, 23(2): 118-126.

还有，美术教师专业化面临严峻的挑战，一方面，未来的教育家需要“考虑视觉艺术的动态特点，考虑指导教育实践的关于学习者的各种各样的观点，还要考虑社会价值观”[①]；另一方面，关于思维和人类智力本质的理解及其对艺术智力地位的影响，要求人们重新审视艺术教育的重要性。“艺术教学的目的，是为每一个人对所居住的社会和文化图景的理解做出贡献。艺术作品通过隐喻性阐述反映这个世界，所以艺术有助于形成这种理解。通过解释艺术，我们获得解释这个世界的能力”。[②]艺术不仅能提供知识、审美体验，令人愉悦，也可以为偶然遇到的发人深省的问题、影响个体和社会的焦点问题提供解决思路。当代课堂的艺术教育内容更加多元和多样，需要教师在拓宽艺术领域的同时，更多地重视学生对作品的解释以及学生和他们制作的艺术品之间的关系，同时实现传统观念与现当代艺术观念上的平衡。

（二）国内研究

1. 文件与政策

2001年6月，我国教育部颁布《基础教育课程改革纲要（试行）》，大力推进基础教育课程改革，调整和改革基础教育课程体系、结构、内容，构建符合素质教育要求的新的基础教育课程体系。从课程改革目标、课程结构、课程标准、教学过程、教材开发与管理、课程评价、课程管理、教师的培养和培训、课程改革的组织与实施等9个方面，总共列出20条具体的措施，开展基础教育新一轮的课程改革。

2004年2月《2003—2007年教育振兴行动计划》第8条提出“实施‘高素质教师和管理队伍建设工程’”，指出全面推动教师教育创新，构建开放灵活的教师教育体系，将教师教育纳入高等教育体系，以构建师范大学和其他举办教师教育的高水平大学为先导，专科、本科、研究生三个层次协调发展，职前、职后教育相互沟通，学历和非学历教育并举，促进教师专业发展和终身学习的现代教师教育体系的形成；完善教师终身学习体系，加快提高教师和管理队伍素质，共建、共享优质教师教育课程资源，提高教师培训

① [美] 艾尔·赫维茨，迈克尔·戴. 儿童与艺术[M]. 郭敏，译. 长沙：湖南美术出版社，2008：3.
② [美] 阿瑟·D. 艾弗兰. 艺术与认知[M]. 智玉琴，译. 长沙：湖南美术出版社，2008：127.

的质量水平；进一步深化人事制度改革，积极推进全员聘任制度。体现出国家对培养专门人才和创新人才的高度重视。

2011年《国家中长期教育改革和发展规划纲要（2010—2020年）》第十七章提出“加强教师队伍建设”，将“建设高素质教师队伍，加强师德建设，提高教师业务水平。提高教师地位待遇，健全教师管理制度”作为教育改革与发展的保障措施，充分显示出国家对教师群体人才培养的持续关注。

我国教师标准包括通用性（政策性）标准和专业性（业务性）标准，前者指的是《中华人民共和国教师法》（1994）和《教师职业道德规范》，是从法律上确立了教师的资格、聘任、培养、培训、考核等标准的一套法律制度；后者指的是国家于2012年2月颁布的教师专业标准，分别是《幼儿园教师专业标准（试行）》《小学教师专业标准（试行）》和《中学教师专业标准（试行）》，这三项标准是国家幼儿园、小学和中学合格教师专业素质的要求，是教师实施教育教学行为的基本规范，是引领教师专业发展的基本准则。本着师德为先、学生为本、能力标准、终身学习的基本理念，包括专业理念与师德、专业知识、专业能力三个维度。凸显出教师性、教学性、实践性、发展性和结构性的特征，为我国教师队伍建设、管理、培养提供依据，引领教师教育改革施行，也为教师自身发展和自我评价提供参照。虽然目前我国“还没有专门的针对美术学科教师的专业标准出台，但已颁布的中小学教师专业标准已经显示出对教师学科教学知识的重视”①。

2. 学者研究观点

（1）美术教师专业素养

20世纪80年代以来，随着我国教育部门对艺术教育的日益重视，美术教师人数也逐渐增多。但师范院校课程设置仍存在一些问题，如注重美术专业技能和创作实践，但轻视美术教育；教学内容远离基础教育美术教学

① 李静．构建我国基础教育美术教师专业知识体系及其评估模式研究[M]．杭州：浙江人民美术出版社，2014：99-103.

实际，教学方法单一。这都显示出高等院校在美术教师培养目标上的不明确，缺乏培育中小学美术教师的师资等问题。这种现象对美术教师的专业化发展极其不利。而要想实现美术教师专业化发展，首先，应了解美术教师的专业素养，包括“人格素质”“美术教学能力”和“交流合作能力”等三大方面。其次，在美术教师专业化过程中，应“培养自我发展意识和自我发展能力”，“关注教育改革的同时，也应密切关注美术的演变与发展”。“阅读美术理论、美术史、美学等方面的理论著作或学术论文，可以提高对美术学科的认识……从多种渠道接受美术信息……加深对美术的理解。”“积极思考，加强交流，不断提高自身的艺术素养，以应对美术课程改革提出的挑战。”①

（2）研究型美术教师

基于对新的美术课程理念的理解和对美术教育世界的思考，理想的美术教师应具备以下四个条件，即“独特的人格魅力；多样的美术知识和技能；基本的教育知识与技能；全面的文化理解力”。在此基础上，向研究型美术教师发展。研究型美术教师应具备如下基本特征和能力：“批判精神和创新意识”“反思精神与问题意识”“较为丰富的学识”“了解研究的程序，掌握研究的方法等”。②

（3）美术实习教师培养

培养具有创新意识和创造能力的美术教师队伍是新世纪美术教师专业化发展的要求。“在美术教师实习阶段以行动研究项目来推动教育实习，使师范生能积极思考、在行动中培养问题解决能力，提高了本科生的创新意识和创造能力，初步认识美术教师职业特点和未来美术教师在专业发展上的要求。”③

---

① 钱初熹．美术教学理论与方法[M]．北京：高等教育出版社，2005：301-304.

② 尹少淳．美术教育学新编[M]．北京：高等教育出版社，2009：363，403-412.

③ 钱初熹．以项目研究推进教育实习——关于美术学科教育实习的行动研究[J]．中国美术教育，2008(3)：4-7.

（4）美术教师专业知识特征与专业知识体系

通过研究发现，中小学美术教师具有四个方面认知特点，即“美术教师现有知识主要来源于从教以后的工作经验，不同教龄表现特征有差异；美术教师专业知识积累需要平台，也需要更新教学理念与教学实践；美术教师专业知识主要依赖外部力量来帮助建构，缺少主动性；美术教师专业化知识存在理论与实践的脱节，方法和策略较为单一等”[①]。认为美术教师的专业知识体系包括五个方面：美术内容知识、美术教学知识、美术课程知识、实践性知识和专业知能，并从“维度层面”“核心要素”和“影响因素”三个方面进行构建[②]。

（5）小学美术教师专业能力

小学美术教师该如何成长？教师必须认真审视自己，认识到自身的优势和劣势，同时要对自己的未来发展进行规划。一个小学美术教师，对美术教育认识的加深，对美术课堂教学理解的深化，对自己如何更好地成长，都需要从自我反思开始。应从“造型・表现”“设计・应用”“欣赏・评述”和“综合・探索”四个教学能力的修炼，以及从“美术教学语言的修炼”和“美术教学的一体化修炼”开始。[③]

综合来看，国外关于艺术教师的研究相比国内而言，在内容上更为广泛，在研究方法上更为多样化；从政策研究来看，国外对艺术教师提出了明确的、具体的要求，还制定了美术教师专业发展标准；而在美术学科研究趋势上，从关注美术工具和经验的拓展研究、跨学科研究，开始转向美术教育的意义和美术教师的身份、责任、职前与在职发展、培训、教师自身对艺术教学看法以及教师成长的相关内容研究。其中，涉及美术教师的研究具有主题性、阶段性、案例叙事性、实践性的特征。相比较而言，国内关于美术教

① 李静．中小学美术教师的专业知识状况及其特征［M］//钱初熹．美术教师教育的愿景．上海：华东师范大学出版社，2009：119.

② 李静．构建我国基础教育美术教师专业知识体系及其评估模式研究［M］．杭州：浙江人民美术出版社．2014：217-220.

③ 李力加，章献明．小学美术教师专业能力必修［M］．重庆：西南师范大学出版社．2012：目录.

师的研究主要集中在美术教师素养、美术教师培养以及美术教师培训等方面，体现出学者们对我们需要什么样的美术教师，以及理想的美术教师应具备怎样的条件等问题的思考。这些研究多为假设性的，对美术教师专业发展的研究多集中在其概念究竟是什么、有什么样的架构或体系、应通过怎样的途径、有什么样的实证研究结果等，能呈现出美术教师专业性特质的研究尚不多见，还没有形成具体的、有指导意义的参照。

［第二章］

美术教师专业发展离不开外部与内部环境因素的影响。辩证唯物论的观点“内因是事物发展的根据，外因是事物发展的条件”说明，美术教师的专业发展主要是由内在因素决定的，然而其外部环境的作用也不可忽视。因为美术教师的专业发展是在一定的社会环境中进行的，研究美术教师专业发展的外部环境就具有非常重要的意义。这里的研究，围绕美术教师个体，从其入职资格、培养、培训的发展主线，集中对与美术教师专业发展的相关政策法规与各层各级的教育制度进行梳理与分析。

第一节 我国中小学美术教师资格认证

一、教师资格证制度

教师资格是国家规定的从事教育教学工作的人员应当具备的特定条件和身份，标志着从事教师职业所必需的品德、知识和能力。教师资格制度是国家法定的教师职业许可制度。只有依法取得教师资格者，才能被教育行政部门依法批准举办的各级各类学校和其他教育机构聘任为教师。具有教师资格的人员依照法定聘任程序被学校或其他教育机构正式聘任后，方为教师，履行教师的义务，拥有教师的权利。实行教师资格制度，对于加强教师队伍建设，规范教师职业标准，增强教师职业荣誉感，提高教育教学质量，充分发挥广大教师为教育事业服务的积极性，十分重要。

20世纪80年代起，我国先后出台有关教师资格的法律法规和政策文件，反映出政府对教师资格问题的重视和长期关注，从中可以了解到我国教师资格制度从建立到逐步完善的过程。（如表2–1）

表2-1 我国颁布的有关教师资格的法律法规和政策文件简表

时间	名称	主要内容
1986年9月	《中小学教师考核合格证书试行办法》	考核合格证书暂设教材教法考试合格证书和专业合格证书两种
1995年3月	《中华人民共和国教育法》	以立法的形式对“教师和其他教育工作者”做了规定（详见第34条）
1995年12月	《教师资格条例》	规定了“教师资格分类与使用”，将教师资格分为7类
1995年12月	《教师资格认定的过渡办法》	包括教师资格过渡范围，教师资格分类及使用范围，教师资格的申请、认定，教师资格证书和实施教师资格过渡工作的要求，等等
1997年7月	《关于教师资格过渡工作中若干问题的处理意见》	解决教师资格认定过程中的一些遗留问题
2000年9月	《〈教师资格条例〉实施办法》	分总则、资格认定条件、资格认定申请、资格认定、资格证书管理、附则6部分
2001年5月	《关于首次认定教师资格工作若干问题的意见》	重申教师资格的意义、性质，规定首次认定教师资格的范围、教师资格申请、认定程序、学历条件、对教育学和心理学课程的要求、教育教学能力的考察（包括身体条件、普通话水平和承担教育教学工作必须的基本素质和能力）以及一些特殊的规定和问题
2001年8月	《教师资格证书管理规定》	有关教师资格证书的主要内容、使用保管、撤销或丧失教师资格、证书统一规格材质与编号方法，及其他与教师资格证书相关的注意问题
2013年8月	《中小学教师资格考试暂行办法》	分总则、报考条件、考试内容与形式、考试实施、考试安全与违规处罚、组织管理、附则等
	《中小学教师资格定期注册暂行办法》	分总则、注册条件、注册程序、罚则、附则等

这些制度具有三个特点：①规定了获取教师资格应具备的条件；②划分了教师资格的分类；③规定了在哪些情况下，教师资格将会受到限制或丧失[①]。从这些特点中我们也可以看出，我国现行的教师资格制度侧重于对教师资格的认定。对要取得美术教师资格的申请人来说，他还要符合这些条件：①达到国家规定的教师学历要求；②普通话达到国家规定的标准；③身体条件合格；④非师范生必须通过教育学、心理学统一考试[②]。在此基础上，再进一步测评申请人在学科教育教学上的基本素养和教学能力。

虽然各地在测评教学基本素养和教学能力上会有所不同，但基本离不开以下一些主要内容：①申请人的仪表仪态、行为举止、思维能力以及口头表达能力，此项内容的考核一般通过面试或听课进行；②申请人的知识水平，运用教育学、心理学理论解决教育教学和学生管理中实际问题的能力，此项内容一般考察申请人的教案以及他们说课、听课的过程，或者以笔试的方式进行；③申请人实现教学目的、组织课程实施、掌握课程内容、运用教学语言和教学资源等能力，使用普通话讲解、提问及板书的技巧等，此项内容的考核通过考评申请人的教案和听课进行。[③]

然而，从这些规定中我们也可以看出在教师资格的选拔和分类上的一些问题。例如，由于规定师范教育专业毕业的学生可以直接申请教师资格，那么，教师资格考试相当一部分是面向非师范专业毕业的学生，他们对心理学、教育学等门类的学习通常是通过考试培训获得，必要的教育实习环节很难保证，并且，教师资格的分类中也没有明确提出对不同学科教师的要求。

自2013年《中小学教师资格考试暂行办法》《中小学教师资格定期注册暂行办法》颁布之后，教师入职后要进行从教资格的定期核查，中小学教师资格实行5年一周期的定期注册，定期注册不合格或逾期不注册的人员，不

---

① 胡悦．我国教师资格政策研究:一种政策内容分析的视角[J]．理论观察，2008(3):95-96.

② 北京市教委2010年9月15日发文规定：从2011年起，非师范教育类毕业的人员申请小学、初级中学、高级中学等学校实习指导教师资格，必须通过市教委统一组织的教育学、教育心理学的考试。其他途径(如大学期间补修)获得的教育学、教育心理学合格成绩无效。该考试时间为每年的3月初。

③ 改编自中国教师资格网有关内容。

得从事教育教学工作。定期注册需要符合以下条件才能合格：①遵守国家法律法规和《中小学教师职业道德规范》，达到省级教育行政部门规定的师德考核评价标准，有良好的师德表现；②每年年度考核合格以上等次；③每个注册有效期内完成不少于国家规定的360个培训学时或省级教育行政部门规定的等量学分；④身心健康，胜任教育教学工作；⑤省级教育行政部门规定的其他条件。

教师定期注册制度打破了教师资格的终身制，也是对教师专业发展的要求。这表明教师队伍的建设更加规范，保证学生能够接受到更好的教育。同时也说明教师行业的准入门槛变得更高。

二、美术教师合格率

（一）学历

学历程度是衡量教师队伍质量的要素之一，1993年10月颁布的《中华人民共和国教师法》和1995年12月实行的《教师资格条例》先后对在我国取得不同教师资格应具备的最低学历进行了规定（如表2-2），这使得在各级别的学校教育中，录用教师的标准有了参照，也为有质量的教育提供了一定的保证。

表2-2 取得不同教师资格应具备的最低学历

教师资格分类	最低学历
幼儿园教师	幼儿师范学校毕业
小学教师	中等师范学校毕业
初级中学教师	高等师范学校或大学专科毕业
高级中学、中等专业学校、技工学校、职业高中文化课、专业课教师	高等师范院校本科或其他大学本科毕业
中等专业学校、技工学校和职业高中实习指导教师	由国务院教育行政部门规定
高等学校教师	研究生或大学本科毕业学历
成人教育教师	中等学校毕业
备注	不具备教师资格学历的公民，申请获取教师资格，必须通过国家教师资格考试

据2014年国家教育部教育统计数据表明，各级各类学校专任教师中，中等教育的专任教师6,025,122人，其中，高中教育中专任教师2,529,133人，初中教育专任教师3,495,983人；初等教育专任教师5,655,561人，其中，普通小学专任教师5,633,906人[①]。以2014年初中教育和普通高中教育数据统计为例，我国初中分科专任教师3,488,430人，比2013年统计数据总数（3,480,979人）多出7,451人；美术课程专任教师85,627人，比2013年（83,759人）总数多出1,868人；我国高中分科专任教师1,662,700人，比2013年统计数据总数（1,629,008人）多出33,692人。美术课程专任教师31,078人，比2013年统计数据总数（30,294人）多出784人。总体来说，美术教师的人数在整个教师人数中所占比例较少，仅为2.26%，从数量上看，美术教师是一个弱小的群体。（如表2–3）

从对2014年教育统计数据的分析（如表2–4、表2–5）可以看出，在政府和各级管理部门实施教师资格制度较长时间后，教师的合格率有了很大程度的提高。其中，就全国初中和高中美术教师数量来看，人数已达116,705人，少数民族美术教师有9468多人。初中教育中，女性美术教师的比例为52. 01%，普通高中教育中，女性美术教师的比例为46. 52%，说明初中女性美术教师比例高于高中女性美术教师比例。初中教育中，美术教师本科毕业的人数占71. 93%，专科毕业的人数占26. 06%，按照《教师资格条例》中规定，取得初级中学教师资格应具备高等师范专科学校或其他大学专科毕业及以上学历，上面初中美术教师合格比例综合起来达到97. 99%，说明目前我国初中美术教师合格率非常高。同样，取得高级中学教师资格应当具备高等师范院校本科或者其他大学本科毕业及其以上学历，那么，高中教师本科毕业人数比例为91. 35%，说明普通高中美术教师学历合格率也较好。在上述初中和普通高中美术教师中，研究生以上学历分别占到1. 27%和4. 13%，高层次的人才加入到美术教师队伍的行列中，有助于提高整个教育的质量。但就最近的全国美术教师数据来看（2009年），我国中小学美术教师还存在

---

① 改编自中华人民共和国教育部网站教育统计数据。该统计数据中没有小学专任美术教师学历数据。

结构性缺编的现状，目前全国美术和音乐教师约48万人，从全国学校教师比例来看，音乐美术专任教师的比例应达到4.5%，现在的比例却为2.6%；义务教育阶段所有课程有9522个学时，美术和音乐课程的学时一共是857~1047个学时，还存在9%~11%的缺口。[①]

表2-3 2014年初中和普通高中分科课程专任教师人数比较（单位：人）

项目	初中		普通高中	
总计	3488430	100%	1662700	100%
思想品德	229380	6.57%	103046	6.19%
语文	619875	17.76%	258866	15.56%
数学	596074	17.08%	256596	15.43%
外语	541887	15.53%	249237	14.98%
科学	31107	0.89%	—	—
物理	236822	6.78%	145594	8.75%
化学	151323	4.33%	140126	8.42%
生物	143084	4.10%	101897	6.12%
历史与社会	31359	0.89%	—	—
地理	135442	3.88%	88673	5.33%
历史	175999	5.04%	95284	5.73%
信息	—	—	39814	2.39%
通用	—	—	12073	0.72%
体育与健康	185425	5.31%	79892	4.80%
艺术	6456	0.18%	2720	0.16%
音乐	89431	2.56%	29146	1.75%
美术	85627	2.45%	31078	1.86%
综合实践活动	130652	3.74%	3221	0.19%
其他	45937	1.31%	11658	0.70%

① 根据教育部体卫艺司万丽君同志在2009年美术教师论文写作培训班（南京）上的讲话内容记录整理(2009年7月)。

表2-4 2014年初中美术课程专任教师学历情况（单位：人）

	总人数	美术	美术教师所占比例
女	1834243	44543	2.43%
少数民族	316360	7251	2.29%
研究生毕业	54775	1088	1.99%
本科毕业	2662297	61597	2.31%
专科毕业	754918	22318	2.95%
高中阶段毕业	15882	596	3.75%
高中以下阶段毕业	558	28	5.01%
城区	1096718	26809	2.44%
其中：城乡结合区	188487	4686	2.48%
镇区	1706792	41615	2.43%
其中：镇乡结合区	433032	10508	2.42%
乡村	684920	17203	2.51%
总计	3488430	85627	2.45%

表2-5 2014年高中美术课程专任教师学历情况（单位：人）

	总计	美术	美术教师所占比例
女	841510	14460	1.71%
少数民族	128662	2217	1.72%
研究生毕业	105740	1284	1.21%
本科毕业	1511153	28391	1.87%
专科毕业	44840	1379	3.07%
高中阶段毕业	913	24	2.62%
高中以下阶段毕业	54	—	—
城区	802471	15140	1.88%
其中：城乡结合区	126299	2558	2.02%
镇区	805347	14896	1.84%
其中：镇乡结合区	205339	4168	2.02%
乡村	54882	1042	1.89%
总计	1662700	31078	1.86%

（二）职称

中小学美术教师的职称，反映了一个教师的专业教学水平和能力，以及一定的成绩，并与一定的社会经济和福利待遇挂钩。评定职称需要具备相应的年限和条件。不同岗位的职称评定分为不同系列，中学教师系列由初级到高级分别为：中学三级教师、中学二级教师、中学一级教师、中学高级教师。小学教师系列由初级到高级分别为：小学三级教师、小学二级教师、小学一级教师、小学高级教师。从2014年初中和普通高中专任教师的调查数据中（如表2–6、表2–7[①]）可以看出全国初中和普通高中教师的整体素质状况。

表 2–6 2014年初中专任教师专业技术职称、年龄结构情况（单位：人）

	总人数	其中女性教师人数	24岁及以下	25～29岁	30～34岁	35～39岁	40～44岁	45～49岁	50～54岁	55～59岁	60岁及以上
女	1834243	—	89292	315723	391147	400221	314145	225706	95875	1646	488
少数民族	316360	160686	11586	47472	64269	68472	56597	42295	18892	6722	55
中学高级	586169	257638	8	59	2767	44013	148775	209024	127887	52720	916
中学一级	1508663	740208	515	22716	213078	444254	393959	255526	119538	58500	577
中学二级	1094211	642246	28676	302522	386434	231217	86937	35002	15029	8298	96
中学三级	50858	29449	8017	24075	11606	3980	1373	829	534	439	5
未评职称	248529	164702	87369	113023	27998	9324	5296	3128	1419	786	186
城区	1096718	696395	32394	134500	196700	221273	210514	175527	89527	29229	1054
其中：城乡结合区	188487	108965	8054	24591	34273	39582	34986	27976	13435	5424	166
镇区	1706792	837160	55334	216579	311713	368640	315597	247042	128027	63315	545
其中：镇乡结合区	433032	218539	14797	54793	79871	96552	80332	59839	30584	16084	180
乡村	684920	300688	30857	111316	133470	142875	110229	80940	46853	28199	181
合计	3488430	1834243	124585	462395	641883	732788	636340	503509	264407	120743	1780

① 改编自中华人民共和国教育部网站教育统计数据，该网站没有小学、初中及高中专任美术教师专业技术职称、年龄结构的数据。

表 2-7 2014年高中专任教师专业技术职称、年龄结构情况（单位：人）

	总人数	其中女性教师人数	24岁及以下	25～29岁	30～34岁	35～39岁	40～44岁	45～49岁	50～54岁	55～59岁	60岁及以上
女	841510	—	44406	169919	224528	161821	116626	88745	34213	880	372
少数民族	128662	66865	7053	24390	27104	22745	20060	17614	7728	1898	70
中学高级	447196	173650	2	134	4035	43379	116970	163935	90871	26412	1458
中学一级	606313	300831	279	19273	169911	208622	126026	58036	18346	5601	219
中学二级	480323	285615	21341	179983	195878	60737	14330	5022	2063	933	36
中学三级	12141	6497	2466	5423	2645	1019	300	145	100	38	5
未评职称	116727	74917	42703	56699	11888	2804	1213	731	412	190	87
城区	802471	440732	28344	115607	183046	151609	126503	116528	62643	16974	1217
其中：城乡结合区	126299	66142	5391	21977	30689	24285	18311	15689	7509	2189	259
镇区	805447	375117	35426	135459	188002	154056	124596	105442	46553	15301	512
其中：镇乡结合区	205339	97658	9609	36361	49198	40610	31086	24463	10383	3453	176
乡村	54882	25661	3021	10446	13309	10896	7740	5899	2596	899	76
合计	1662700	841510	66791	261512	384357	316561	258839	227869	111792	33174	1805

可以看出，在全国初中和普通高中教师中，中青年教师是主力军。初中教师职称为“中学一级”的人数最多，以35～39岁年龄最多；其次为

“中学二级”，30～34岁年龄较多；“中学高级”职称占整个教师数量比例的16.80%，尤以45～49岁年龄段的教师为多；“中学三级”职称教师占整个教师数量的1.46%，主要集中在25～29岁年龄段，30～34岁年龄段的教师也不少；所有教师中乡村教师的比例为19.63%，25～49岁跨度的教师比例大致相当。与初中教师职称相同，普通高中教师的职称也是“中学一级”的人数最多，其次是“中学二级”和“中学高级”，但职称为“中学高级”的教师比例（26.89%）比初中的（16.80%）高，说明高中阶段对教师的专业水平要求较高。

但长期以来，中小学教师职称制度也存在一些弊端，不利于吸引优秀的人才进入教师队伍，资源得不到优化配置，基础教育特别是农村师资得不到很好的保障。2015年8月，国务院常务会议决定全面推进中小学职称制度改革，强调将分设的中学、小学教师职称（职务）系列统一为初、中、高级；修订评价标准，注重师德、实绩和实践经历，改变过分强调论文、学历的倾向，并向农村和边远地区的教师倾斜，拓宽了农村教师的职业发展通道；建立以同行专家评审为基础的评价机制，并公示结果、接受监督；坚持职称评审与岗位聘用相结合，实现人尽其才，才尽其用。目前，这项改革正在全国范围内广泛展开。

中小学美术教师入职时，必须通过职业资格的认证。美术课程改革实施十年以来，美术教师的数量和质量都有很大程度的提高。从研究中可以看出，中小学美术教师的数量与学历合格率较高，为基础美术教育质量提供了一定的保障。同时，研究数据也说明了地区间、城乡间美术教师的差距正在缩短，在一定程度上，使得中小学美术教育趋向公平。尽管现实中美术教师的现状仍不是十分理想，但通过这十多年来国家在中小学美术课程改革实践上日益加大的力度、逐渐完善的管理和协调机制，我国中小学美术教师遇上了难得的发展机遇与空间。国家颁布的一系列政策与文件，自上而下，对美术教师专业发展提出了许多明确的要求，也提供了必要的保障。

第二节 我国中小学美术教师的培养

一、美术教师培养课程设置

2005年，我国政府颁布《全国普通高等学校美术学（教师教育）本科专业课程设置指导方案（试行）》（以下简称“课程方案”），在全国普通高等学校（含综合大学、师范院校、艺术院校）美术学（教师教育）本科专业中实施。这个课程方案，坚持以人为本，克服重技轻文倾向，突出课程的示范性、综合性、开放性。为培养“合格的基础教育美术教师和社会美术教育工作者”，从思想政治和职业道德、人文素养、专业基础、专业技能以及身心素质等方面提出要求。该课程方案包括公共课程、专业课程（必修课、选修课）和实践环节。（如表2-8）

表2-8 课程方案中专业课程和实践环节归纳表

学习领域	必修课	选修课
美术基础	绘画基础 设计基础（平面、立体） 工艺基础	色彩学 透视学 构图学 造型语言基础 艺用解剖学
美术教育理论与实践	中小学美术教学论 美术教育实习	中国美术教育史 外国美术教育史 教学多媒体设计与制作 教育研究方法与论文写作
美术理论与历史	艺术概论 中国美术史 外国美术史 中国民间美术 美术鉴赏与批评	美学 中国画论 西方美术理论 现当代美术思潮 外国现代设计史

续表

学习领域	必修课	选修课
美术表现与创造	美术表现 设计与制作	中国画 油画 水彩画 版画 水粉画 雕塑 摄影摄像 多媒体艺术 书法篆刻 陶艺 纸艺 编织
美术与人文教育	文化艺术名著导读	艺术社会学 艺术人类学 博物馆教育 美术馆教育 地方美术教育资源 视觉文化与传播 世界文化遗产 文物保护
实践环节	军训、社会调查、劳动、毕业创作、毕业论文答辩、艺术实践、艺术考察、就业指导等	

这个课程方案有这样一些特征：第一，结合美术学科基础与人文教育。专业课程设置中除了围绕美术专业基础知识及其创造与表现外，还注重文化艺术名著导读内容的课程学习，显示出课程设置在交互性和开放性上的指导意义。第二，课程选择多样化，突出中国传统美术学习内容，意在引导对中国传统美术的了解和传承。第三，强调师范教育的特殊性，专门列出美术教育理论与实践课程，必修和选修课程互为补充。还“建议在起始年级就安排美术教育见习，让学生接触、熟悉基础教育美术教育实际，及早培养职业意识”，以突出对美术教师职业身份的认识，为其将来的专业发展做好铺垫。

在此基础上，经过广泛调研与调整，国家又于2009年8月颁布了《全国普通高等学校美术学（教师教育）本科专业必修课程教学指导纲要》（以下简称“课程纲要”），成为我国高等学校美术学（教师教育）专业本科课程建设的指导性教学文件，是各有关高校制订教学大纲、编写教材、组织教学、开展教学评估、实施教学管理的重要依据，也是教育部对美术学（教师教育）专业点进行教育教学评估的重要依据。该纲要列出12门具体课程，即绘画基础、美术表现、设计基础、设计与制作、中国美术史、外国美术史、美术概论、美术鉴赏与批评、中小学美术教学论、美术教育实习、中国民间美术、工艺基础。每门课又从课程性质与目标、课程内容与教学、课程实施与评价三方面进行详细说明。课程纲要与课程方案相比有4点变化：①将原课程方案中的艺术概论课程改为美术概论，使课程更具有美术学科自身特点，同时也能凸显美术学科知识系统的形态演变。该课程纲要于2010年新学期在教学试点学校执行。②不包括文化艺术名著导读，这是由于师资条件的限制。③中国民间美术课程包括理论与实践，放第三学期开设。④美术教育实习分为教育见习和教育实习，突出师范教育与实践。

二、实施过程中存在的问题

依逻辑来看，高等师范院校中，师范教育扮演工作母机的角色，美术教师教育的改革应具有一定的超前性，才能培养出适应未来中小学美术教育改革发展的美术教师。自“课程方案”，特别是“课程纲要”发布以来，各师范院校开展了美术教师教育改革和实验，但在实施过程中仍存在一些问题。

有研究者曾对国内10所独立设置师范教师教育体系的高等师范院校的课程进行过一项调查，分析结果所呈现的问题在于：第一，招收人数规模较大（当年调查有6所学校招收人数超过50名），带来学校师资力量不能满足需要、教学管理和教学设备不配套等问题；第二，大多数师范院校课程设置存在培养对象、培养目标不明确，培养目标偏离师范性的问题；第三，美术专业课程分科过细，内容单一，缺少创造力的培养；第四，课程无法按计划实施，师范性缺失。①

据此，高等师范院校在培养美术教师时，遇到的关键问题就是：依据目前大多数高等院校师范生的培养目标和课程设置培养出的人才，与中小学教育实践匹配度是否高度一致？换句话说就是，培养出的人才是否正是目前中小学所缺乏的、所需要的、适合未来的美术教育发展的人才？

---

① 郝飞. 美术教师教育课程与美术教师素质的相关性研究[D]. 上海：华东师范大学. 2009：45-47.

所以，高等师范院校在培养中小学美术师资上需要解决三个方面的问题。第一，要让学生了解中小学美术教师职业是什么样的。给他们选择权，让真正喜爱这份职业的人选择今后从事这份工作。第二，要使学生明白美术教师是怎样的人才。美术教师是“美术+教育”的跨界人才，这种跨界并不是简单的“1+1=2”的模式，而是一种完全的融合，也就是说，他们的知识并不是“美术”和“教育”分离的两类知识，而是一个完整的、融合在一起的美术教育学科知识。第三，要让学生知道美术教师该怎样发展，美术教师应该具备怎样的素养和能力，才能适应不断发展的社会需要，引领未来公民的美术素养。因而，高等师范院校的良好的课程设置模式和教学机制是至关重要的前提。

在课程设置和实践时应认真思考具体的问题：首先，就目前一些院校的培养目标来看，师范性质的培养目标并不十分明确，为基础教育服务的意识需要进一步加强。其次，课程设置采用怎样的开放性与综合性相结合的模式，有待于实践过程中的磨合和实验。中小学美术教育所需要的人才对美术了解的宽度要优于其深度，高等院校的学生在学校里需要种下这些有宽度的种子，培养兴趣、敏感度和探究学科发展的能力，以便在日后中小学美术教育实践中不断生根、发芽和成长。适当转变美术专业培养的观念，加强学科外部课程的综合和知识的迁移。第三，开展与中小学美术课堂教学有关的实践研究性课程。为适应未来社会发展和学生学习的变化，通过美术进行的综合性研究、表现，以及创意表达呈现等要求会趋于普遍，高等院校学生这部分的学习更应紧跟时代，对社会进行深入思考和探究。

在美术教师培养环节，“课程方案”和“课程纲领”是关键性的文件，说明国家正努力从源头做起，针对存在的问题提出相应的策略，但如何落地还是要看各地高校教师教育专业的执行力度与理解程度。高等院校教师教育专业的发展受社会各种因素的影响较多，其对美术教师的培养模式、课程设置等具体做法，直接影响未来美术教师专业发展的走向，在很多情况下也成为研究的焦点。因此，如何才能培养出适应未来发展的美术教师，给高等院校师资培养提出了更高的要求，课程设置的前瞻性、与中小学美术课程设置的适切性、与美术教学实践的相关性等，都需要综合考虑和较长时间的实践与反馈。这说明，美术预备教师培养与入职，以及后续发展的衔接性，仍将是一个较为困扰和需要大力研究的问题。美术实践与美术教学能力的转化，高等院校参与中小学教育寻求交叉互补、优势共赢的局面，还需要探讨和实践更多的可行的模式。

第三节 我国中小学美术教师的培训

一、政策与法规

美术课程改革以来，国家对美术教师培训工作一直都比较重视。从政策与法规来看，自2002年《学校艺术教育工作规程》颁布起，就对美术教师培训、管理提出相应要求，对兼职美术教师也提出了艺术培训的要求。此后，国家进一步加大力度，实施“园丁工程”，加强艺术指导教师的培训，还在“国培计划”中，特别强调了对中小学薄弱学科教师培训的示范性项目，多渠道解决美术师资的短缺、兼职、发展、评价等一系列问题。（如表2–9）

表2–9 与美术教师培训相关的政策与法规（2001—2014年）

时间	名称	与美术教师有关的内容
2002	《学校艺术教育工作规程》	各级教育行政部门应当明确学校艺术教育管理机构，配备艺术教育管理人员和教研人员，规划、管理、指导学校艺术教育工作； 各级教育部门和学校应当根据国家有关规定配备专职或兼职艺术教师，做好艺术教师的培训、管理工作，为艺术教师提供必要的工作条件； 学校艺术教师必须具备教师资格，兼职教师应当相对稳定，非艺术类专业毕业的兼职教师要接受艺术专业的培训； 艺术教师组织、指导学校课外艺术活动，当计入教师工作量

续表

时间	名称	与美术教师有关的内容
2002	《全国学校艺术教育发展规划(2001—2010年)》	对教师队伍建设，提出建设一支以专职教师为主、数量和质量都能够满足学校艺术教育需要的艺术教师队伍，是提高艺术教育教学质量的关键。各级教育行政部门和学校要予以高度重视，切实采取有效措施加强艺术教师队伍的建设。配齐专职艺术教师，深化高等艺术师范教育课程教材改革，认真实施“园丁工程”，加大艺术教师的培训力度。专职艺术教师在职务评聘、工资、住房、奖励等方面，应享有与其他学科教师同等的待遇
2007	《教育部关于加强和改进中小学艺术教育活动的意见》	要切实加强艺术教育活动指导教师的培训工作，努力建设一支有敬业精神、有较强业务能力的骨干教师队伍； 学校要聘请文化艺术界有关专家和民间艺人担任艺术活动的辅导教师，通过开设专题讲座、辅导课外活动、指导艺术实践等方式，帮助学校开展艺术教育活动
2008	《教育部关于进一步加强中小学艺术教育的意见》	各地要根据国家课程方案规定配备艺术教师。城市和有条件的县、镇（乡）学校要以专职艺术教师为主，普通高中和中等职业学校应按规定课时及教学需要配备专职艺术教师； 各地要建立激励机制，制定相关政策，支持、鼓励城镇学校艺术教师、中青年艺术教师和骨干艺术教师到农村学校任教。各地要针对本地艺术教师缺额情况，发挥和依托普通高校，特别是示范院校以及教师进修院校等教育机构的资源优势，为本地培养合格的中小学校艺术教师
2010	《中小学教师国家级培训计划》	包括“中小学教师示范性培训项目”和“中西部农村骨干教师培训项目”两项内容。前者包括中小学骨干教师培训和中小学教师远程培训、班主任教师培训、中小学紧缺薄弱学科教师培训等示范性项目；后者包括农村中小学教师置换脱产研修、农村中小学教师短期集中培训和农村中小学教师远程培训。同时，教育部组织专家对上述两大类项目进行绩效考评工作
2011	《教育部关于大力加强中小学教师培训工作的意见》	围绕新时期教育改革发展的中心任务，开展中小学教师全员培训，创新培训模式，完善教师培训制度，促进教师不断学习和专业发展。同时，加强教师培训能力建设和组织领导，全力保障教师全员培训

续表

时间	名称	与美术教师有关的内容
2014	《教育部关于推进学校艺术教育发展的若干意见》	加强区域艺术教师统筹力度，多渠道解决艺术师资短缺问题；地方教育行政部门要根据国家制定的教师资格标准，组织中小学校和中等职业学校艺术教师资格认定；建立学校艺术教育工作自评公示制度。要将艺术教育纳入学校办学水平综合评价体系；建立学校艺术教育发展年度报告制度
2018	《关于全面深化新时代教师队伍建设改革的意见》	开展中小学教师全员培训，促进教师终身学习和专业发展。推行培训自主选学，实行培训学分管理，建立培训学分银行，搭建教师培训与学历教育衔接的“立交桥”

二、美术教研组织机构

我国教研组织机构有自己的组织框架和职能，进行教育政策制定、教学改革与研究，组织教研活动等。

（一）政府组织机构

首先，我国政府直接对美术教育实施管理的职能部门是教育部体育卫生与艺术教育司[①]，其主要职能是：指导大中小学体育、卫生与健康教育、艺术教育、国防教育工作；拟定相关政策和教育教学指导性文件；规划、指导相关专业的教材建设以及师资培养、培训工作；协调大中学生参加国际体育竞赛和艺术交流活动[②]。20世纪90年代以来，在贯彻《全国学校艺术教育总体规划》过程中，各地都明确有一名主任分管艺术教育工作，同时在全国省、自治区、直辖市以及计划单列市设有艺术教育管理机构，从而形成一个覆盖全国的美术教育管理与教学研究网络。各级美术教研员成为具有中国特

① 1986年，我国原教育部成立中华人民共和国成立以来第一个主管普通学校艺术教育工作的专门机构——艺术教育处，配备专职艺术教育管理干部，同时成立了原国家教委艺术教育委员会；1989年在此基础上成立了社会科学研究与艺术教育司；1993年在机构调整中，为进一步理顺艺术教育的体制，加强管理，又将艺术教育同体育卫生司合并，成立体育卫生与艺术教育司，对我国各级各类学校艺术教育实行归口管理。同时加强处室建立，设立艺术教育处和师资教材处。

② 内容来自中华人民共和国教育部网站。

色的学校美术管理与研究指导的特殊身份的人，“他们被要求是学科专家，要站在学科前沿，把握学科发展动态，但同时又必须要做好面向全体学科教师、对所有本学科教师负有责任的学科带头人工作，教研员应该具备一定的教育理论和学科专业理论素养，同时还要具备丰富的实践经验和指导能力”[①]（如图2-1）。他们组织教研活动基本上按两种方式进行，一种是通过省级一些导向的活动组织，推动中小学美术教育教学的开展和新课程实验，如为配合全国美术教育界的三大赛事（由教育部体卫艺司主办，《中国美术教育》编辑部和中国教育学会美术教育专业委员会联合承办的全国中小学美术教师基本功比赛、现场课比赛、论文评比），各地每年举办相应的活动。另一种是通过制度的作用和机制的创设来保证全省中小学美术教研工作的开展，如校本教研制度等。

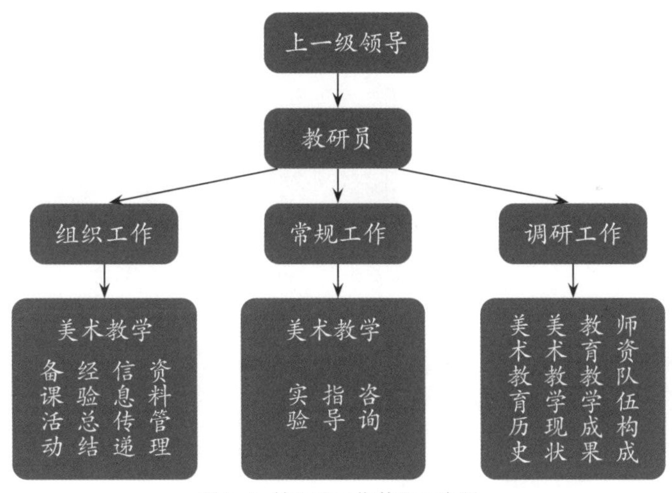

图2-1 教研员工作范围示意图

其次，教育部有直属单位33个，其中，中国教育科学研究院、教育部教育发展研究中心等政府机构，其职能主要集中在教育研究上。中国教育科学研究院设有30个职能部门，其中，与我国中小学美术教育研究直接相关的有“全国教育科学规划领导小组办公室”和“体育卫生艺术教育研究所”。

① 毛毅静，周凤甫．教研员访谈录(一)[J]．中国美术教育，2007(4):15.

依据中国教育科学研究院的组织机构，各省、自治区、直辖市、计划单列市设有相应教育研究机构，即教育科学研究所（院），如全国设省、自治区、直辖市教科所（院）30个，设省会城市教科所（院）19个，设计划单列市教科所（院）等。主要开展教育宏观决策研究、教育教学研究、教育理论研究，加强对教育科学、教学研究的领导和管理，为政府教育行政部门的宏观决策以及学校管理提供服务，为提高学校的教育教学质量提供服务等。（如图2–2）

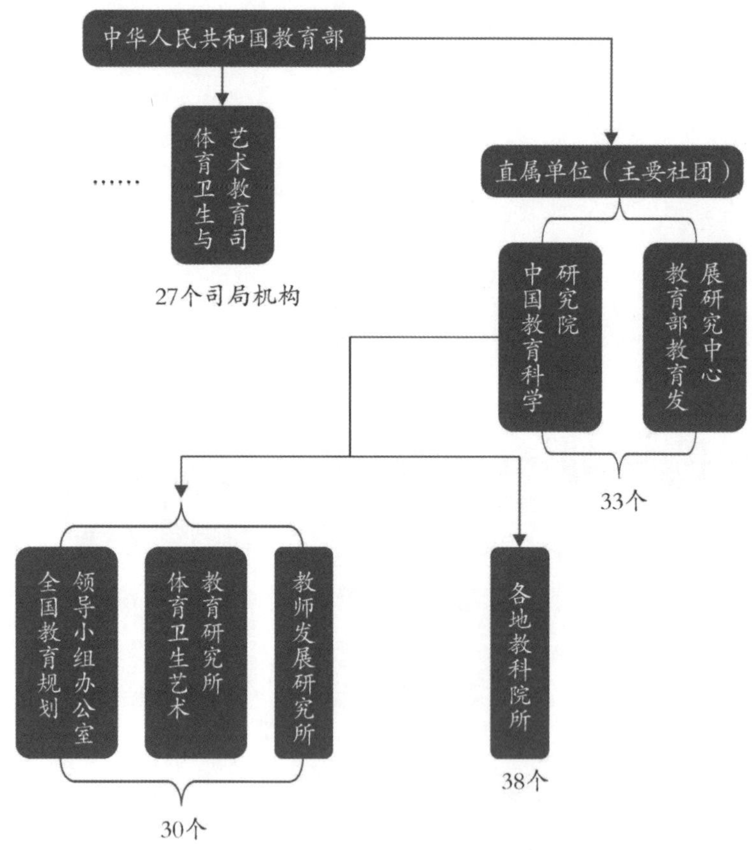

图 2–2 政府组织机构框架示意图

（二）群众性学术团体

据《中国美术教育》杂志1980年第二期中一则简讯记载：中国美术教育学会筹委会于1979年12月在郑州成立，是有志于从事美术教育研究工作的美术教师和美术工作者自愿成立的学术团体，是中国教育学会和中国美术家协会的一个分科学会。在当年的郑州筹委会上，制定了《中国美术教育学会章程》（如图2–3），从当时学会规定的7项主要任务来看，学会致力于在全国范围内建立美术教育研究的内容体系，形成美术教育研究的网络，建立一支美术教育学术研究队伍。此后，各级各地陆续成立相应的美术教育学会。30多年来，学会多次组织了国际国内美术教育研究会议，开展了全国性的美术教师基本功、优质录像课以及论文竞赛，对我国美术教育研究和美术教师成长做出了持续的、极大的贡献。

1. 组织会员认真学习马列主义教育学和毛泽东教育思想。
2. 总结中华人民共和国成立以来美术教育上的经验和教训，探讨教育规律。
3. 整理、研究中外美术教育历史上的遗产，总结优秀教师的经验。
4. 探讨美术和美术教育与经济发展的关系，开展科学实验，研究各级各类学校美术教学的目的、任务、学科体系、教材教法、教学手段现代化等问题。
5. 介绍外国美术和美术教育的新理论、新经验和新动态。
6. 举办各种展览和美术活动，活跃学术空气，促进学术交流，繁荣美术教育。
7. 开展国际学术交流，发展同国外美术教育工作者的友好联系。

图2-3　郑州筹委会制定的《中国美术教育学会章程》

三、“国培计划”下的美术教师培训模式案例

【**案例**】2014年中央美术学院“国培计划”

这是中央美院实施“国培计划”的第四年，前三届共培训了近600名优秀的美术骨干教师与教研员。历年来，学员反馈的最大的收获是能帮助他们转换教学思维，增强教学技能，丰富教学实践。而中央美院也在项目的具体实施中，通过与来自全国各地基础教育专家和一线教师的交流学习，建立起完善的资源共享与研究平台。本次在与教师管理与联系上加入了曾是“国培”学员的4位辅导员，参与到整个培训以及培训后的学员追踪和交流平台工作中，推进培训效果的辐射性和延续性。

基本信息：为期9天，60课时，采用集中培训的方式。

培训模块：专业理念与师德、专业知识、专业能力、教学交流与参观。

课程内容：面向未来的艺术教育；艺术实践、体验与交流；文化视野下的美术教育；美术教学新策略；吸收借鉴，拓宽思路；文化大环境中的美术教育实践。

课程特点：以概念解析与教学案例相结合的方式呈现美术教育政策、美术课程标准、审美教育与鉴赏教学等基础教育中的核心问题；同时，以艺术实践与教学转换、艺术发展心理学、非物质文化遗产和民间艺术资源、艺术博物馆教育资源、跨学科课程和创造力教学、教育教学实践中研究热点等丰富整个培训课程。通过教师、教研员的分班专题研讨和案例评析提供交流机会，帮助参训学员开拓视野、转换思路，培养研究型的思考和工作方式。

此外，实践性也是教师教育中的重点。除了在参观798艺术区、中国美术馆、中国国家博物馆等文化设施的过程中加深学员对于当代艺术现状与文化环境的认识以外，还通过中国画现场教学实践课，以及参观中央美院各个工作室、国际预科部、美术馆等，让学员亲临各艺术门类的教学现场，开拓他们的专业和文化视野。

上述案例表明，课改十年以来，以“国培计划”为代表的教师培训，使教师在观念、方法和研究实践中都取得了长足的发展。同时，我们也应该清醒地认识到美术教育面临的问题与不足，随着时代的发展，大数据时代对今天的美术教师提出了更高的要求，也使高等师范院校的教师教育的责任与使命感更为强烈。

“国培计划”培训的是骨干教师，他们要发挥“种子”的作用。对普通在职美术教师来说，很难有这样的培训机会和实践空间，但正是这些广大的、普通的美术教师，更需要培训和成长。如何解决基层美术教师教学中的实际问题和困惑，尽量给他们提供必要的专业发展空间与支持，这是对各层各级的美术教师培训所提出的挑战。同时，各级师范院校、综合性大学在形成美术教师多元化的教师培养格局中，也应该变换思路，积极应对未来美术教师专业发展的时代要求。

[第三章]

美术教师的本质在于三个方面：第一，是美术教学活动的组织者；第二，是从事美术教育活动的专业人员；第三，作为美术教育的主体，对其客体（即学生）产生影响。美术教师是一种专业化的职业，其专业化特征表现为有独立的知识系统、特定的能力要求、特殊的伦理标准和人格要求。通过前期课题研究，我们认为美术教师专业性体现在其拥有的专业知识体系上，包括5个方面：美术内容知识、美术课程知识、美术教学知识、实践性知识以及专业发展知能。前三者是构成美术教师专业知识体系的基础，是必备知识；后两者侧重教师的能力，是完善这种知识体系的必要知识。这个知识体系也是促进美术教师专业发展的内部环境。

第一节 美术内容知识

美术内容知识是美术教师区别于其他学科教师的最根本的知识。美术教师在进行美术教学前，应首先做好美术基础知识与技能的储备工作，其次能在中小学美术课程教学中，根据学生年龄特点和美术学习经验，选择适当的美术内容，启发并引导学生对美术学习产生兴趣，从而推动他们积极参加各种美术学习活动。

一、近现代我国学校教育中美术学习内容的变化

历史上，1902年的《钦定学堂章程》（又称“壬寅学制”）被视为我国有史以来第一个由国家正式颁布的近代学校系统，虽然它并未实施。1904年，《奏定学堂章程》（史称“癸卯学制”，分为初等小学堂、高等小学堂和中学堂三个章程）的颁布，标志着我国第一个完整的近代学校体系的成立。至此，我国学校美术教育拉开序幕，并在此基础上历经变革，逐渐形成我们今天的学校美术教育的模式。表3-1为历史上我国颁布的中小学美术课程标准（教学大纲）概要，有关美术学习内容可略见一斑。

表3-1 1902—2011年我国颁布的中小学美术课程标准（教学大纲）内容归纳表

时间	名称	美术学习内容概要
1902	《钦定学堂章程》	中学堂1～4年：图画（临写自然画），图画（几何画），图画（同上学年），图画（同上学年）
1904	《奏定学堂章程》（分初等小学堂、高等小学堂和中学堂三个章程）	初等小学堂“图画”为“随意科目”，高等小学堂和中学堂“图画”为必修科目
1912	《小学校令》	设手工、图画科目
	《小学校教则及课程表》	单形、简单形体、临摹、几何画
	《中学校令施行规则》	自在画（临摹、写生、意匠）、用器画（几何画）
1923	《新学制课程纲要小学形象艺术课程纲要》	欣赏、制作、研究
	《新学制课程纲要初级中学图画课程纲要》	理论教授、实地观察、实技练习
1929	《小学课程暂行标准（美术）》	欣赏（自然美的欣赏、艺术美的欣赏）；制作（绘画、剪贴、塑造）；研究（方法的研究、原则的研究）
	《初级中学图画暂行课程标准》	观察和欣赏（图解、实物观察、自然欣赏、名作欣赏）；实习（摹写、实写、记忆描写、命题练习）；考案（图案制作、自由制作、图式制作）
1932	《小学课程标准（美术）》	欣赏（自然美的欣赏、艺术美的欣赏）；发表（绘画、剪贴，酌情增加塑造）；研究（方法的研究、原则的研究）
	《初级中学图画课程标准》	观察与欣赏（图解、实物观察之方法、自然鉴赏之研究、名作欣赏之指导）；实习（写生、记忆描写之训练、命题练习、自由创作、图案构成法、图式制作）
	《高级中学图画课程标准》	研究与欣赏（中西绘画、建筑、雕刻等内容及方法之比较；美术工艺与社会进化之原理；将古代、现代名作与现代精神做比较）；实习（练习美术上的普通技能及制作；练习图案之制作；用器画学理上之研究及技能上之练习）

续表

时间	名称	美术学习内容概要
1941	《修正初级中学图画课程标准》	与1932年相比，教材大纲略有不同，作业要项相同
	《修正高级中学图画课程标准》	研究与欣赏（同1932）；实习：练习美术上普通技能及制作；练习图案之制作
	《六年制中学图画课程标准草案》	实习（室内写生练习、野外写生、图案制作、国画临摹背临及写生、记忆画练习、命题作画、自由创作）；美术理论与欣赏（美术史习题解答、习读指定之美术理论参考书、举行美术常识座谈会、同学成绩之交互批评、中外名作图片之欣赏）
1942	《小学图画课程标准》	三个类别：关于观察和欣赏的、关于基本练习的、关于发表和应用的
1948	《小学高年级美术课程标准》	欣赏、发表、研习
	《修订初级中学美术课程标准》	练习、兴趣和研究、欣赏、环境审美与改造、参观展览
	《修订高级中学美术课程标准》	练习、图案制作、国画写生、欣赏与批评、研究、阅读、野外写生
1950	《小学图画课程暂行标准（草案）》	一年：自由发表、基本知识、赏鉴；二年：自由发表、基本知能、图案画、赏鉴；三年：自由发表、写生、基本知能、图案、赏鉴；四年：写生、实用美术、基本知能、用器画、赏鉴；五年：写生、实用美术、创作练习、用器画、赏鉴
1956	《小学图画教学大纲（草案）》	写生画、图案画、命题画、美术谈话（4～6年级增加）
	《初级中学图画教学大纲（草案）》	写生画、图案画、命题画、欣赏和艺术谈话
1979	《中小学美术教学大纲》	绘画：写生（速写、默写）、临摹、创作；工艺：图案、手工劳动；欣赏
1988	《全日制小学美术教学大纲》	绘画（40%～45%）、工艺（40%～45%）、欣赏（15%）
	《全日制初级中学美术教学大纲》	绘画（50%）、工艺（35%）、欣赏（15%）
1992	《九年义务教育全日制小学美术教学大纲》	绘画（45%～50%）、工艺（40%～45%）、欣赏（10%）

续表

时间	名称	美术学习内容概要
1992	《九年义务教育全日制初级中学美术教学大纲》	绘画（45%～50%）、工艺（35%～40%）、欣赏（15%）
1997	《全日制普通高级中学艺术欣赏课教学大纲（美术欣赏课）》	美术欣赏基础知识、中外美术名作欣赏、必选作品
2000	《九年义务教育全日制小学美术教学大纲（试用修订版）》	低年级：形的表现、着色、生活表现、制作平面图形、纹样、拓印、立体造型；中年级：欣赏作品、线描写生、色彩知识、毛笔使用、表现感兴趣事物、纸版画、二方连续纹样、设计制作模型；高年级：欣赏作品、线条表现立体物、构图、色彩冷暖、中国画、人物比例与面部表情、平面构成、制作、插图、综合练习
	《九年义务教育全日制初级中学教学大纲（试用修订版）》	一年级：欣赏中国作品、分类、线条写生、铅笔速写、中国写意花鸟画、图案、雕塑；二年级：欣赏外国作品、明暗、铅笔淡彩、构图、色彩构成、平面设计；三年级：欣赏中国民间作品、环境艺术、中国山水画、版画、插图、立体造型设计制作、服装、综合
2001	《全日制义务教育美术课程标准（实验稿）》	造型·表现、设计·应用、欣赏·评述、综合·探索
2003	《普通高中美术课程标准（实验）》	5个模块：美术鉴赏、绘画·雕塑、设计·工艺、书法·篆刻、现代媒体艺术
2011	《义务教育美术课程标准（2011年版）》	造型·表现、设计·应用、欣赏·评述、综合·探索
2017	《普通高中美术课程标准（2017年版）》	必修（1个模块：美术鉴赏）选择性必修（6个模块：绘画、中国书画、雕塑、设计、工艺、现代媒体艺术）选修（5个模块：美术史论基础、速写基础、素描基础、色彩基础、创作与设计基础）

百年以来的中小学美术课程标准（教学大纲）表明，学校美术教育的内容具有鲜明的时代特色。20世纪初，图画手工课还不是严格意义上的美术教育，主要是从培养社会需要的实用绘图技能的人才出发，重在单纯的技能学习。随着社会的发展，审美功能、美术学科自身的要求逐渐突显，学校美术教育日益完善，从较为分散逐渐发展到相对固定的内容领域，从单一到多

元，体现出中国学校美术教育的发展与演变过程。其中，美术学习内容的时代特色依然明显，例如，民国初期，“欣赏”作为一个学习领域开始出现，学习内容拓宽与延展，正反映出当时东西方文化交流的活跃性，以及西方学校美术教育方式对我国所产生的深刻影响。又如，1956年的教学大纲里，出现的“美术谈话”和“艺术谈话”内容，“可以讲述、提问、讨论、分析等方法……介绍画家的思想……通过生动的故事讲述画家是集体主义战士，让儿童认识画家对革命和建设事业的贡献”[①]，也是具有鲜明的时代特色的。

二、我国现阶段美术课程标准核心学习内容提炼

以《义务教育美术课程标准（2011年版）》（以下简称“课标”）为例，“课标”前言中有这样一段描述：“当代社会的发展对国民的素质提出了新的要求，学习图像传达与交流的方法，形成视觉文化的意识和构建21世纪的创造力已成为当代美术课程的基本取向。美术课程应该在我国基础教育课程体系中发挥更积极的作用，为国家培养具有人文精神、创新能力、审美品位和美术素养的现代公民。”[②]这是当下学校美术教育的时代特色和要求。据此，我们尝试对“课标”中规定的4个美术学习领域的核心学习内容进行提炼，归纳后如表3-2所示：

表3-2《义务教育美术课程标准（2011年版）》核心学习内容提炼表

创作类学习活动		欣赏类学习活动	综合类学习活动
造型·表现	设计·应用	欣赏·评述	综合·探索
工具媒材		艺术品属性	造型游戏
造型元素		各门类优秀作品	创设情境
形式原理		观察表达	展览美化
方法表现		感受理解	创作与展示
练习体验		讨论评述	规划、设计、模型

① 课程教材研究所.20世纪中国中小学课程标准·教学大纲汇编：音乐·美术·劳技卷[M].北京：人民教育出版社，2001：248

② 中华人民共和国教育部.义务教育美术课程标准（2011版）[M].北京：北京师范大学出版社，2011：1.

与以往美术课程标准（教学大纲）不同的是，这些学习内容体现出从学生的美术学习出发，以学生为主体的观念。既重视美术学科学习的体验与应用，又注重对优秀美术作品的解读与文化独特性的价值观的形成。同时，通过综合类学习活动，锻炼学生用美术思维来解决问题、表达自我、创新实践，融入自己熟悉的生活、社区乃至社会当中。这种美术教育也给美术教师带来了巨大的挑战。

三、美术内容知识框架

对近代以来我国学校美术教育内容的梳理，目的是从历史的变迁中寻找学校美术教育内容的来源和根据。上述研究表明，学校美术内容的选择与时代和社会发展的要求紧密相关，那么，美术教师的美术内容知识框架就应该结合美术本体知识和学校美术教学内容知识。（如图3–1）

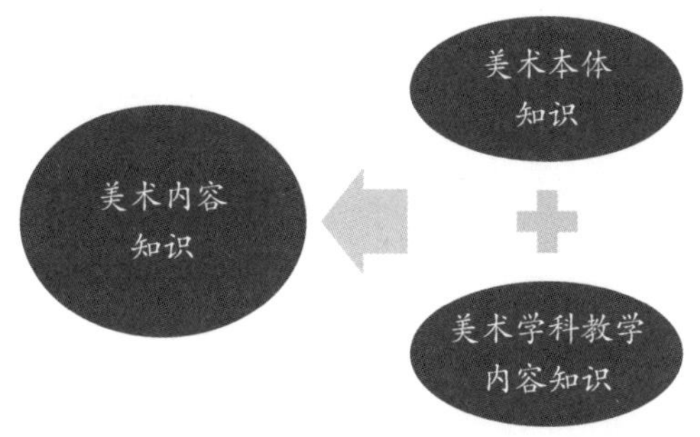

图3-1 美术内容知识示意图

从广义上说，美术内容知识泛指与美术有关的所有内容。从狭义上来说，中小学美术教师的美术内容知识应该包括两个方面：一个是美术本体知识，另一个就是美术学科教学内容知识。前者是美术教师从职时就已经具备的关于美术基本概念、基础知识和技能，以及基础应用等。后者是美术教师作为专业的学科教师，应该具备的美术内容组织的知识，这不同于美术家、美术史论家或美术教育研究者的知识，而是指教师在面对不同学生的美术学习经验、个性特点时应如何组织与之对应的美术内容。也就是说，美术教师对美术内容的经验建构及其教学观念，是以帮助学生掌握美术学习，理解特殊概念为基础的。他们关注的中心问题应该是，如何将自己习得的关于美术学科内容的知识转换成学生可以理解的知识，将自己对美术学习的经验作为学生能够理解并学习美术的基础，甚至迁移到其他学科的学习中去。

同时，美术内容知识又具有复杂性，这种复杂性源于基础教育。美术学科教学是一门跨学科的教学，承载着美术和教育的双重功能和意义，一方面，美术本身就是内容丰富而又不断发展变化的；另一方面，教育的意义在于促进学生成长，为了支持这种成长，学生在学习活动中就需要有支柱，教师的作用就在于此。美术与教育之间的组合和相融点越多，所生发出的价值和意义就越大。优秀的、有经验的美术教师优于新任美术教师，一个重要的原因就是优秀教师的美术内容知识和教学法之间的组合会更多样化。就美术的内容和价值而言，美术内容知识因立足点不同，在理解上会有差异。从美术本体来看，其知识涉及美术门类、历史、艺术家的风格与流派、美术创作的技巧与过程、美学概念、图像分析、以美术为基础的研究、视觉文化等；而从学校美术教育价值来看，美术教育的政策、儿童与青少年学习、学习与创造的理论、美术欣赏与博物馆教育、通过艺术的教育、美术课程研究、多样化教学和学习、教育评价等，都是美术教师在选择适当教学内容时需要考虑的地方。

此外，美术内容知识要与美术学习相关联。学校美术学科学习，有一些基本原则、核心特征以及技术和能力上的要求。

就美术学习的基本原则而言，首先，要了解美术作品自身的审美属性，即我们在看一件作品时，在注意到它的种类、技法、元素等要素之外，还要能学会各要素之间组合的方法，以增强意义传达和思想构建；其次，美术学习离不开具体的媒材选择、工具使用等，以便结合自己的观念与想法进行恰当的表现，进一步体现美术思想；最后，明白艺术家的思考是如何影响他的创作方式的，从而通过艺术家及作品来了解社会、历史和文化。

就美术学习的核心特征来看，它被转化为具体的学习内容时，贯穿在不同学段和学习领域中，呈现出各种各样的美术学习的语言和表达方式：第一，运用可视的或可塑的艺术语言来呈现的优秀的美术形式，是整个艺术学习中不可或缺的重要内容；第二，各种优秀的美术形式一定是社会和文化的产物；第三，美术形式之间的元素和原理是相互关联的；第四，每个人的不同感知对艺术形式很重要，个人经验和理解以及意义评价，是重要的美术学习经验；第五，个人不同的学习经验能帮助产生不同的艺术理解。因此，美术学习中应该欣赏什么、如何欣赏、如何创造、如何进行有意义的美术学习，是需要美术教师积极参与和思考的。

而从美术学习的技术和能力来说，美术学习经验的获取很大一部分来自美术实践与创作过程，就这个方面来说，美术内容知识还理应包括：第一，发展一定的技术和能力技巧；第二，发展某一门类美术的操作性技能，了解其基本的制作程序或创作过程；第三，发展描述、分析、评价、阐释的知觉技能；第四，发展对多元文化社会的理解力，从而产生对自己文化和传统的责任感等。这样可以为学生建立丰富的美术学习经验，使学生意识到创造艺术不单纯是个人的事。

第二节 美术课程知识

在学校美术学科领域中，美术课程观受制于整个教育环境，受哲学思潮和教育理论的影响。换句话说，美术课程观的研究就是在美术教育的目的和达到这些目的的手段间进行对话。而作为美术教育工作者，学校美术教师应具备怎样的课程知识，在这场对话中起着关键作用。那么，伴随着学校美术课程的产生和发展，出现过哪些美术观？有哪些转向趋势与特征？对现阶段美术教师的课程知识构建有何意义？美术教师应该怎样构建课程知识才能适应变化？

一、美术课程观的转向趋势与主要特征

自《钦定学堂章程》（壬寅学制）1902年设立图画课起，在我国学校美术教育一百多年的历史中，陆续出现过许多的美术课程观，诸如实用观、审美观、创造观、政治观、现实观、道德观、学科观、素质教育观、创新观、人文观、综合探索观、技术观等，随着社会的不断发展，批判理论观、生活经验重构观、反思观、未来观等一些新的观念也逐渐显现出来。纵观每个历史阶段，我国学校课程观念并不是单一的，应该说是在某个时期一种或几种观念占主流，之后又会发生新的变化。有些观念又与其他的观念间存在着千丝万缕的联系，反映出当时社会经济、历史文化与人及其生活关系的种种趋势，这些趋势又显示出不同的特征。

（一）转向趋势

1. 从实用技能到儿童经验

在我国，重点强调美术实用技能方面的学习主要集中在我国学校美术教育开端时期，当时的美术课程与教学是与振兴产业、富国强民联系在一起的，图画手工科的设立是想通过学习和训练习得实用的知识和技能，以符合社会发展的需求。这种实用观的价值在于为学生未来生活提供足够的理性准备，或者提供理性的知识或能力。

20世纪初东西方文化的交流以及西方文化艺术思潮的影响，使我国学校美术教育课程观发生了深刻的变化，重视儿童的存在、重视儿童的生活和活动的价值，认为美术学习可以促进儿童自我实现的观点受到重视。其中，杜威的进步主义教育思想给我国美术教育带来很大的启示，也使得我国学校美术教育，从模仿日本学校模式开始转向学习美国教学模式，在美术课程观上从实用转向注重儿童的生活经验，关注儿童的创作过程。

2. 从儿童经验到学科理性

学校美术课程离不开整个社会政治经济环境的影响。20世纪20至50年代是我国社会从动荡不定的局面到中华人民共和国成立的时期，因为战争和时局，学校美术课程的发展不能正常有序地进行，学校美术课程的学习在不

同战区呈现不同的特点。尽管战争环境和地域不同，但这段时期对学校美术课程的认识上却呈现出某些相似之处，出现了对美术价值重新认识的倾向。

在国民政府统治地区，学校美术课程借鉴了当时西方发达国家美术教育中的成功经验，把西方美术史中的色彩学、透视学、解剖学，以及设色、明暗等画法，还有设计、工艺制作中的一些新的理念引进中小学美术教育之中，普及了美术教育，这时的美术教育与清末把绘画仅仅作为“为了照图制造机器零件，或造船体”的几何作图有了本质的区别，显示出在美术课程学习上整体的、理性的思考。

在革命地区，受苏维埃政府的影响，根据地的美术教育与德育、智育、劳动教育和体育联系在一起，呈现出在特殊环境下的对培养未来接班人的理性思考。[①]而这种对美术课程价值的认识，一直深刻影响着中华人民共和国成立以后的美术教育，这种影响体现为在美术课程设置中强调美术基本知识和基本能力的“双基”教育，以及在思想道德情操上的教育作用。

3. 从学科理性到生活经验重构

“文革”以后，学校美术教育的学科体系逐步建立和健全。20世纪80年代，我国开始了基础教育课程和教材改革的探索。改革开放至今，西方的文艺理论和思潮以及教育教学理论对我国的美术教育产生了很大的影响。一方面，以布鲁纳为代表的“认知发展”课程理论使学校教育侧重于对学生认知和技能的培养，主张向儿童传授“双基”学习。以艾斯纳、古力为代表的DBAE[②]美术教育观，讲究美术课程学科结构性以及严谨的课程设计的理念。这种影响可以从我国20世纪末的教学大纲中窥见一斑。在我国美术教育教学中，课程开发、课程设计等诸多理念成为学校美术教育的主流。

同时在西方现象学、解释学和批判理论的影响下，要求改变传统的课程开发模式，开始用新的价值体系来理解课程“文本”，主张对传统课程领域进行“概念重建”的观念开始出现。存在现象学的重要代表派纳认为，个体

---

① 徐建融，钱初熹，胡知凡．美术教育展望[M]．上海:华东师范大学出版社，2002:42-46.

② DBAE是英文Discipline Based Art Education的缩写，意为“以学科为基础的美术教育”，包括美学、美术史、美术批评和美术创作四个学习领域。

是存在经验的核心，生活经验是完整的个体体验，其目的是个性的解放。在我国2001年颁布的《全日制义务教育美术课程标准（实验稿）》中，以学习活动方式划分美术学习领域，鼓励教师用多种方法和多样的教学手段，让学生进行综合性与探究性学习，强调学生是课程的主体，注重学生创造课程的能力，显示出在美术课程观上的新变化。

4. 从生活经验重构到批判理性

随着我国学校美术课程改革的深入发展，对各种课程与教学理论与实践的研究和方法的探讨也越来越多，如后现代课程与教学、建构主义理论、学习共同体理论、教学领导力和质性评价等。另外，我国美术教科书实行国家、地方、校本三级教材选择，以学生发展为本，使美术教育与信息社会的特点相适应。因此，教师在学校美术课程教学和学习中有更大的选择余地和自主创造空间。

经济全球化和数字化时代下，人们生活急速复杂化，影像、网络、大众电子媒介成为现代社会中信息传递的重要手段，这使得美术课程除了传授经典艺术之外，很大一部分内容与学生的生活经验、所处的流行文化生活相关。因此，重视周围事物与美术教育的关联以及对日常视觉影像的思考与解读，培养批判思维与反思精神就变得越来越重要。这种课程观的趋势与新时代精神要求人具备批判思维的观点是一致的。

（二）转向特征

不同的课程观实际上隐含着不同时期对美术课程价值的理解，这种从自由到理性探究再到文化诠释，直至回归理性主义的演变，显示了美术自身的发展规律，以及由此产生的对美术教育意义与价值的重新发掘——从过去注重手工和技术的训练、陶冶性情、探究美术学科内涵的学习方式，到如今美术学习不再是单纯地为达到功能性效益，而是日益凸显出在当今社会中作为一种“表述”“诠释”或“演绎”的意义，以及用批判理性的视角来审视周围的现象。总体来说，我国学校美术课程观转向趋势具有以下几个特征。（如图3–2）

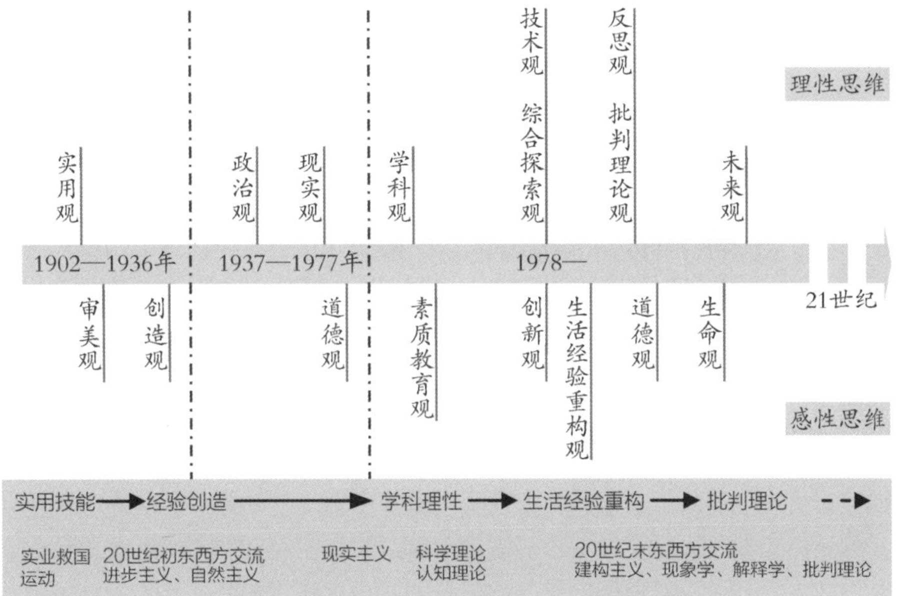

图3-2 我国学校美术课程观转向趋势及其特征图

首先，美术课程观的产生是与当时社会政治经济发展联系在一起的。我们发现重视技能等方面的学习往往是与社会经历变革，经济快速发展的时期联系在一起的。而当社会政治稳定，经济平稳发展时，人们对精神方面的追求促使美术在教育方面的价值逐渐抬头，重新回归到重视创作过程体验和自然发展的观念。

其次，美术课程观的变化与艺术思潮和教育理论研究有关。我国美术课程观发生较大变化主要集中在两个时期，即20世纪初和20世纪末。这两个时期正是我国社会开放，西方艺术思潮和各种教育理论大量涌入的时期。同时，这两个时期又反映出不一样的特点，前者基本上是模仿和吸收，而后者，是在借鉴基础上结合我国传统的再创造。

再次，美术课程观的变化具有钟摆式发展的趋势。从四种转向中可以看出，这些观念似乎在围绕着理性思维或感性思维做钟摆式的摇动，但事实并非如此。每一次的转向，其实质已发生了变化，因为基于美术学科自身的拓展，其在美术教育上的意义也必然发生变化。

最后，我国美术课程从开端到发展，课程观呈现出从单一到多样化的发展状态，这种变化在我国改革开放以后愈加明显。美术课程是沟通儿童现实生活和未来可能的生活的教育中介之一，这种发展变化也体现出对美术课程价值的多重发掘。

二、美术教师课程知识构建的影响因素

（一）课程观

如果说课程观的变化反映出的是不同时期人们对“课程是什么”的看法与追求，体现出教育目的和手段间的对话的话，那么，对于教育者来说，直接面临的问题就是“我该怎么做”，这是需要通过与教师个体的“个人知识”紧密联结起来的。上述课程观的转向以及呈现出来的一些特征，对美术教师课程观意味着什么？当今的美术课程观及未来发展，将会对美术教师课程知识提出怎样的要求？

艾斯纳曾对18世纪至20世纪40年代的美国美术教育发展史进行了研究，得出这样的结论，即美术教育的最有价值之处在于美术具有给予人类经验和理解的特质[①]。而杜威认为，价值并不是高悬于生活之外的抽象的不变的东西，而是一方面体现了我们的经验的爱好，另一方面又在经验中被证明是有可能实现的东西[②]。价值观念的背后蕴含的是在一定社会或环境下，一种群体的共同认知。因此，在课堂教学中，“课程不仅强调的是目标、学习结果、材料、学生”，更有一般意义上的“经验”和“情境”，是“人、事物和过程之间的相互作用”。[③]在学校环境下，观念转换成教学的可能性是要通过教师的教和学生的学来实现的。在美术教学中，美术教师个人对课程知识的理解和建构直接影响着学生的学习。

---

① ELLIOT W. EISNER. *Education Artistic Vision*[M]. New York: Macmillan Publishing Company, 1972.

② [美]约翰·杜威. 确定性的寻求:关于行知关系的研究[M]. 傅统先，译. 上海：上海人民出版社，2005:2.

③ [美]F. 迈克尔·康纳利，D. 琼·克兰迪宁. 教师成为课程研究者——经验叙事[M]. 刘良华，邝红军，等译. 杭州：浙江教育出版社，2004:6-7.

自我国2001年颁布《全日制义务教育美术课程标准（实验稿）》以来，学校美术课程改革影响范围日益扩大，教师积极性日益提高。尽管如此，作为学校教育中的薄弱学科，其教者——美术教师对课程的理解，对到底应具备怎样的课程知识的认识还不一。美术教师课程知识是什么，又应怎样构建？要解决这个问题，认清我国目前美术课程改革中存在的一些问题和美术教师美术课程知识现状是关键。

（二）美术课程改革中凸显的问题

由于美术学科在学校教育中的弱势地位以及对美术教师专业性认识的不确定性，学校美术课程改革在不同程度上出现了一些问题，具体来说可归纳为如下几个方面：

第一，新的观念和方法在现实与理想中徘徊。从历史上看，国外艺术思潮和美术教学体系对我国美术课程影响较大，旧有的美术课程组织与结构的影响仍然存在。如今，用新的课程观和方法指导目前的美术课程改革，需要良好的环境机制。

第二，美术教育领域理论研究广度与深度不足。在我国，将美术课程作为一个完整体系来研究的尚不多见。由于在学校教育中的弱势地位，人们在面对现有的美术课程得不到充足发展的现象时也习以为常。要结合中国传统美术文化的历史和现实特性，学习多元文化背景下的课程表达，开展我国美术课程的研究任重道远。

第三，现有对美术课程的研究多集中在课程资源开发与应用方面。根据哈贝马斯的“认知兴趣”理论中对技术兴趣、实践兴趣和理解兴趣的区分，学校美术学科的发展需要与时俱进，美术课程需要继承传统，也需要与现当代艺术发展相结合。我们不但需要重视学生美术创作技能的获得，更应该让学生将这种学习融入自己的生活体验之中，学会用自己独特的方式去创造、欣赏、理解和阐释。因此，美术课程的研究应拓宽视野。

第四，美术教师缺乏有效的案例学习，存在课程知识不足的现象。在课程内容、学生、教师、环境四要素中，教师课程知识内容和工具指导的研究相对不足，致使美术教师一方面对课程理论认识不足，往往没来得及仔细分析与消化已有的理论或存在的问题，就又面临接受新的价值或教学内容的局面。另一方面，没有良好的发展平台，让他们陷入茫然不知所措的境地，削弱了原有的教学热情。

三、美术课程知识框架

根据上述研究，我们将美术课程知识置于系统论的思想和原理下来考察。美术课程知识涉及美术课程的诸多方面而不是单一的知识罗列。我们提出“+”型结构的美术课程知识构建框架（如图3-3），以便进行更多的理论探讨。

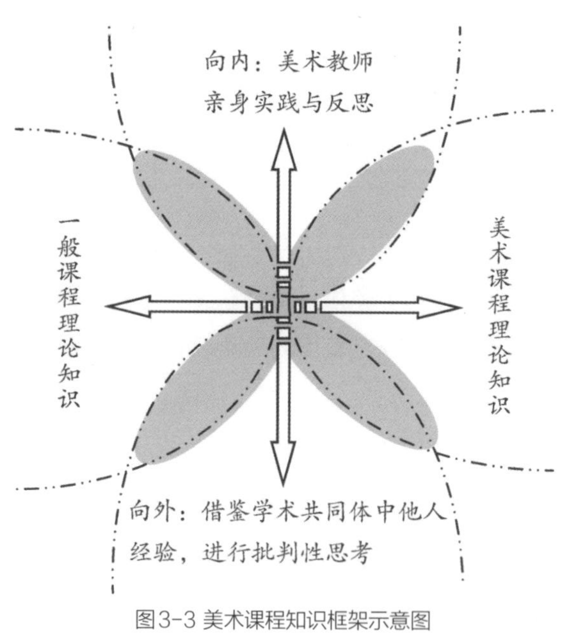

图3-3 美术课程知识框架示意图

我们认为采用“+”型方式建构美术课程知识包括两层含义：第一，“+”的横线代表着理论。有两个方向，分别代表一般课程理论知识和美术课程理论知识。具体来说是美术教师在课程材料、课程基础知识、课程原理知识和课程活动的一般理论和美术学科特殊课程领域里的知识。诸如，教材、技术、课程资源、课程本质、课程演变与发展、课程目标、课程内容、课程政策、课程开发、课程设计、课程实施、课程评价等在一般和特殊两个方面的理解。这种知识成为美术教师课程知识的显性层面。

第二，“+”的竖线代表着实践。也有两个方向分别代表向内和向外两个维度。在向内维度上，美术教师通过亲身实践与反思，将横线两个方向的课程理论知识理解和内化后，形成关于美术课程的个人理论和自我概念，又不断影响自己在美术课程中的行为。在向外维度上，美术教师借鉴学术共同体中其他人的美术课程经验，结合时代精神，在批判性的思考中加深对课程知识的理解。

在这种形式中，理论与实践两者是相互制约、相互影响的。横向地拓宽是基础，将有利于纵向地建构。而纵向深入，将为美术教师自身对课程的理解提供参照。四个方向两两所构成的维度中，理论与实践交融得越多，教师对于课程知识的理解与实际运用结合得就越全面。这种动态结构形成美术课程知识的理想状态。

第三节 美术教学知识

李・S.舒尔曼（Lee S. Shulman）1986年就首次提出学科教学知识（PCK，Pedagogical Content Knowledge）这个术语，认为它是教师所运用的最有效的表征形式、最有说服力的类比、举例说明、图示、解释与示范。简而言之，就是教师用学生理解的方式将学科内容表征出来[①]。科克伦（Cochran）等人[②]在20世纪90年代，从建构主义的观点出发提出教学内容认知（PCK，Pedagogical Content Knowing），考虑到学习者和教学环境的影响，以说明不同于舒尔曼静态知识的动态本质。PCK理论出现之后，不

① SHULMAN, L. S.. *Those who understand: Knowledge growth in teaching*[J]. *Educational Researcher*, 1986, 15(2): 9.

② COCHRAN, KATHRYN F, ect. *Pedagogical Content Knowing: An Integrative Model for Teacher Preparation*[J]. *Journal of Teacher Education*, 1922, 44(4): 263.

同学科领域以各种方法对其进行了深入的研究，但目前这种研究在美术学科教学领域中并不多见。

实证主义研究探讨的是美术教师的学科教学知识，研究包括两部分：一是在职美术教师教学知识研究；二是实习美术教师教学知识研究。前者研究的是全国中小学美术现场课[①]（第五届至第七届）中同地同校同为创作类学习活动同获一等奖的中学三节现场课，目的是通过观摩美术教师运用学科教学知识进行教学推理的过程以及表现的特征，获得美术教师学科教学知识运用的启示。后者是针对2009届华东师范大学实习美术教师的课堂实践的研究，目的是探讨未来美术教师美术教学知识的起点与特征。

一、在职美术教师教学知识特征

（一）教师信息

A、B、C分别代表这三节课的执教教师，基本信息如表3–3所示：

表3–3 三位美术教师及其现场课的基本信息表

教师	时间	当时教龄	毕业专业	现场课课题名称	课型	授课年级
A	2008	7年	设计	色彩奥秘旅行	造型·表现	7年级
B	2011	11年	美术教育	点与线的魅力	设计·应用	8年级
C	2014	9年	中国画	创意图形绘海报	设计·应用	8年级

从当时中学任教的时间来看，教师C的教龄最短（中学任教时间为3年，另有6年小学任教经历），教师B最长。教师B分别与教师A、教师C在同一所学校共事过。从她们所学专业来看，只有教师B毕业于美术教育专业，教师A、教师C分别毕业于设计、中国画专业。从课型来看，三节课均属于创作类学习活动，后两者学习领域相同，授课年级也一样。

①我国中小学美术优质课评选活动自1995年就已经在全国开展，到2018年为止已经延续8届，从2004年第四届起开始设置现场课比赛与教师观摩，而从2008年第五届开始对现场课进行完整录制。本研究的三节课选自第五届、第六届和第七届现场课。这三届全国中小学美术现场课比赛所跨越的时间段，正好是我国美术课程改革蓬勃开展的时期，美术教育10年实验使美术学科的教与学有了新的变化，所选课堂具有代表性。

通过对三位教师所做的关于赛前、赛中和赛后有关问题的访谈，获悉了她们当时在现场课的准备过程中的思考及现在的反思。她们都认同现场课促进了自身的专业成长。经历赛前反复磨课，在各种争议或建议中为是否坚持自己做法而纠结；短暂的时间内如何尽快熟悉学生，让学生接纳自己、了解自己课堂的教学特点；怎样激发学生参与美术学习的积极性，用什么方法和手段促进教和学的关系等等。都是她们在选择教学内容、进行教学设计、实施课堂教学时要充分考虑的。而获奖带给她们荣誉的同时，也让她们领悟到很多道理，能客观看待自己学科教学知识运用上的不足。三位教师还分别将美术教师比喻成“超大七彩棒棒糖”“花婆婆”“不停旋转的陀螺”三种圆形的旋转物体，表达美术教师只有不断成长，才能散发个性，影响他人的信念。

（二）学与教过程中的美术教学知识运用

对我国美术教师专业知识体系，我们进行过美术学科教学知识内涵的专门研究，从美术教学理论、美术教学方法、美术学习评价、美术教学评价等方面做了理论与实践的剖析。随着对美术课堂教学研究的深入，我们发现美术教师学科教学知识的实际运用要与美术学习和教学环境紧密相连，且要在动态中不断建构。美国科学院研究出版的《人是如何学习的》一书中表明，有三个基本原则对教学至关重要，即学生进入课堂是带着先前知识的，要使教学有效就必须弄清它；如果学生要在课堂之外应用知识的话，他们需要概念化地组织和运用知识；如果学生理解了他们是如何学习的以及如何改善自己的学习，他们会学得更有效。[①]借鉴舒尔曼等人的学科教学知识研究成果和学习的特点，在对美术教师学科教学研究进一步认识的基础上，我们结合三位教师的访谈内容，对三位美术教师学科教学知识的运用，围绕美术学习和教学环境进行了四个方面的研究，即学生理解的知识、内容组织的知识、表征呈现的知识、教学策略的知识。

---

① [美]哈蒙．有力的教师教育：来自杰出项目的经验[M]．鞠玉翠，等译．上海：华东师范大学出版社，2009：8.

1. 学生理解的知识

学生理解的知识是指在美术学习过程中，对美术内容知识本身（例如美术语言、形式原理等）的学习和媒材与工具使用操作时，容易理解或不容易理解的知识。这是美术教师教学时首先需要考虑的，美术教师要知道如何更好地转译美术的特定内容，知道哪些美术内容、媒材、工具的知识是学生擅长的，哪些可能会是难点。

（1）教师A教学片段与学生理解的知识分析

【教师A教学片段】

教师：如果我是一个沉默寡言、情绪低落的人，我们该怎样搭配卧室的颜色呢？用暖色还是冷色多？

学生：暖色。

教师：好，我想请同学来试一试。有没有同学上来玩一个填色游戏？老师先做个示范，ok，那位男同学。（学生上台在电脑前尝试填色游戏）

教师：好，刚才我们说了，尽量运用冷色还是暖色？

学生：暖色。

教师：这位同学可以看一看，在你刚才了解的颜色当中，哪些属于暖色？（学生再次尝试）

教师：刚才这位同学填图时运用了大量的暖色（如图3-4），非常好。那么我们运用暖色后，确实感到激动，但我发现同学们都发出“哇”的声音，什么意思啊？是好还是不好？

学生：不好。

教师：为什么不好，你进入房间后会感觉怎样？假如长期生活在这里，嗯，太过兴奋了，是不是？这个问题我们可以通过以下的学习来解决。

台上尝试的同学出现了两次困难，第一次是没有记住老师的提示“给情绪低落的人的房间配色”，填色时只是在挑选颜色，并没有运用到暖色，在老师提示之后有了改变；第二次是运用了暖色之后，同学们却觉得并不舒服，他不知道该怎么办。教师A用Flash软件设计填色游戏的教学环节，主要是为了突破在生活中如何更好地运用色彩这一学习难点。学生在了解色彩概念后，学会在生活中运用色彩，掌握色彩搭配的诀窍，才是本课学习的意义所在。教师A考虑到学生容易在此处犯错，便通过让一位同学尝试，其他同学观看的方式，引起全体学生的注意，这样，既让学生印象深刻，又能激发他们思考。

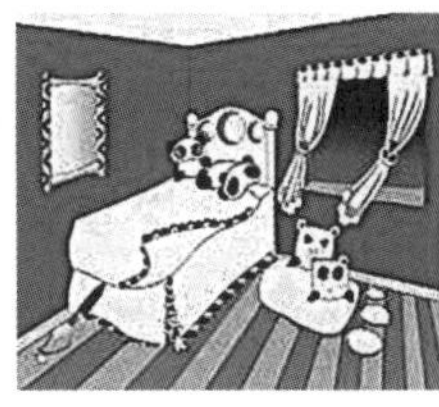

图3-4 上台演示的同学的填色变化

（2）教师B教学片段与学生理解的知识分析

【教师B教学片段】

教师：看，这组同学的作品（如图3-5）中用到了我们即将出现的第四个法则，什么法则？

学生：条形。

教师：条形？你想说的是他用了许多条形的排列吗？条形的大小一样吗？

学生：差不多大。

教师：哦，这些线条一遍又一遍地出现，在不停地怎么呀？

学生：重复。

教师：重复，是不是？好，这就是我们第四个法则。我们在平面设计的时候可以使用重复的法则，让画面产生一种秩序的美感。假如这个画面没有这个变化，黑色线条一味地排列下去，会怎么样？

学生：很单调。

教师：好，那么这个画面为什么会给我们一种韵律美呢？

学生：变了。

教师：对，它变了。所以我们在使用重复法则的时候，不要一味地简单重复，变一变，我们的画面的韵律就会更加有节奏，更加的强烈。好，再来看，你感觉这些线条是同样宽细、同样大小的吗？

学生：不是，有的上面粗，有的下面粗。

教师：哦，大家有没有感觉到，有的是上宽下窄，有的是上窄下宽？

学生：是的。

教师：大家再看一下，实际上这些线条是完全相同的，由于我们排列上的错位，所以产生了一种特殊的心理感受。这就是美术作品带给我们的魅力。

图3-5 教师B教学示范中所用图形

在与学生的互动中已经用讲解并结合PPT课件展示的方法完成了前3条法则教学后，最后一条法则如用同样的方法去教，学生会感到雷同而降低注意力。同时，重复法则的概念与其他三个法则（自由法则、渐变法则、发射法则）比较，很容易让人觉得就是一种形状的不断重复，很难想到有别的变化。为了增强学生对灵活运用的理解，教师B在教学中预设了“视觉错觉”这个陷阱，让学生不知不觉地犯错，再通过纠错引起学生注意，也加深他们的理解，使学生明白如何变通地运用这个法则，很好地解决了学生学习中的一个难点。

（3）教师C教学片段与学生理解的知识分析

【教师C教学片段】

教师：我刚才让你们用今天学到的方法来确认你们作品摆放的位置，我来看看你们掌握的程度。好，看这里。这幅画中子弹被置换成了香烟，用了什么方法啊？

学生：置换。

教师：非常好……看这里，蚕在吃桑叶，对不对？这是比拟，比拟就是拟物或者拟人。再看这个，是不是比拟？

学生：对。

教师：对？再看一下。

学生：置换。

教师：置换，好，放在这里，那么如果用比拟的方法，这个图应该怎么做？这个绳子的外形是有，但里面可以怎么样啊……好了，刚才我们这组同学，已经知道怎么做了啊。

教师C觉得这节课的难点在于学生是否能够灵活掌握老师教授的置换、比拟和异影这三种制作海报的方法，特别是置换和比拟容易混淆，因此，在作业展示时设计了在黑板上直接让学生在相应的方法标签下摆放自己作业的环节，以此判断并验证学生对知识点的掌握程度。教师在每次评价时都会再次提示所学的概念，让学生自己先判断方法，当发现位置放错的作业时教师不急于调整，而是与同学们一起在评价过程中发现并纠正，这样能进一步强化学生所学知识。（如图3-6）

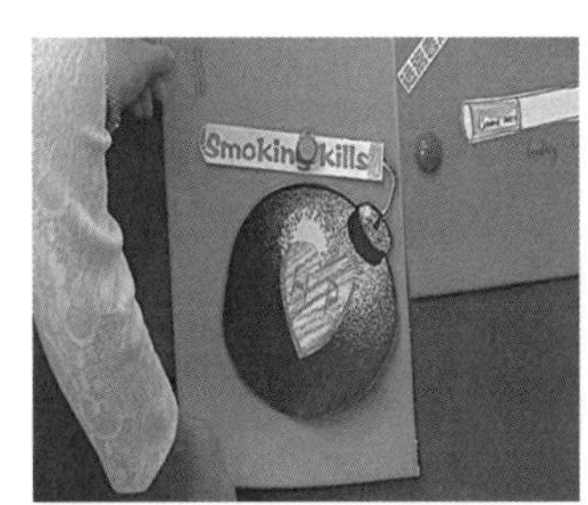

图3-6 教师C教学示范示意图

上述比较研究可以看出，三位教师了解学生容易犯错的地方，在教学中用了具体的方法，解决了美术学习中出现的困难。例如，教师A的填图游戏就拉近了学生对抽象美术知识与生活中实际运用的关联；教师B在教学中则更多地通过与学生的交流与启发，来引导学生对材料的创造性使用以及思维的拓展；教师C则运用恰当的评价方法，进一步强化了学生对所学知识的理解。

2. 内容组织的知识

内容组织的知识主要探究的是教师对课堂教学内容的组织安排和知识的纵向联系。表3-4是三位美术教师运用学科教学知识对教学内容组织顺序的梳理。

表3-4 三位美术教师课堂组织顺序表

教师	导入	教学过程		结课
		教	学（练）	
A	1.色彩猜想、激发兴趣	2.创设色彩部落情境，引入色彩相关概念 4.评价，说明色彩能表达情感，引入色彩与文化的关系并说明国旗中色彩的含义 6.评价，引入中性色概念 8.颜色对情绪的影响 9.配色方法	3.设计羽毛信游戏，用色彩编故事 5.色彩方块练习，体验冷暖色调的联想和情感表达。 7.填色游戏 10.色彩表现情绪练习	11.评价，引导学生在生活中运用色彩
	约2′	27′40″	10′35″	约20″
B	1.画面观察、设问比较	2.通过设问直接出示课题 4.评价，结合学生练习中发现的法则，出示课件进一步讲解 5.感受大师作品中四种法则的综合运用 7.巡视指导，师生小组互动 8.评价 10.评价，补充对康定斯基作品的情感表达 11.提问蒙德里安作品中法则的运用和情感的表达 13.评价 15.巡视指导，师生小组互动。 16.黑板展示学生的课堂作业，课件出示深圳学校作品，引导学生比较评价	3.随意摆放，探究点和线的奥妙并进行练习 6.小组讨论，大师作品运用的法则和表达的情感 9.学生台前示范小组对康定斯基作品讨论的结果。 12.小组回答 14.小组合作，用点线法则创作 17.学生评价	18.回顾总结，鼓励学生自信创作
	约1′39″	约17′40″	约20′	约41″

续表

教师	导入	教学过程		结课
		教	学（练）	
C	1.挑战游戏 2.大师作品	3.挑战一，引入海报概念，出示课题 4.挑战二，引入三种图形创意窍门 5.挑战三，启发引导学生发现三种方法 7.投影仪示范这种方法过程 8.PPT继续讲解第二种方法，投影仪示范这种方法过程 9.PPT继续讲解第三种方法，投影仪示范这种方法过程 11.巡视指导，师生小组互动 13.评价 15.用手机软件，虚拟展示学生作业于地铁站、小区广告栏	6.学生在投影仪上尝试探究其中的一种方法 10.学生用三种方法完成作业 12.学生作业展示 14.学生自己纠错	16.总结方法
	约2′20″	约22′20″	约15′50″	约20″

三位美术教师的课堂完整，都包含了导入、教和学、结课这三个部分。都能以一定的线索串联起教学任务，在师生互动中完成教学；都能设计充分的作业内容，并且与教学内容紧密关联；都很重视对学习效果的评价。

三位美术教师的内容组织表现出一些差异。第一，在教学内容的组织顺序上，教师A这节课的教学内容以基础概念为主，教学中出现的概念多、知识点多，比较抽象。他安排了从概念到练习交替进行的课堂组织结构，讲评穿插其中，明线是讲授，暗线是练习，整个课堂组织结构严谨，教师对课堂的调控较强。教师B这节课的教学内容中的法则知识虽然也比较抽象，但课堂涉及的概念只有四条，教师就围绕这四条法则组织了具有探究性质的教学过程，她用“探究练习——发现——讲解——欣赏——练习”的思路来组织教学。教师C这节课的教学内容主要是方法上的学习，出现的概念也不复杂，比较容易理解，她组织教学的重点在教师对方法的示范上，因此，整个教学过程就是在“教师启发——练习——示范——再启发——再示范——再练习”的过程中进行。

第二，在内容组织的构思上，教师A主要开展的是情境教学，激发学生积极参与美术学习的兴趣；教师B以探究学习的方式来组织教学，在小组探究发现中培养美术创新思维；教师C以示范教学为切入点，让学生在直观教学中学习创作方法和构思。这与她们自身学习美术时的经历以及对美术教学所持的观念有关，同时也折射出她们所处时代的美术课程改革对课堂教学的关注点所在，也反映出相应时期美术课堂教学中侧重点的变化。透过课堂教学组织结构示意图（如图3-7），我们可以看出教师A的组织比较平稳，教师B的组织节奏较强，而教师C的组织中间比较跳跃，两头比较平稳。教师B和C在指导小组作业时，教师与小组交流互动得更为深入一些，教师A在课堂中也对学生的作业进行了指导，但这种指导多为对作业习惯的提醒。

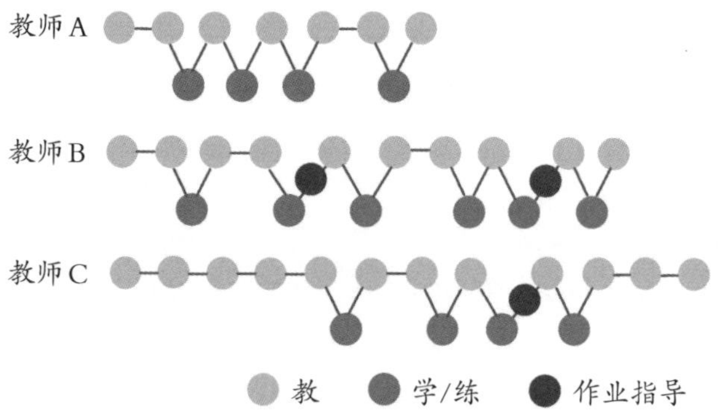

图3-7 三位美术教师课堂教学组织结构示意图

第三，在对教学时间的安排上，导入与结课相差不大，在集中作业的时间上有些不同。教师B的导入最为简练，结课用时也较多一点。教师A的课堂中教师教学的时间最多（约27′40″），而教师B的学生练习的时间最多（约20′）。教师C只有一次集中作业的时间。

3. 表征呈现的知识

表征呈现的知识是指用美术的方法来表征教学内容，要能有助于学生掌握知识和方法。在美术教学中用于表征的方法有很多，例如，PPT课件（包括视觉图像、视频、音频等），通过投影仪进行示范、操作等细节展示，制作教具和范画，准备与教学内容相关的实物、学生使用的媒材与工具、用于作业展示的展板等。

第一，我们对三位美术教师在教学中共同使用到的表征方法做了比较（如表3–5）：

表3–5 三位美术教师共同使用的表征方法表

教师	A	B	C
PPT课件	创设一个部落情境，并利用这个情境将教学内容串联起来	起到教材提炼、教学内容视觉化，欣赏大师作品的作用	用来出示各种创意图形，集中观看并辅助讲解
示范	1.色彩联想故事组成； 2.Flash填色游戏操作	1.欣赏评述大师作品方法； 2.小组创作中个别操作	1.三种创意表现方法； 2.小组创作中个别操作
作业材料	1.彩色羽毛； 2.大小一致的各种彩色方块纸； 3.树叶形作业板	1.长方形白色作业底板； 2.各种点状、线状材料； 3.固定用大头针、胶带等	1.彩色卡纸； 2.印有文字的纸条、教师自制的图像、粘贴工具等

多媒体教学手段越来越多地运用在美术教学上，视觉、听觉以及展示细节的方便性带给美术教学更多的便利。PPT课件、示范、作业材料也是美术教师在准备一节课教学时都会考虑到的最基本的表征手段，三位美术老师也不例外。除了用PPT课件帮助推进教学内容、布置作业之外，每人在使用上各有侧重，同时注意到了将传统与现代的表征方法结合起来运用。

第二，我们也注意到他们表征方法上的不同。第一，教师A、C都用到了自制的教具，教师B、C都进行了粉笔板书，教师B、C都利用黑板进行作业展示。第二，教师A用到了实物和作业展板，教师B在大师作品欣赏时用到了音频，教师C在示范时用到了投影仪，教师C在展示学生作业时还用到了手机拍摄上传网络进行展示的方式。（如图3–8至图3–11）

图3-8　教师A课堂教具

图3-9　教师B黑板展示作业

图3-10　教师A作业板展示作业

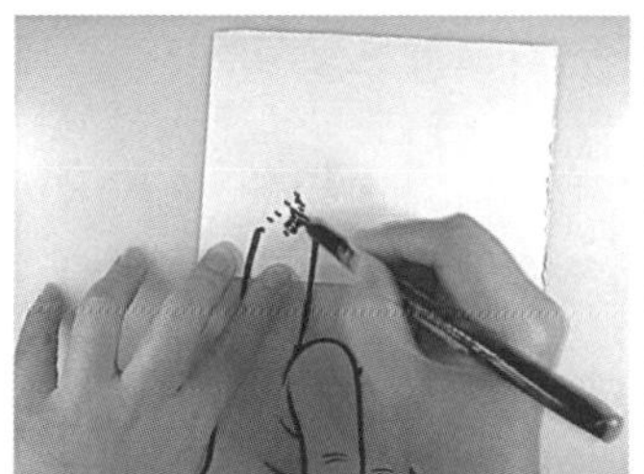

图3-11　教师C课堂示范和学生作业网络展示

比较这些差异可以看出，使用什么样的表征方式与教师的学科教学知识和教学习惯有关，同时也能反映出美术教学改革中对教师要求的变化。从他们的差异中我们也能发现美术教学逐渐归于平实，回归常态的趋势。

4. 教学策略的知识

教学策略的知识是指从教师对待教和学的信息反馈、教学与作业的一致性出发，进行教学策略的知识的研究，总结表现出一些相同点与不同点。

（1）相同点

三位美术教师都非常重视教和学的信息反馈，能在不同程度上及时捕捉到瞬间的信息，根据学生的学习效果改进教学的方法和进度。教师A在各小组进行作业时，以语言提示的方式向全体同学提醒作业中的注意事项，引导学生塑造好的操作习惯和思维方式。教师B则与小组逐个互动，及时发现问题，通过提问、追问的方式进行针对性指导，启发思维。教师C在指导作业时提示各小组注意作业袋中不同的作业要求，并与同学互动交流。三位美术教师在教学的过程中也时刻注意学生对所教信息的反馈。例如，教师A能将学生作业中反馈的信息作为引入下一个教学环节的出发点，教师B直接从学生探究学习的结果中找到与教学内容相关联的地方进行深入教学，教师C在每一次方法示范过后，都让一名学生上台在投影仪上体验，同时与全班其他学生进行交流，观察与检验学生学习的效果，以调整下一个示范的进度。

（2）不同点

对待新知。教师A、C大体一致，前者激发兴趣，后者引起挑战，都是为了引起学生注意，教师B则直接从让学生体验探究入手，并在此基础上引入新知。比较而言，教师B在教学中遇到的不确定因素更多，挑战也较大，说明教师B在教学中也更为自信。三位老师中，运用示范最到位的要数教师C了，这也与她擅长示范，选择侧重方法学习的教学内容有关，她也是在教学中唯一的、主要使用投影仪进行示范、讲解细节、展示学生作品的人。在她的教学中，辅助教学的其他设施并不多，但同样收到了比较好的教学效果。

对待作业。首先，在作业布置中，教师C通过事先在小组作业袋中摆放材料的差异，显示出不同要求和层次的作业理念，而这种方式在教师A、C的作业中没有明显体现；其次，在作业形式上虽都能做到个别上台练习和小组合作练习相互交叉，但教师A是通过两次集中练习让学生消化学习内容的，教师B、教师C集中消化练习只有一次；第三，在作业展示与评价上，教师A作业展示的方式多样、集中，基本上是全班学生作业集体展示。通过发现展示的作业的问题引出下一个教学环节，将评价和讲解穿插在一起。可见教师课前投入的精力是较多的。教师B利用PPT课件展示原来学校学生的作业，并和当堂课展示的黑板作业形成对比，这种方式比较独特新颖，我们在之后的教师C的黑板展示中看到了这种方式，但教师C又利用手机软件对学生作品做虚拟展示，是一个创新之处，很好地传达了设计应用的理念。

（三）三位美术教师学科教学知识运用特征

三位美术教师学科教学知识运用显示出以下四个特征。第一，精选教学内容，设计具体易操作的教学目标。结合自己的理解选择教学内容，不断地修改完善教学设计，根据学生的情况及时调整上课进度。第二，以学生为中心，以学生的学来组织教师的教。激发学生参与美术学习的积极性，向学生提供充分的美术学习的机会。第三，用美术表征方法，建构学生熟悉的、有意义的学习。进行视觉化教学内容呈现、图案化或虚拟化的作业呈现、多种感官融合的欣赏与评述活动。第四，利用教学所长，设计丰富、分层的作业形式。用有针对性的作业形式让学生产生联系，消化所学内容，在学生完成作业过程中启发美术思维、创意构想，使学生能根据已有的美术学习经验不断地迁移并灵活运用。

诚然，三位美术教师学科教学知识的运用在这种比赛课上也显示出一些不足，一是教学内容总体量多，尤其是早期的课堂，表征问题的方式需要精简，以方便操作。二是忽视了学生学习中出现的一些细小、有个性的问题。由于赛课的特殊性，并不能完全体现三位美术教师个人在学科教学知识运用上的能力。也许更加平实、更接近常态化的课堂教学反映出的问题会更为全面。

二、美术实习教师教学知识特征

以下课例来自华东师范大学2009级美术实习教师的“实验课”，分别为美术实习生张佶晟（以下称D）的《构图之美——摄影》、张维立（以下称E）的《时装风格鉴赏与设计》、刘俏艳（以下称F）的《“我”的Q版》，下面将从创作课、欣赏课和设计课三类课型进行分析与比较。

（一）美术实习教师教学知识运用比较

1. 教学设计思维

通过对三位实习教师的教学设计梳理，我们归纳出各自在教学设计时所体现的思维，列表如下（如表3-6）：

表3-6　三位教师教学设计思维比较

<table>
<tr><th rowspan="2">教师
起点</th><th colspan="2">D</th><th colspan="2">E</th><th colspan="2">F</th><th rowspan="2">学习结果</th></tr>
<tr><th>认知</th><th>体验</th><th>认知</th><th>体验</th><th>认知</th><th>体验</th></tr>
<tr><td>学情
（学生）</td><td>知识
判断</td><td>构图
体验</td><td>学生
经验</td><td>观察
设计</td><td>学生
经验</td><td>美术
探究</td><td rowspan="2">美术任务
达成</td></tr>
<tr><td>教材
（教师）</td><td>大师
作品</td><td>集体
纠错</td><td>教学
内容</td><td>讲解
示范</td><td>教学
内容</td><td>分析
拓展</td></tr>
</table>

2. 教学过程

三位实习教师的教学过程呈现出“大同小异”的特点，“大同”表现在他们的课堂结构比较一致，按部就班。“小异”表现在他们各自有自己课堂教学中的特点，例如，D教师注重学生的体验，E教师的示范教学非常到位，而F教师的评价呈现方式非常有趣。（如表3–7）

表3–7 三位实习教师教学过程比较

教师	教学过程			
D	导入	新授知识	教师示范 学生体验	学生创作
D	1.ppt 显示构图知识点； 2.观看大师作品，并分析	1.ppt显示图片； 2.观看优秀大师作品，并赏析； 3.观看学生自拍作品，寻找问题	1.ppt 显示教师修改的学生照片，并讲解； 2.利用油画框，让学生在框内摆造型，直观体验构图	1.提供照片，学生小组分析和裁切； 2.学生作品展示与评价
E	导入	新授知识	师生共创作品	作业评价
E	1.点评上节课学生作业； 2.本节课知识点的介绍	1.欣赏名家服装照片； 2.呈现优秀时装画作品，教师讲解绘画细节和色彩搭配	1.基于上节课草图，观看时装画成品图； 2.师生在各自的草图上，同时完成设计	1.展示学生作品； 2.师评、学生自评、互评
F	导入	新授知识	学生制作	作业评价
F	名人卡通形象与其真人照片比较、找五官比例特征	1.教师黑板示范自己Q版设计形象； 2.展示其他班学生作品，分析特点	1.镜中观察自己，选择与脸型相配的纸筒； 2.教师个别指导	1.展示学生作品； 2.师评、学生自评、互评； 3.教师小结

3. 解决教学重点难点知识

三位实习教师课堂内容不同，他们根据自己的理解和经验，在解决教学重难点时运用了不同的教学策略，表3–8为课堂教与学的图示与教学策略分析。

表3-8 三位教师课堂教与学图示及解决教学重难点策略比较

教师	教师的教	学生的学	教学策略
D			该实习教师将画框直接用于课堂，让学生模拟取景与构图，这种直观新颖的方式有利于学生理解学习内容，参与学习和评价
E			该实习教师采取当堂示范的方式，在边调色、边渲染时装画的过程中，强调在画时装画时需要注意的要点，并让学生尝试如何作画
F			该实习教师在评价学生设计作品时采取悬挂的方式，让学生的作品更具有立体感和趣味性。学生在直接观察中，辨别、比较与感受

（二）美术实习教师教学知识特征

美术实习教师之前基本上没有接触过美术教学，所以他们在备课时的主要依据是他们在大学中所学的理论和短暂的微格教学实践，这使得他们呈现出较为固定的教学设计和教学模式，同时也正因为缺少教学现场的体验，他们在完成教学任务的过程中又显得富有创造性。

1. 教学环节上的思维定式

美术实习教师基本上按小组进行备课和设计教学，他们的教学设计通常以课堂教学的三维目标模式来进行，在教学上也呈现出四段式的特点，即“导入——新授知识——学生体验（制作）——评价（小结）”。课堂时间也被分成这几个块面。他们在教学过程中，会按照设计好的步骤边教边想下一步的教学环节。

2. 教学的创造性

美术实习教师的年龄与学生相差不是太大，他们年轻富有朝气，是伴随科技发展成长起来的一代人，他们善于创新，在教学中尝试运用新方法，不易受传统以及一些条条框框的制约，所以他们在教学方法上反而能显示出一些活力。

3. 实习教师的情感特点

美术实习教师基本上是首次接触真实环境下的美术教学，他们认真积极，投入大量的热情和情感，因此他们与学生的关系比较融洽，学生也很喜欢实习教师，实习教师真诚地展现出他们纯真自我的一面，课堂上的教和学的关系比较轻松。

三、美术教学知识框架

（一）美术教师需要什么样的教学知识

1. 三位在职美术教师学科教学知识运用的思考

通过三位在职美术教师学科教学知识及其运用的案例研究，我们发现美术教师在教学时解决好三个方面的问题非常重要：如何将美术教学内容讲清楚；能否明白学生的美术学习；是否能设计有针对性的美术教学。第一个问题需要的是美术教师对美术教学内容的深刻理解，只有对具体的教学内容做全面的理解和把握，结合学生对美术学习的认知和体验，才能把美术教学内容讲清楚；第二个问题需要美术教师对学生学习美术语言、媒材、工具运用时可能会出现的问题，误解、误操作之处有所关注和研究，能设计一些预学、预练环节，可以了解到学生容易掌握和不易掌握的地方，帮助教师自己更好地掌握学生对特定美术学习内容的学习情况。第三个问题需要美术教师能从美术的角度组织、编排与每堂课学习内容相匹配的学习单、教具或作业设计，用美术思维与方法来表征呈现教和学，把握教和学的恰当时机，积累相应的美术教学策略。

2. 三位实习美术教师学科教学知识运用的思考

首先，师范生需要什么样的学科能力？通过对美术实习生的跟踪调查和课堂观察研究，我们发现美术师范生需要夯实专业基础和教学技能，为自己积累可持续发展的学科能力。具体来说有四个方面：第一，具有较为全面的美术专业基础，能胜任校园环境中的各种工作；第二，认真研究教材，尝试和实践教材中的课程内容；第三，琢磨教学方法，观察学生的美术学习特点；第四，具有研究素质，包括研究能力和学科素养，为他们的专业发展积蓄力量。

其次，预备教师如何成功实现其职业生涯的早期过渡？预备教师如果具备了一定的学科能力后，他们的实习时段就是他们过渡到其教师职业生涯的重要一环。如果他们能在此期间得到很好的锻炼和实践，对他们将来的发展能起到积极作用。这一方面有赖于他们的内在要求和积极的思考，另一方面，优秀的大学指导教师以及学校指导教师更是促进他们成长的关键因素。如果预备教师没有与大学学校和实习学校中的“卓有成就的乐队指挥家”——指导教师进行定期的互动与交流，汲取他们的经验，探讨教学中的困惑和难题的话，单凭自己的力量摸索发展路径恐怕会多走弯路。

（二）美术教学知识框架

通过上述两个方面的实证研究与思考，我们知道，美术教师不但要有一般教学知识，更要有美术教学知识，这种知识能显示其独特性、专业性，也是其他教师不可替代的。

美术教学知识立足于美术教学理论，但不应该受制于静态的理论，而应根据具体的课堂教学内容和课程设置，选择具体的符合特定美术教学和学习规律的教学方法和教学策略。同时，美术教学知识还应该包括教学评价和学习评价方面的内容。具体的框架结构如图3–12所示。

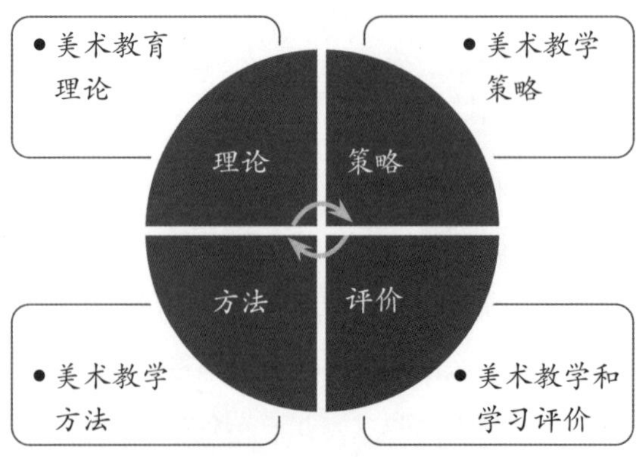

图3–12　美术教学知识框架结构示意图

第四节 实践性知识

前面三种知识是教师专业发展的基础，是从说明一名美术教师需要知道什么这个角度出发的，但如果我们把美术教师放到一个专业实践者的位置上来看，他们在具体教学生活中长期积累的实践性知识，具有个人性，对其教师专业发展具有独特的价值。因为在具体的教学中，会有一些特殊的情况和具体的特征出现，而每个美术教师的实践性知识，与其个人经验、经历（学习过程）、个性特征、美术学科的背景等密切相关，具有个性化的色彩。教师需要的是将基础的知识在日常教学实践中整合与转化，这也是一个极其复杂的、贯穿教师整个职业生涯的长期过程。美术教师要有能自己做出选择的能力，也就是说，应赋予他们专业选择的能力。

一、教师实践性知识调查

（一）认知调查

在前期研究中[①]，为了解不同人群对美术教师实践性知识的看法，我们对在职教师、实习教师和专家学者这三种人群设计了侧重点不同的问卷，并分别进行了问卷调查。被调查对象的范围、方式、内容等基本情况如表3–9所示，为说明问题，这里将研究结果呈现，以做进一步比较。

表3–9 三种人群问卷调查的基本情况

人群	在职美术教师	实习美术教师	专家学者
范围	深圳、云南、浙江	华东师范大学2009届实习生	大陆、港澳台学者
方式	一次性问卷调查	整个实习过程，三次问卷调查	问卷，通过网络调查
内容	美术教师实践性知识	实习教师在实习前、实习中、实习后其实践性知识认知变化的调查	美术教师专业知识重要性调查

① 李静．构建我国基础教育美术教师专业知识体系及其评估模式研究［M］．杭州：浙江人民美术出版社，2014：115-131.

其中，从实践性知识的调查结果来看，在职教师认为，学生获取知识是在具体的情境中进行的，教师在具体的教学过程中的影响是实践性的，甚至是一种不假思索的反应。有32.2%的教师同时拥有校内外的教学经验，有52.9%的教师因为自我完善的需要而进修更高学位或学历课程，这表明有不少教师的教学是受多样情境知识积累的影响的。有近一半的教师认为在备课时应广泛参考教学单元核心概念与学生已有的知识进行教学设计。68.9%的教师认为一堂课结束后，在反思的基础上就本堂课重读教材、重新设计非常重要。在专业发展途径上，他们认为最不利的条件是参加教研进修机会少，最有效的形式是外出培训，这说明美术教师有强烈的专业发展需求，寻求外界的力量帮助自己发展是他们首选的方法。有针对性的培训对美术教师专业成长有益，但他们更需要对现代教学观念与教学理论进行深入研究，以便将美术本体与人文知识同美术教学实践知识进行融会贯通。他们现有的知识结构主要来源于从教后的工作经验，主要依赖外部的力量来帮助建构，自身主动发展的意识有待提高。他们拥有的理论知识与实际运用存在脱节之处，方法和策略较为单一。

从实习教师对美术教师职业和专业知识的认知来看：第一，实习教师认为，作为一名美术教师需要美术专业知识和综合教学知识；第二，美术教师要学会与学生相处，从学生的角度准备教学内容，学会与学生互动，培养学生的创造力和创新精神；第三，教育实习过程对他们将来从职帮助很大，他们不但从指导教师那里收获到“言传”和“身教”，而且也学会了如何与学生相处，收获更多的自信；第四，他们意识到在学校里美术学科不被重视，学会从美术教师自身角度出发，努力提高自身素质，改变这一状况；第五，他们认为实践中获得的认识更为直接也更重要，但时间有限，这种积累还处于初步阶段。

专家学者对美术教师专业知识重要程度的认识呈现出这样的特征：认为美术教师对美术教育的热爱、对学生的热爱和独特的美术教学方法是最重要的；美术教师专业知识范围较为广泛，但始终围绕着学生美术学习、教师自身技能、反思和研究能力等方面；创新意识对美术教师非常重要；除课堂之外，美术教师还需更多方面的知识积累。可以看出，学者们认为美术教师的专业知识与美术课堂、美术课程和学生美术学习的联系较为紧密，美术教师在提升的过程中获得学术知识和技能，以及良好的品质，并能在美术教学中将它们传递给学生，使学生成长为尊重他人、宽容、善良和具有同情心的社会成员。但学者们对美术教师个性特质的关注还存在比较显著的差异，应引起研究者的注意。

（二）课堂教学能力调查

上述调查反映出的是不同人群对实践性知识的认知差异。那么，教师对与实践性知识密切相关的课堂教学能力的认识又是怎样的呢？2015年5月至7月，我们对在职教师课堂教学能力进行了有针对性的问卷调查。本次调查的范围包括我国华东、华中、华北、华南、东北、西南、西北等地27个省的中小学美术教师，回收1585份有效问卷。被调查的美术教师的学历在本科以上的占绝大多数，女性较多。他们大多能重视美术练习与创作，但不善于利用博物馆、展览馆资源，没有普遍养成良好的阅读习惯。

调查显示，美术教师认同中小学美术课程的目的在于使学生获得美术素养，但在是否最终是使学生获得技能技巧上看法不一。在美术教学理念上，他们赞同根据学生实际调整教科书内容，但在教学内容的选择、美术课程资源开发上显示出不足。他们紧跟大数据时代下的美术教学潮流，参照网络信息与资源，但普遍认为筛选有价值的资源，设计有个性、有针对性的教学是对他们教学能力的挑战。他们懂得以学生的美术学习兴趣和经验，以及学生所处的学校环境为前提来思考美术教学，但在研读美术课程标准和教科书上花费时间较少，还缺乏深层次理解，有上好课的意愿，但表现出缺少方法指导，动力不足的困惑。多数美术教师的多媒体课件教学还停留于表面，美术课堂教学难免图式化、程式化，美术教师数字技术素养有待提高。

从美术四个学习领域的教学来看，大多数美术教师在“造型·表现”领域表现出对过程、方法的重视，却忽视了美术语言与媒材工具的创造性使用；普遍认同“设计·应用”领域中的“创意”“过程”“体验”，认为这是该学习领域教学的重点，但如何从这些角度出发进行教学设计，是广大教师需要学习的地方。“欣赏·评述”和“综合·探索”学习领域教学是所有教龄段的美术教师都认为最难上的内容。美术教师表现出对“欣赏·评述”学习领域教学方法的深度实践与研究的不足和对“综合·探索”学习领域教学的认知与方法的欠缺。

从对学生学习的评价来看，美术课程改革以来，大部分教师对开展自评、他评、互评的评价方式比较熟悉，在教学中也会经常使用，但对于座谈会、学习档案袋等多元的表现性评价方法与策略的运用不足，教学评价方式较为单一。同时，教师在学习评价观念上的认识还有待提高，他们虽知道学习评价并不能只停留在对知识和技能的评价上，但如何去做，亟须具体评价方法的指导，以提升他们在实际教学时的评价能力。

美术教师对传统绘画门类更擅长，特别是在用线造型方面。素描（速写）的工具简单，材料易得，时间灵活，或许是教师擅长的一个原因。擅长水粉/彩画、中国画、纸艺的教师也比较多，与这些内容在中小学美术教学中所占分量较多有关。擅长设计、媒体艺术的教师要少一些，擅长工艺、民间美术、版画、动漫以及陶艺的教师就更少，而建筑是美术教师最不擅长的。美术教师对当代社会、传统文化以及现代意识等方面的认识还不够，需进行深度与广度上的补足。美术教师认为最需要获得培训的美术门类中排在前五位的是中国画、陶艺、媒体艺术（数字摄影、数字摄像、电脑艺术）、纸艺、民间美术。他们对油画、版画、设计、雕塑、工艺、动漫的培训需要大致相当，而建筑及其他（书法、染织、综合材料）等门类的需求较少，这也是一个让人值得思考的现象。

二、实践性知识的形成方式

一定范围内的问卷调查及其结果，可以让我们大致了解目前我国美术教师对实践性知识的认知及其呈现状况，但要想深入了解实践性知识，需要我们进一步探究其形成方式，以便于我们获得真正的认识，进一步完善个人的实践性知识，从而促进教师专业发展。而对教师实践性知识的形成方式的研究，实际上探究的是教师的学习过程以及他们在这个过程中所形成的认知图式或理论，是否能构成更好的格式塔，从而对其日常行为方式产生正向影响。

（一）教师的学习角色

教育是一个唤起每个人全部内在潜能的终身过程，是在特定环境里提升的过程，所有人在一生中不断为“发现自己”而努力。前面的调查中我们也发现，美术教师认为他们从教以后的经验非常重要，他们职前学习的知识在实际教学中需要重新开始学习，这也表明从教以后的教师在实践摸索中学会了许多东西。

美术教师在教时，很大程度上是出于“解释者”角色的需要，向学生解释有关知识。在这个过程中，相对于学生（被解释者），教师学到的东西更多，因为解释者面临的第一个问题是解释得使人明白，第二是能让人满意。前者需要教师自己先弄明白所需要解释的内容，然后才能做出解释，所以会学到更多。后者需要极大的努力，才能使自己的解释或想法，进入别人的内心，所以需要更多的思考。

拉塞尔·L·阿克夫（Russell L Ackoff）和丹尼尔·格林伯格（Daniel Greenberg）在其《21世纪学习的革命》一书中，在谈到“人们学习什么”的时候指出，人们大脑中的内容以及因此可以学习的内容可以分为五个级别：数据（date）、信息（information）、知识（knowledge）、理解（understanding）和智慧（wisdom）。但是这五个方面不具有同等的价值……[①]数据由代表物体和实践的特质的符号组成，信息由已被加工处理的有用数据组成，知识由对“如何做”之类问题的回答组成，理解包含解释以及对“为什么”之类问题的回答，并且认为，智慧跟数据、信息、知识和理解完全不同，是把所追求之物的价值考虑在内的。

大数据时代，信息和知识包罗万象，理解学习、激发思考是当下学习的方向。做到这些，教师首先应是个终身学习者，而且是一个会学习的人。教师应当是向导和资源，而非一个劲地往学生头脑中硬塞猛灌知识的人。好的教学能给学习者更好的学习机会去建构，从而促进有效学习。

---

① [美]拉塞尔·L·阿克夫，[美]丹尼尔·格林伯格．21世纪学习的革命[M]．杨彩霞，译．北京：中国人民大学出版社，2010：30.

（二）学校里的知识和教师认知的几种关系

第一，学校里的知识与教师（认识者）之间的关系存在着不可分割性。学校里的知识因为教师和学生的存在而具有意义，换言之，“任何一种知识必然存在于某人之中且是关于某种东西的”。也就是说，学校里的知识不再是静态的，它是教师、学生与环境交互作用的结果。第二，学校里的知识与教师（认识者）、学科（认识对象）、学生成长的关系较为抽象。教师的认识有局限性，对学校里的知识的认知也不会是终极的，因此，学校里知识存在的形态也是不断变化的，会有丰富多样的陈述形式，在具体的情境中生成。第三，正由于认识和知识具有不断发展的特点，因而，学校里的知识存在于一定的时空之中，存在于一定的价值观念、文化传统和语言符号之上。也就是说，教师的实践是受时代发展、社会变化、学校教育的要求等因素影响的，同时，他们的实践也影响着美术教育发展的方向。

了解这些关系之后，我们美术教师在构建自己的实践性知识时，就不会孤立地思考和实践。教师在教学中所运用的知识是融合了教师个人经验、价值和信念的统整的知识。是他们在实践中习得的知识，是他们实际知道的知识，是他们自主构建的知识，其在动态的教学过程中是不断变化的。

（三）教学取向对实践性知识建构的影响

教学取向反映的是教师所持的教学观念，体现的是教师对美术教育价值的认识。在实际教学中，美术教师的教学取向一般有以下几个方面，在教学时会采用不太一样的做法。

1. 指导学生取向

持有这种教学取向的教师，会详细地计划学生的学习活动，以便覆盖一定量的教学内容。在教学中，他们会尽可能地为学生提供支持，注重教学过程中的讲解、演示和反馈。

2. 教师中心取向

持有这种教学取向的教师，通常是一些有经验的老教师，作为有长期教学经验的学科专家，他们会更多地向学生传授知识。在教学时，并不一定会尽可能地为学生提供支持，而是希望学生在探究中学会学习。

3. 学生中心取向

这一类美术教师，倾向于发动学生进行自我管理活动，尽可能让自己的教学符合学校的整体要求。注重学生先前的教育与现在教育之间的连接点，在此基础上运用各种教学策略和教学方法，以达到最大化的学习效果。

三、实践性知识框架

对美术教师实践性知识的要求，是把教师置于美术教育研究者、美术教学思考者、终身学习者的位置上来探讨的，它是美术教师专业发展的基石。我们在研究了较多的美术教师发展案例之后发现，那些在教学上呈现出独特魅力的优秀美术教师，似乎在任何教学情况下都能做到游刃有余，这与他们长期以来的实践经验是紧密相连的。

教师要具备对教学情境的洞察力，知道和情境对话所有的知识，以及把这些知识联系在一起的方法。有了前面的美术内容知识、美术课程知识和美术教学知识，实践性知识更倾向于在实际的、长期的教学中综合运用这些知识，根据实际课程与教学情境，转换自己的美术学习经验和技能，并加以灵活运用与表达，形成自己独特的风格，这是一种实践智慧。

美术教师的实践性知识与经验有关，但超越经验。它常常内隐于教师心中，需要靠行动来体现，包括计划、策划、创新能力，行动研究能力和反思能力，其中，反思能力是教师形成实践性知识的关键。（如图3–13）

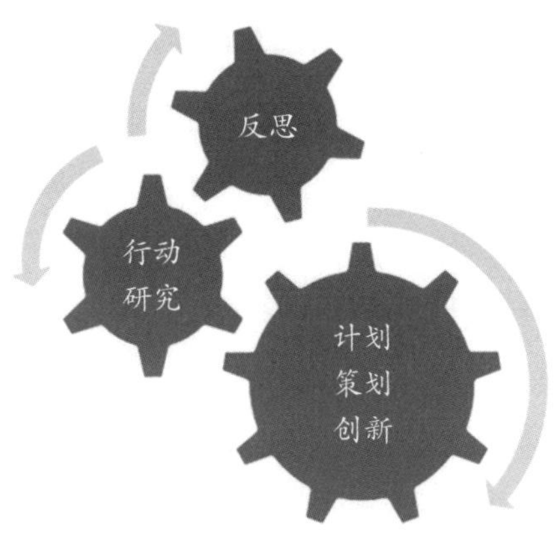

图3–13实践性知识框架示意图

第五节 专业发展知能

如果说，美术内容知识是由内容、范围、特质组成的，美术课程知识是由信息、资源组成的，美术教学知识解决的是如何做的问题，实践性知识解决的是为什么做的问题，那么，专业发展知能就是美术教师对专业发展的综合的、全面的规划，以及如何获得在环境中生存、发展的能力。

从大学毕业进入美术教师行业算起，教师的整个职业生涯一般有35年左右的时间。依照美国学者拉尔夫·费斯勒（Ralph Fessler）和朱迪丝·C.（Jadith C.），克里斯滕森（Christensen）的教师职业生涯模型理论来说，教师在职业生涯中要度过8个阶段：职前期、职初期、能力建构期、热情与成长期、职业挫折期、职业稳定期、职业消退期和职业离岗期。如果教师有良好的专业发展知能的话，就可以对自己将要面对的职业走向有正确的认识和明确的规划，从而发掘自己的潜能。做好每一个阶段该做的事情，也就能获得较好的专业发展。

一、对美术教师职业生涯的认识

（一）预备教师是职业生涯的起点

传统上，教师教育分为两个部分：职前教育和在职教育。这两个部分间有比较明显的界限，职前教育属于学院或大学管理最初的资格培训，而在职教师教育则属于中小学校系统。随着教师教育的发展，近年来教师个人和学校系统发生了许多变化，大学和中小学校都开始意识到，截然分开预备教师和新教师之间本来应该有的连接，不利于新教师熟悉教师职业与发展，也就是说，职前教育应该成为教师职业生涯的起点，这一点理应成为每一位选择从事教师职业的人的共识。

（二）不同发展阶段发展的需求和机遇

艾里克·艾里克森（Erik Erikson）把人生分成8个发展阶段：婴儿期、童年早期、游戏期、学龄期、青春期、青年成年期、成年期、老年期。我们可以发现，研究者对儿童和青年的关注明显多于成年以后，这也说明研究成人发展比儿童发展更难。成人发展的不同阶段的影响因素更为复杂，但也有规律可循。

为了使教师职业生涯的划分更为简单，我们将其划分为新手教师、熟手教师、专家教师、带头人教师4个阶段。处于不同阶段的美术教师，他们对美术教学的关注点是有变化的，通常来说，新手教师多关注自己的教学和对课堂的控制，对教学内容的掌握以及他人的评价，他所面临的压力也很大。随着教学熟练程度和掌控能力的增强，教师便会从关注教转向学生的学。熟手教师需要更多的学习与交流的机会，以便持续地进行专业学习，观察同行，取长补短，获得专业提升。对专家教师和带头人教师来说，他们希望有机会分享美术教育教学的经验，指导新教师的专业成长，也希望他人认可其专业成就。在整个教师职业生涯中，各种环境因素会影响教师专业发展，因此，支持性、激励性和援助性的环境，能帮助教师追求有益的和积极的职业进步，反之，则会产生消极的影响。

我们以往的调查显示，在我国美术教师中，女性所占比例高于男性，尤其是在小学阶段。女性教师面临的专业发展困难比男性教师要多，在她们度过教师工作的最初几年后，会面临操持家庭、养育孩子、承担学校教育工作等多方面的角色变换以及由此产生的多重压力，成长的动力也会因此而被渐渐消磨。女性美术教师专业发展需要更多的空间，这更应该引起研究者的关注。或许是因为男性、女性在生活中不同角色担当的原因，在新手教师和熟手教师中女性美术教师还能占有一定的比例，而到了专家教师和带头人教师时，男性美术教师占有明显优势，女性美术教师非常少见。

二、对人际交往的认识

随着社会的飞速发展，人们生活的世界发生了很大的改变，视觉图像变得丰富而多元，学校美术教育的重要性越来越明显，美术教师如何更好地营造美术学习的空间和氛围，考验的是其与学生的交往能力。中小学生身心发展尚处于不成熟阶段，美术教师想营造和谐的、积极的、激发学生美术学习热情与兴趣的情境和课堂氛围，就要有极大的热情投入到教学活动中，成为学生活动中真实可亲的、值得信赖的一员。走近学生生活，走近他们的内心，美术教育才能发挥应有的价值。

良好的人际交往能力，可以给教师带来幸福感，从而营造和谐的校园环境。在幸福、安全和充实的校园环境里，教师更能释放压力，发掘潜能，并将这种潜能和动力带入到课堂教学之中，建立和谐融洽的师生关系。如此，良性循环的环境最终促进的是整个学校、社区乃至社会的和谐发展。终身学习时代下的教师，在学习共同体中主动参与学习，与同伴一起反思学习、合作式学习，已成为当下教师专业发展的重要模式。在学习共同体中，教师之间互相学习，共同成长，同伴之间进行信息交流、经验分享，最终可以促进教师专业更好发展。

虽然，美术学科和美术教师处于弱势地位是不争的事实，但美术教师应该突破不利的局面，积极参与学校环境建设，参与学校管理，树立起美术教师专业形象，“有为而有位”，许多优秀的美术教师也是通过这一箴言得到认可的。

三、学会情绪管理

（一）突破职业倦怠

职业倦怠是指个体在工作压力下心力交瘁、身心疲惫的一种状态。弗洛德伯格（Freudenberger）最早于1974年提出这个概念，用来描述助人行业中的个体所体验到的负面症状。这种倦怠不同于身体的疲劳，而是心理的疲劳，反映出在教育工作中热情丧失、态度消极、状态不佳，表现出没有耐心、急躁，甚至想转行不愿再做教师。

美术教师容易出现职业倦怠，这种现象并没有引起研究者足够的重视。一方面，学校中美术学科地位不高，特别是到了高年级，美术课经常因为其他学科任务繁重而被挤占，美术课时得不到保障，美术教师也会被派做其他的工作。在一些条件简陋的乡镇学校，在面对一些领导、家长、学生对学科的不重视、不了解时，美术教师如果不做出一些积极的改变，仅靠教材是很难达到好的教学效果的。长此以往，美术教师在教学上将变得漫不经心，他们的专业素养得不到提高，会出现力不从心的感觉；另一方面，新课程改革以来，在对教师的各种考核与管理评价中，奖惩性的评价方式较为普遍，绩效考核多是以主课教师为标准的考核，忽视了美术教师专业的特殊性，不利于激发美术教师的积极性。此外，校本课程建设、各种公开课教研，美术教师付出并不少，但往往因为副课名额的限制，脱颖而出的机会并不多。如此，美术教师被边缘化，也面临一些不太公平的绩效考核，他们的积极性和教学热情也会慢慢消减，成就感不足。美术教师更需要人文关怀。

（二）养成良好的行为习惯

美术教师自身也要注意适当调节情绪，养成运动锻炼的习惯和平和的心态。因为压力导致情绪问题，就应该寻找压力的来源。或许是对自身所处环境以及未来发展中不确定因素难以把握，致使看不到方向，一时没有具体的解决问题的方法，这时就需要我们冷静下来，从小事做起，并在实际行动中一件件地落实。情绪需要发泄，也需要具体的解决策略，养成一些行为习惯，可以帮助我们度过心理恐慌期。例如，进行自己感兴趣或擅长的艺术创作；做充分的课堂准备；记教学日志；与同行、同事探讨；向其他学科借力；等等。

进行自己感兴趣或擅长的艺术创作。美术教师因为工作、家庭等方面的压力，较少有机会、有时间进行纯粹的艺术创作，这会削弱美术教师的自信心，对于美术教师学科内容知识的更新与理解也是不利的。重新加强自己的美术创作实践，专注于自己喜欢的创作，既能缓解压力，又能增添对美术教学内容的感悟。

做充分的课堂准备。多思考美术教学内容下学生学习的可能性，有哪些可行的方法，所教班级学生有什么特点，他们是否熟悉将要学习的内容，用单元教学的方法细化内容，将重点和难点分解，从解决小的问题做起，落实到具体的环节当中。通过对教学内容的梳理与预判，来积累解决教学难点的方法和策略。

记教学日志。有些出现的问题是教师无法事先想到的，这时考验的是教师的教学智慧。无论当场能否解决得完美，事后的反思整理都非常重要，换句话说，无论是从成功还是从失误中获得的学习经验都是可贵的。教师养成记教学日志的习惯，能帮助教师回顾与总结，也能平复情绪，获得启发。

与同事、同行探讨。有些问题依靠教师个人无法解决时，可以向同事、同行求助，所谓旁观者清。同事、同行的观察和建议，有时候会让美术教师茅塞顿开，也能避免因为自己一时的思维定式或看不清而走弯路，或者钻牛角尖。

向其他学科借力。美术学科有自己独特的内容与要求，通过美术的方法与策略去解决问题，这是美术学科的长处。但随着社会与时代的发展，知识的交融和综合化的趋势明显，美术学科中的知识点，其他学科中也可能会涉及，美术教师要学会向其他学科学习，发现其他有启发性的表达与表现方式。借力与迁移学习，能使美术教师取得更大的突破。

四、专业发展知能框架

图3-14 专业发展知能框架示意图

通过上述简单分析，我们对专业发展知能有了大致的了解，我们主要从以下几个方面来试图构建专业发展知能的框架（如图3-14）。首先，美术教师要了解自己职业的特点、职业的需求，以及将来职业发展的走向，这样就会熟悉自己所处的环境、范围和从事这项职业应该不断追求和完善的地方，有了清晰的认识和思想上的充分准备，面对未来才会更有信心，形成符合自己特点的职业规划。其次，美术教师需要培养自己的情商，学会与教学相关联的不同的人交往，其中，师生交往最为关键，教师良好的人际交往能力对自身的专业发展有促进作用。最后，美术教师要有意识地培养自己健康的心理状态，学会管理好自己的各种情绪，突破职业倦怠，养成良好的行为习惯。

美术教学是一项需要不断思考的工作，美术教师职业更可以说是多种职业融于一身的杂家，只有培养好良好的专业知能，才能游刃有余于管理者、协调者、艺术家等各种角色之中，为美术教育做出贡献。

肆 [第四章]

109 我国美术教师专业发展个体路径研究

教师由于受环境和个人经验影响，解决教学问题的方法会有差异。我们选取优秀美术教师专业发展案例正是基于这种思考，在研究中突出典型性和特殊性，以探寻他们所代表的不同职业生涯阶段美术教师专业发展特征以及他们在发展中突破瓶颈的做法有哪些可借鉴之处。

以下四则美术教师专业发展案例的研究各有其侧重点：Z教师，30年以上教龄，专家教师，研究重点是其专业发展的综合能力，他所面临的问题是如何突破瓶颈获得创新发展；W教师，10年教龄，城市熟手教师，研究重点是优秀教师的行为惯例，她所面临的问题在于如何持续学习、克服倦怠，提高与资深专业人员合作的能力；H教师，3年教龄，城市新手教师，研究重点是新手教师如何突破过渡期难题，提高课堂教学能力，她所面临的问题是新手教师如何学会诊断课堂问题，熟练观察，提升教学能力；X教师，农村熟手教师，研究重点在于农村教师如何发挥地区优势，提升资源开发能力，他所面临的问题是如何才能突破农村美术教学的不利环境，创造农村学生美术学习的公平机会。

第一节 自我实现：追求持续发展的职业生涯

一、本案例研究背景与对象选择

在研究美术教师专业发展中，较少见到从一线美术教师成长历程入手来研究美术教师专业发展，以及为了实现教师专业发展需要哪些知识和资源的文献。研究表明，最早从事教师知识研究的是加拿大学者艾尔贝兹，她认为教师的知识被整合成他们个人的价值观和信念，主导着教师的专业发展，后来教育叙事专家麦克·康纳利（Michael Connell ）和D.琼·柯兰迪宁（D. Jean Clandinin），也认为教师拥有属于自己的专业知识体系，这些知识体系是教师自身在其人生经历中逐渐形成的。[①]因此，从美术教师个人经历入手，研究他的专业发展问题，可以关注到影响其教师专业信念的精神力量与

① 姚菁．自我实现：一位语文特级教师的专业发展 [J] //丁钢．中国教育：研究与评论（第8辑）．北京:教育科学出版社，2005：221．

形成过程，也可以从美术教师成长个案中挖掘出一些有意义的理论框架。

美术教师群体心理特质和生存处境的特殊性，致使他们真正获得专业发展的过程复杂而多变，并非都是学者们所设计的各种外部环境因素所造成的。一个美术教师在其职业生涯中，个人内心对自我实现的追求给其专业发展所带来的驱动更为有力。这里对一位美术教师专业成长历程进行研究，借助访谈、调查与文献研究，力求接近教师的内心感悟，探索一位美术教师专业发展轨迹，理解其专业发展的内心追求，以便“走进现实中教师的精神世界”。在与研究对象的交流中，我们着重了解该教师是如何通过自己对“美术教师专业知识”的理解，来建构自己的“专业角色”，以影响其专业发展的。目的是想通过对这位美术教师不断追求自我实现的专业发展路径的研究，挖掘专业发展在他身上的实际表现，以提供案例参照。

本案例研究对象，拥有众多头衔——上海市浦东新区某小学校长，上海市特级教师，教育部中小学教师国家级培训计划（“国培计划”）教学培训专家，上海市普教系统中学高级教师任职资格评审专家，华东师范大学艺术教育研究中心主任兼特聘研究员，上海市美术家协会海墨中国画会理事，浦东新区“Z美术教师培训基地”主持人等。从业30多年，他始终在小学工作，从一位普通小学美术老师走到现在，如今这多重身份意味着什么？他获得了多个荣誉，诸如“上海市优秀艺术教师”“上海市园丁奖”“上海市学校艺术教育工作先进个人”等，在这些荣誉背后蕴含着其本人怎样的信念？他经历了怎样的专业发展历程？这种专业发展路径能给其他美术教师带来什么启示吗？这位被称为学科专家的美术教师，他身上有什么专业特质？走进这位特级教师，能深入探究其专业发展的内涵和意义。

二、研究内容与研究方法

本案例研究基于以下假设：美术教师的专业发展是一个复杂的过程，需要经历自我实现和发展，达到自我认同并付诸日常行动。其中，关键事件对其专业发展有重要作用。

在职业生涯的任何时候，教师的专业发展都可能经历高潮和低谷，从而在各个阶段来回转换。依据美国学者费斯勒和克里斯坦森的职业生涯模型，通过访谈、调查以及对相关背景和文献的整理、研究后，我们对Z老师的研究将主要集中为以下三个方面：第一，Z成为美术教师的自我实现；第二，Z校长在自我发展中探索美术教育研究之路；第三，美术特级教师Z的心灵回归和美术教育思想传播，并结合对Z老师的职业生涯过程的分段，将这三个方面融入其中进行分析阐述。

三、研究过程

有着三十多年小学美术教学生涯的Z老师，被认为是少儿美术教学的学科专家，不仅是因为他能从小学生的画当中看出小学生的思想和思维特征，还在于他在教学生涯中，对美术教学内容和教学方法的不断思考、实验和探索总结。这些对小学生美术学习的认识和对美术教育的研究与Z老师的个人从职经历分不开。纵观他的职业生涯，有一些关键的人物和关键的事件对他的专业发展产生过重要影响。

（一）职前期、职初期与能力建构期

1. 生活与教育背景

Z老师出生于20世纪50年代初的一户殷实之家，小时候因为父亲的一句话，他对绘画产生了浓厚兴趣。

我曾用一笔画出一只猪，我父亲大加赞赏并说我将来一定能画画，至今我都觉得这是对我最好的鼓励。上小学时……看到美术老师在墙上画‘毛主席去安源’的图画，我羡慕不已。那时我就下定决心长大后要做画家。

初中毕业后，Z被下放到农场劳动。劳作之余在灯下涂抹几笔是他消除疲劳的最好良药。正因为他在这种艰苦环境下苦练出的绘画能力和写作的能力，Z被安排做些“写写画画”的文化宣传工作，这一方面磨炼了他的意志，另一方面也锻炼了他的绘画能力和管理能力。

凭着对绘画的热情和执着，在“文革”结束恢复高考后的两个月内，他就顺利通过考试并被上海第四师范学校美术专业录取。Z在回忆当时他考完试后填志愿的情景说：“每个人都有三个选择机会，人家一般都是将语文、数学什么的排在前面，实在没有选择了填个美术在后面，而我三个志愿都是

美术，因为我的父母都是老师，都是教语文数学的，可能那时我觉得那个很没有意思，更重要的是，做画家一直是我的梦想，教美术可以更接近我的梦想。”正是因为这种朦胧的想法，Z老师如愿以偿地成为RS小学的一名普通美术教师。“当时，我对教师这一职业并没有什么感觉，课余，我更多的是自己画画，搞些创作，争取多参加市里的各种画展。”

2. 专业学习与教学思考

Z老师所任教的RS小学的校长和他年龄相仿，他给Z老师提供了一个独立工作的场所用于绘画创作。在那个冬冷夏热的毛毡屋顶的房子里，Z老师勤奋创作，四年多的时间里几乎没有休息过一天，乐此不疲地进行着专业学习和创作。

渐渐地，在与孩子们的接触过程中，他慢慢感悟到教师职业的价值。而促成Z老师梦想转变，立志要成为一名优秀的美术教师的，是他曾就读的师范学校的C老师对他的影响和帮助。

“我还记得他对全校学生上的一节欣赏课，课堂里鸦雀无声，同学们都听得入迷，老师的水彩画很棒，对我的绘画影响很大……我把教学中的‘美学基本法则’拿给他看，他说你沿着这条路继续走下去，再坚持十年一定会成功，老师的话一直鼓舞着我，而事实证明老师的话是对的。”

Z老师开始将视线转向关注学生的美术学习，反思在教学实践中出现的一些问题。当时国内外专家非常关注美术学习中“青少年危机”现象的研究，认为儿童在10岁左右，其绘画中的想象力和创造精神会逐渐退化，儿童会遵循教师提供的素材模仿创作。学生似乎一下子变得不知道如何画画，对画画逐渐失去信心。Z老师在实际教学中，也发现这种问题确实存在，有些学生出现随年龄增长，美术学习兴趣下降的现象。Z老师在思考自己少年时对美术学习的兴趣后，认为绘画应该能促进人的个性发展，抒发人的主观感受，少年绘画也应如同幼儿期绘画一样，起到宣泄情感的作用。他发现色彩可以引起少年期儿童学习美术的兴趣，于是就尝试利用各种色彩与材质作为美术教学媒介，开始美术教学实验。

为了改变学生依葫芦画瓢的绘画习惯，Z老师尝试在教学中先不提供范画，当看到学生们都不敢画画时，Z老师就让学生用笔蘸水在纸上涂。

“我让他们把纸竖起来、横过来，让色彩在画面上融合流动，观察其产生效果接近何种形象再细心收拾——从抽象入手，由具象收拾。学生想让它成为怎样的景物，产生什么色彩效果，全凭他们的内心感受，我的目的是启迪学生从主体意识入手。”

这样，几节课下来，大部分学生都体会到了创作的乐趣，开始迫切想要画画。学生的兴趣被充分地调动起来。Z老师用了大约5年的时间思考和实验通过色彩来帮助学生渡过“青少年危机”的课题，同时，他的研究成果《色彩与创造——少年期美术教学探索》也获得上海市首届美术教育论文评比优秀奖（最高奖）。

3. 教学实验和能力建构

Z老师对美术教学的实验不仅在校内开展，校外艺术培训学校也给了他另一块试验田。一般在校外艺术培训学校上课的美术老师都在教室里把准备好的范画拿给学生临摹，一天下来全班学生都会有画出来，而且拿回家看都不错，但脱开范画上的内容就不会画画了。Z老师的教法跟他们不同，他让家长带着孩子，和他一起到校外写生。

“我发现不少孩子的写生能力并没有我们大人想象中的那么差，有不少孩子表现得让我吃惊，我开始用美学基本法则，如对称、均衡、韵律、节奏等教他们观察写生对象，很快学生能自己写生作画。一开始我跟同行交流我的想法时，他们认为这种法则是大学才会接触到的内容，对小学生来说可能难以理解，但当我把孩子们的作品拿给他们看时，他们心服口服。现在看少年宫展示的一些绘画作品，可能也没有脱开这种形式。”

Z老师之所以能大胆运用这种教学方法进行尝试和实验，得益于他对鲁道夫·阿恩海姆（Rudolf Arnheim）的视知觉与儿童心理学理论的研究。

通过校内外美术教学经验的积累和对美术教育问题的探索，Z老师一直在思考如何构建有效提高儿童绘画表现能力的教学模式，当时阿恩海姆的理论对他影响很大，他开始思考将这种视知觉与儿童心理学理论与写生教学结合起来，研究培养儿童造型能力的途径。20世纪90年代初，在校外各种形式的少儿获奖作品中，不乏用线条来表现的形式。Z老师认为有两类作品值得深入研究，一类是那些随意涂鸦、稚拙可爱的，另一类是掌握一些绘画技法，但总觉得缺乏灵性的。如何根据儿童绘画发展的年龄段特点，既放手让儿童大胆表现，又能运用技法体现学生个性，这是值得美术教师研究的问题。Z老师在研究中国传统写实性绘画与现代表现性绘画，儿童写生画的直觉性、主观性、随意性特点，儿童的视觉艺术感觉等问题后，在写生教学中，探索出两种方法让学生进行写生练习——开放式与深入式。前者以选择形体明确的、简单的日常物品为主，以表现其结构和特征；后者以选择比较复杂的，外形富有变化的物品为主，以表现其层次、穿插、疏密等关系。通过这样的练习，让学生体会到形式美感。同时，Z老师还对5~8岁、8~11岁和11~14岁不同年龄段的学生美术学习特点采取相应的教学尝试，注重他们对物品的空间、结构形态的感受，在学生练习中给他们分析大师运用线条的精妙之处。Z老师的研究和实验带来很大的反响——1991年，Z老师带领他的学生举办了“Z师生画展”，1993年，Z老师在校园内组办了“小小画家俱乐部”等，这些在当时的上海市尚属首次。从对Z老师进行的访谈交流得知，一个上海大学中国画专业研究生二年级的学生，2009年有幅作品入选全国美展，他跟Z老师说，当时他在小学时，Z老师的“美学基本法则”绘画教学方法至今对他的美术创作还有影响。

研究者认为，能力建构期可以被看作教师整个职业生涯的“专业化发源地”，Z老师也正是在这段时间内，不断实验并建构他作为美术教师的多种能力：教学能力、教学内容选择能力、把握学生美术学习兴趣的能力、教学方法探索实验的能力，同时，在寻找适合自己的教学风格过程中，对“青少年危机”美术教育难点、儿童绘画造型能力培养方法进行研究，并有一定程度的突破，还根据自己的专长进行了儿童水墨画教学的探索。作为一名普通美术教师的Z，逐渐发现了自我的价值，主动阅读和实验，表现出自我发展中强大的内驱力，同时，在这个过程中，Z老师从梦想做一名画家，转变成为一名热爱教育事业的优秀的美术教师，获得了自我的实现。

（二）热情与成长期、职业挫折期和职业稳定期（1997—2008年）

1. 上海市教育改革背景

上海，这个在我国有着举足轻重地位的城市，其经济、教育发展水平在全国处于领先地位。早在20世纪90年代初，上海就承担了国家教育委员会课程教材全面改革实验的任务，即上海市中小学课程教材改革第一期工程（简称‘上海市一期课改’）。1991年5月，上海中小学课程教材改革委员会发布了《全日制九年制义务教育课程标准（草案）》，其中包括《九年义务教育美术学科课程标准（草案）》和《九年义务教育音乐学科课程标准（草案）》，1998年，上海市中小学课程教材改革第二期工程实施。同时，作为一座拥有深厚底蕴的海派文化城市，改革开放以来，国外的艺术思潮不断地在这里交融、发展和变化。“上海的艺术教育者们吸收了后现代思潮中参与全球化进程、艺术大众化、多元文化等观点，认识到艺术教育应走出狭隘的纯粹艺术的圈子，与日常生活、人文活动紧密结合，关注社会、环境的变化，并充分吸取本国文化传统以及其他民族文化的营养，应建立一座能在艺术学科与各学科以及社会之间的桥梁……学校艺术教育应跨越课堂教学的界限，充分利用博物馆、美术馆……文化艺术场所及更为广阔的自然、人文资源……”从对东西方艺术教育观的比较中，认识到继承民族文化与发展现代艺术、理解多元文化有着同等重要的意义①。因此，在这种政策制定和艺术教育研究氛围中，上海市中小学艺术教育在课程设置、教材编写、教学实施等方面取得了长足进步，例如，美术学科在学校教育体系中的地位得到提高，课时有了保证，教学条件有所改善，师资队伍日渐壮大，形成了良好的美术教育理论与实践研究氛围。

2. 教师角色转换与关注转向

十多年的努力，印证了C老师的话——Z老师能在小学美术教育领域中

① 钱初熹. 上海市中小学艺术教育改革[M]//钟启泉，罗厚辉. 课程范式的转换：上海与香港的课程改革. 上海：上海科技教育出版社，2003：210.

获得成功。Z老师的人生轨迹发生了变化，他先是被调到浦东新区艺术教育办公室工作，在这一年多的时间里，Z发现离开教学第一线，离开学生，离开儿童美术教研，他就没有了用武之地，也似乎失去了一直以来追求的目标。后来，在他的要求下，Z老师重新回到RS小学继续走他的儿童美术教育之路。1997年，浦东新区社发局要在浦东筹建一所美术教育特色学校——DH小学，任命Z老师为校长，希望他在这块实验田里有所收获。Z老师的角色发生变化，他的重心也从关注自我成长、关注学生成长、关注美术学科的发展，转向更全面的关注——不仅要关注学生和教师，也要关注美术学科和其他学科的整体发展。角色变了，站的起点高了，成为校长的Z可以施展的空间也大了。在前面教学实验的积淀上，站在创建美术特色学校的校长角度上的Z老师，开始思索如何才能办出有美育特色的学校来，他开始将这当作一项系统的工程来实验。

美国教育家维克多·罗恩菲德（Victor Lowenfeld）关于创造力的理论又一次让Z老师有了实验的方向。罗恩菲德认为，“艺术教育的目标是使人在创造的过程中变得更富有创造力，而不管这种创造力将施用于何处。假如孩子长大了，而由他的美感经验获得较高的创造力，并将之应用于生活和职业，那么艺术教育的一项重要目标就已达成”。而孩子在美术创造活动过程中，能获得成功的体验，认识到自身的潜能，从而更加自信，成为身心健全的人。研习这些理论，Z老师发现美术创造活动可以刺激情感成长、智慧成长和人格成长，美感的教育能和谐地融情感认知为一体，他把这称为“知美合一”。让学生在“创美”教育活动中，学会审美，学会做人，学会创造。Z老师在研究国家“七五”“八五”“九五”规划期间美育探索的思路，总结经验并带领DH小学20多位教师进行三年的“育美工程建设”教育改革综合实践，着重在育美环境建设、育美师资队伍建设和小学生审美素质培养三个方面进行研究。

虽然DH小学的改革实践在校园内形成了基本的审美环境，教师的基本素质、育美素质和科研素质有所提高，学生良好的审美素养基本形成，但Z

老师在研究过程中认识到有几种关系值得进一步探讨。例如，环境、师资与学生的关系；学校硬件与软件的关系；教师知识与能力的关系；课堂与课外的关系；学校、家庭和社区的关系；等等。他意识到这个阶段的研究还是处于理论上的探索阶段。

3. 美术课程实验

处于成长期的教师，更多的是基于兴趣，而不是处于弥补专业能力的不足……热情与成长期教师的关键作用是知识生产者、指导者、带教教师、教师教育者以及领导职责。最重要的角色选择是领导职责。[①]DH小学校长一职，是Z老师教师职业生涯中，接触管理，领略专业领导力的初体验。而担任XS小学的校长后，他才算真正踏入学校美育课程构建和实践环节，以美育为抓手来促进课程改革、学生发展和学校特色建设。

进入21世纪，全国新一轮的课程改革全面展开，Z老师对儿童美育课程目标、课程实验方略、课程评价等投入更多精力。

“美术教师最关键的一条，也许今天很多老师都没有意识到。这就是，要善于把美术中最新的进展、最新的方法通过教师这个桥梁，让学生了解和熟悉，这样孩子的成长才不会与时代脱节。”

实践中，形成了两类凸显当代教育理念的美术课程，即开发本土文化资源课程、多元文化及国际理解教育课程。这些课程实践具有三个特征。第一，显示出美术学科与其他学科的统整。Z老师认为这种统整，不是单纯的1+1，而是有选择地加，不同时候，各学科所占比例并不是固定的，根据需要而不同，美术学科在各种统整中可主、可次。第二，美术学科与探究性学习活动的统整。也就是以美术的手段和方法来完成探究性学习活动。第三，采用“五步操作法”，即考察记录、梳理研究、感悟体验、展示交流、总结评价，以上海地区文化资源为课程内容开发出5个主题性的案例，让教师带领学生分组共同研究。

---

①[美]费斯勒，克里斯坦森．教师职业生涯周期：教师专业发展指导[M]．董丽敏，高耀明，译，北京:中国轻工业出版社，2005：126.

【案例1】"感悟辉煌——周秦汉唐文明大展"

2005年初，上海博物馆展出"周秦汉唐文明大展"，敏锐的Z老师马上意识到这是进行美术课程资源开发，让学生有机会获得对传统文化的认同和传承民族文化的契机。他设计了一系列子项目活动（如图4-1），每个项目由师生共同承担，每个项目组还分成若干专项小组进行研究和设计，目的是让学生在亲身体验、感悟和动手动脑中，解读我国传统艺术。这种采用项目组研究和体验的实践学习，为学生进一步探究和传承民族传统文化艺术打造了通道，提供了平台。

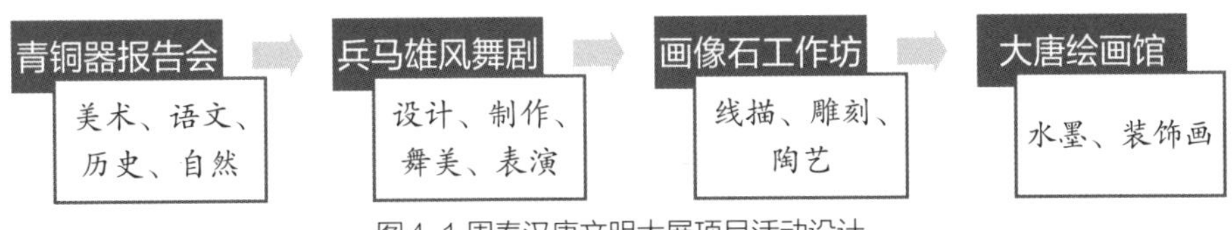

图4-1 周秦汉唐文明大展项目活动设计

【案例2】"古镇探访"

Z老师发现学校美术课程改革中，很多资源开发课程未能从激励学生的主动探究精神，综合运用各学科的知识、技能，创造性地解决问题的角度加以认识。同时《上海市普通中小学课程方案》要求为学生提供多种学习经历，丰富学生学习经验，美术课程标准中"综合·探索"领域是要求引导学生主动探索、研究、创造以及综合解决问题的美术学习领域。因此，Z老师开发出以上海地区美术文化为美术课程资源的案例（如图4-2），符合实施上海二期课程改革标准以及国家新课程改革的要求。这则案例以"探寻访问"为主线，在不同的项目活动中，通过学校组织的写生、摄影，引导学生探寻古镇独特的文化符号，将采集到的各种素材，整理运用到绘画、摄影、装置等各种造型艺术手段中进行表现。

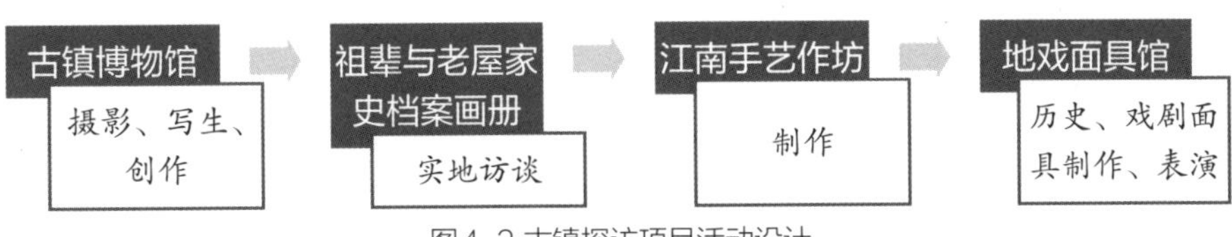

图4-2 古镇探访项目活动设计

【案例3】"与石库门对话"

这则案例以单元活动的方式进行，首先是让教师组织学生节假日走进石库门，调查采访长期居住在石库门的居民，了解老上海民俗及历史，再以写生、摄影形式记录石库门等上海老建筑的艺术形态，引导学生比较中西建筑的不同。围绕这些进一步寻找老上海的人文情怀，例如，调查老上海的三百六十行、弄堂童谣及游戏等。让学生在观察石库门建筑后，寻找体味生活在这种场景下的人和事，领略到历史发展脉络，认同身份渊源。（如图4-3）

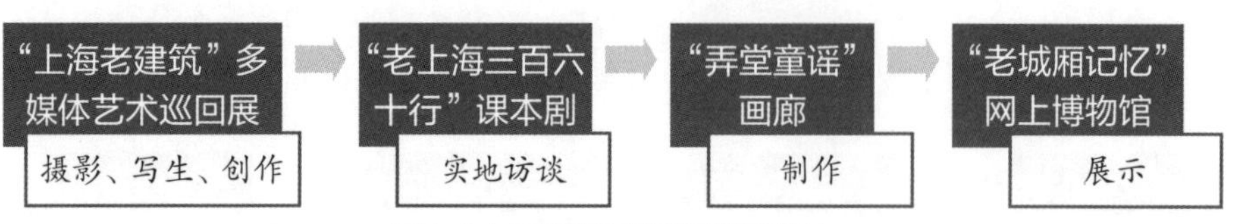

图4-3 与石库门对话项目活动设计

【案例4】“浦东文化旅游节”

如果说“与石库门对话”主要是寻找记忆中老上海文化的影子，那么“浦东文化旅游节”案例的出发点更接近于开发浦东新区现存的民间民俗的艺术资源。学生通过“浦东文化旅游资源图”“乡土文物陈列馆”“民间民俗艺术社”“水墨世博家苑”等，对家乡丰富的美术文化资源有了新的认识，从而更加激发学生热爱家乡的情感。（如图4-4）

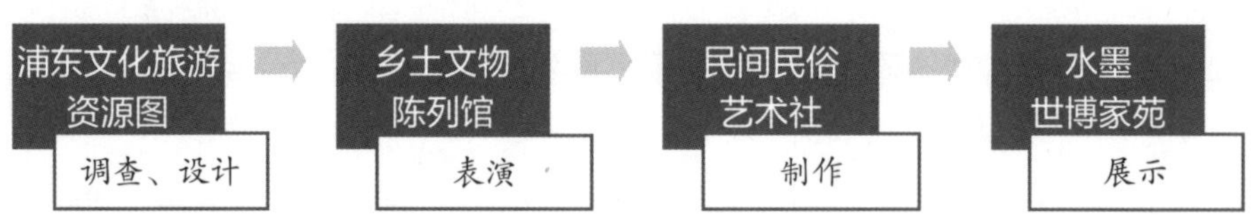

图4-4 浦东文化旅游节项目活动设计

【案例5】“理解与对话”

如何通过美术教育来实现学生与世界之间的“理解与对话”，提升学生的人文素养，这成为Z老师关注的问题。Z在先后担任两所小学校长期间，开设了一系列活动来帮助学生理解、认同多元文化，例如，“走近大师”“探寻古罗马”“Kids’格尔尼卡”“与东京都通信”等。结合上海博物馆展示的《古罗马文明展》，组织了三个阶段的课程教学，即“观赏比较”阶段、“写生解读”阶段，“探讨反思”阶段。这则案例在多元文化与国际理解教育的学校课程上做了有益的探索，与前面4个以上海本土文化资源课程形成比较和观照。

这些案例实验和研究，构建了学校校本课程体系，也促使一支研究型教师队伍的形成，提升了学生综合学习的能力和人文素养，在校内外架起了桥梁。Z老师认为做校长最大的好处是“可以放开在美术教育上的实验，更多地考虑宏观，这种宏观是前面15年美术教师生涯基础的积累”。

（三）职业消退期和职业离岗期（2009年至今）

1. 专业再发展阶段

经历了美术教师和校长这两种身份，Z老师有很多人生感悟，回顾自己走过的路程，他更看重别人称他为Z老师。他认为美术教师要有三支笔：粉笔、毛笔和钢笔。粉笔是第一位的，在三角形顶端，毛笔和钢笔是下面的两个支点。美术教师要有两点素养：个性品质和创新实践。他将美术教师专业成长的过程形象地比喻成“煮开水”的过程，煮水等待水开的时间很长，但水要开的时候一下子就开了。这说明积累、积淀对教师专业成长来说非常重要。对现在美术教师弱势地位、美术课在学校中处于小三门的位置这些现象，Z老师以自己的经历和实践回答：要有地位，先有作为。他认为美术学习的目标在于培养学生发现美的眼睛，养成学生美的心灵。对于课程开发，他认为要有预判能力、可控结果、可行路径和可操作方法，将课程开发落在具体的对应形式上，免于空泛。美术教师做研究应该思维超前，问题源于生活，解决要超越生活。

处于职业消退期和离岗期的Z老师，依然对未来有憧憬：“接下来将实验课程，归纳整理校本课程。我觉得这才是校本课程的路径，是实践检验基础上的总结……名师工作室，科研申报，名师之后就是名师基地，我还有十年时间可有作为。”Z老师认为他30年的职业生活画了个圆，从美术教师到校长，最终还是回到美术教师。

2. 美术教育理想的传承

在Z老师的言传身教和耳濡目染下，他的女儿从小喜欢绘画，Z老师很多美术教学上的想法往往第一时间在他女儿身上进行试验。2007年小Z从华东师范大学艺术学院毕业后到浦东一家中学任美术教师，也开始了美术教师的职业生涯。

受父亲美术教育思想和行动的影响，小Z老师的入职过渡期很短，很快就适应了学校的美术教学生活，因为工作出色，该学校的美术教学成为华东师范大学教科院教育研究基地。在父亲的感召下，新教师小Z在她教师生涯的起步阶段也是捷报频传。

四、研究发现

（一）关键事件激励教师专业发展

关键事件并非独立于观察者之外的“东西”，也不是像金块或无人居住的荒岛那样等待人们去发现，而是像所有的数据那样，是创造出来的。纵观Z教师的专业发展历程，在他每个发展阶段都有一些关键的事件在激励他的成长。在Z职业生涯的第一段时期内，C老师的指引、校长的支持、校外美术写生教学中家长的支持等，都成为激励他成长的关键事件；在职业生涯第二段时期里，成为校长的Z，因为其身份改变，可施展的空间也扩大。这时，研究成果的发表、在名师基地深造、进行教学课题研究等成为激励他成长的一系列关键事件；而在其职业生涯的第三个阶段，被评为上海市美术特级教师、获得2010年教育部课题立项等关键事件，又一次使他走上专业再发展之路。

（二）教师专业发展生涯中形成专家认知

周赞梅在其《专家教师研究》中认为，专家水平的知识，“在内容上更丰富”“在组织上更加良好”“在转换上更加灵活”“学科教学性更强”；专家教师通常具有“长期坚持自主学习”“积极地回应环境”“强烈的反思倾向”“借助教学实践加以完善”的认知特征；其自我意识上有“更强的自主性”“更强的独立性”“强烈的自我实现需要”“协调的自我概念”“更好的自我效能”；有“强烈的成就动机”“指向学习目标”“内控型的自我信念”；他们的创造性在于他们有“怀疑精神”，“愿意冒一些有意义的风险”，“专注和执着”。[①]我们对Z老师专业发展进行时空分解，用图来显示专家认知的形成过程，在图4-5中我们可以清晰地看出Z老师作为专家教师的这些认知特点。

---

①周赞梅．专家教师研究[M]．北京:知识产权出版社，2006：68-112.

可以看出，艺术实践是Z老师的学科专业知识，一直贯穿他的整个教学生涯，而教学是他一直实践的，对教学和课程的研究建立在专业知识和教学实践之上。纵观整个历程，其实践性知识的获取非常重要，而随着职业生涯的发展，其知识越来越全面，显示出专家知能的特征。

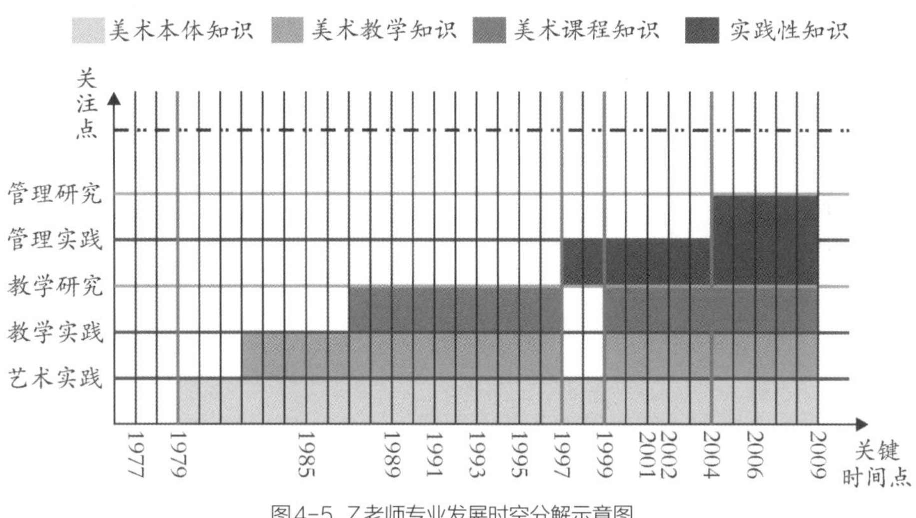

图4-5 Z老师专业发展时空分解示意图

（三）专业领导力推动专业发展

约翰·杜威在他早期著作中指出，无论是小学还是大学都需要学者而不是技术员。学者就是具有“调查研究精神的人”，就是那些提出各种有意义问题的研究者，那些用新思想去探索世界的人。杜威用“从事教学的学生”来形容教师。在他看来，要想成为从事教学的学生就要建立和保持一种反思能力，清晰表达自己的思想。在Z老师专业发展生涯中，我们看到这种反思能力一直贯穿其中。随着经验和认识的积累，其分析能力和美术教学环境中的表达能力也逐步增强，并逐步形成专业领导力。

（四）创新视野拓展专业发展

Z老师的专业发展不是按照别人的美术教育理论亦步亦趋，也不是遵循别人的美术教学方法前行，他的专业发展过程具有开创性，他的专业发展视野是开阔的。这一点来自他长期对美术教育理论的学习和研究。再加上参加各种美术教育研讨会议，特别是其工作环境给他带来宽广的发展空间，使他能在与国内外同行交流的过程中，不断拓宽视野。

五、研究启示

徐碧美认为，教师的知识是从他们对工作环境的回应中获得的，他们对环境的回应方式亦是他们工作环境的一部分，从而影响他们获得的知识。这是专家知能的一个重要特征。教师知识与工作环境是一种辩证的关系，优秀的美术教师其专业成长依赖于环境也改造着环境。Z老师的专业发展生涯显示出专家教师的特征：能在多年的时间和研究中辨认出美术教育专业领域内有意义的规律；能发现问题并有自己解决问题的方法；由于多年的时间、思考和积累，其知识处于自动化的状态，需要时很快就能够被激活；能深入问题的本质，而不仅仅停留在研究的表面，解决问题时事先理解问题而不是急于寻找答案；有很强的自我控制能力，有广博的美术教育知识和实践经验。换句话说，Z老师所具备的专家知能能够"不断探索和实验，质疑看似'没有问题'的问题和积极回应挑战"，[①]在这个过程中获得成长的空间和动力。

第二节 反思实践：熟手教师专业发展的有效途径

一、本案例研究背景与对象选择

目前有关优秀教师的研究有一种趋势，即从教师课堂观察研究视角转向深入教师各种实践的"质"的研究。主要有两条线索[②]：一条线索围绕优秀教师自己的"故事"展开，他们的现身说法、公开课、课堂实录、个人传记、个人经验总结和交流等，这些主要来自学科教学方法研究和基层教学单位的教研活动，对改进教师自身的教学行为发挥着重要作用；另一条线索是教育

① 徐碧美. 追求卓越——教师专业发展案例研究[M]. 陈静，李忠如译. 北京:人民教育出版社，2003：290.

② 耿涓涓. 教育信念：一位初中女教师的叙事探究[J]//丁钢. 中国教育：研究与评论（第2辑）. 北京:教育科学出版社，2002(4)：181.

理论工作者对优秀教师经验的总结、提炼和升华。相对于逻辑实证和类推演绎，这些应该属于理解诠释的质的研究范畴。本案例立足于后者，试图从实践的角度，一方面回答人们经常思考的“为什么学了教育学心理学，还是不会教书”之类的问题；另一方面，以案例对象对日常教学实践的经验记录或反思为基础，研究促进熟手美术教师不断成长的因素。

这则案例研究缘起于我们在进行我国美术教师专业知识课题研究时深圳研究点的一次“课堂观察”，出于课题研究的需要，课题组在深圳罗湖区组织了一次美术课堂教学观察，研讨美术教师课堂教学模式。这次活动中阳光、热情而有活力的W老师引起了我们的注意，当时（2007年）她已是深圳市罗湖区一位很有名气的有6年教龄的中学教师，其教学风格幽默、富有新意，与学生相处融洽，很有亲和力。大学时学的是设计专业，并非师范生，但她成为教师以来经常会自己琢磨一些教学问题，向有经验的教师请教。在研究中发现，她曾参与过深圳市美术创意教材编写工作，一直保持着记录教学反思日记的习惯，平时喜欢阅读一些与美术教学相关的书籍和一些励志书籍，乐于尝试新的教学媒介。2008年获得了“全国第四届中小学音乐、美术录像课”现场观摩一等奖；2009年曾在深圳经济特区成立30周年活动”中，作为深圳市唯一的教师代表被专题报道过；2010年3月，还作为评课专家，从另一个视角来观察她的同行，思考自我成长之路。

在这个过程中，W老师大量的反思文字和她取得的一个个成就催人思考：是什么原因和动力推动她不间断地反省自我，不断突破成长瓶颈？在她成长的道路中有哪些核心事件或关键因素？本案例研究就此展开。

二、研究视角与研究方法

本案例研究主要从这位熟手美术教师的反思日记入手，通过网络在线访谈，将搜集到资料整理归类，并从以下3个方面来研究。

第一，教学信念。作为非师范生出身的W老师，在日常教学反思中形成了什么信念？她怎样理解美术教学、学生学习以及工作环境？这对她的专业发展有什么影响？这方面研究主要通过对资料进行归类分析，抽取归纳W老师教学行为中的规律，推断W教师的教学信念，并探寻其影响因素。

第二，课程理解。新课程改革以来，如何选择课程、如何进行课程资源的开发与利用、如何有效地开发校本课程等，是W老师日常思考的问题。W老师的专业背景对解决这些问题起到了什么作用？是否影响其关于美术课程的理解？本研究主要针对其以往的课堂教学设计、教学录像、教学博客、自编教材进行整理分析，通过研究过程中与W老师本人、她的同事、区教研员的了解与交流，探究影响W老师关于课程开发思路的发展轨迹。

第三，个人反思。W老师为什么反思？都反思了什么？这些反思对她理解美术教师及其专业成长有什么特殊意义？研究从W老师入职6年来的反思日记出发，探讨反思对于她个人成长的意义。

三、资料收集与内容分类

W老师提供了她从教以来的大量资料，包括以往的课堂录像、教学反思日记、个人教学与生活照片以及一些读书笔记、学生获奖证书等，研究者根据这些资料，通过线上和线下交流的方式收集梳理出本案例的3项内容：课堂教学、课程理解和个人反思。

课堂教学内容。以一次课堂观察和课后访谈中我们对W老师的初步印象和疑惑开始，在分析W老师以往的教学设计和课堂教学的基础上，归纳W老师的教学行为。

课程理解内容。围绕W老师创意课例开发和参与教材编写工作，分析其专业背景在她初任教师时对课程理解所产生的影响。从W老师的个人博客中发掘其从教经历，分析这些经历对其课程理解有什么作用，有哪些影响因素。

个人反思内容。通过她对教学经历中的成功与失败经验的反思、她对自己孩子的教育、阅读以及思考的书籍出发，从其日常生活所思所想出发，探究影响W老师对美术教师职业的理解和实践的因素。

四、研究内容

（一）课堂教学

在一次课堂观察和研讨活动中，W老师以“借班教学”的方式给初二学生上了一节《创意漫画——“画滑稽脸”》的课。

1. 由课堂观察和访谈所引发的疑问

（1）教学步骤

在这节上了40多分钟的课堂里，W老师是分以下6个步骤进行的：

第一步，让学生尝试用简单方法画滑稽有趣的脸。让学生首先了解“三庭五眼”的知识点，在此基础上说明画滑稽脸是要用夸张等方法来打破常规，以获得滑稽可笑的感觉。导入用时约6分钟。

第二步，让学生在作业纸上用临摹的方法进行第一次练习。同时向学生讲解构图、用线的注意事项。用时约5分钟。

第三步，通过PPT课件，让学生观察明星的脸部特征，启发学生讨论如何将五官变形以便突出人物的特征。教师在黑板上演示如何夸张变形，同时让学生进行第二次练习。用时约9分钟。

第四步，通过PPT课件，启发学生将人物脸部五官的位置进行移动，以突出脸部五官在情绪上的有趣变化，同时让学生进行第三次练习。用时约7分钟。

第五步，通过PPT课件，教学生对表情进行夸张处理的方法，同时让学生通过狂笑和狂怒的表情来进行联想，从而更好地完成作业。用时约7分钟。

第六步，展示和讲评学生作业。让学生来做小评委，选出喜欢的作品，并用学到的美术语言进行评价。学生选择作品用时大约8分钟，教师与学生评价用时大约5分钟。

（2）观察视角

这次课堂观察的出发点是对教学过程的探讨，主要关注教师课堂上教学点出现的频率和次数，以及教学环节对学生兴趣的影响。是从W老师的教学组织与结构、教学过程推进与发展来思考的。

通过观察，一方面，我们发现W老师在设计教学的时候能够把教学的难点进行分解，使学生的学习能分阶段进行，这就为学生较好地掌握教学难点打下基础。学生在边欣赏边练习的过程中一步步体验，激发学习创作的兴趣。此外，W老师设计的学生作业展示环节也较有创意，体现出全员参与性。

另一方面，W老师在整个教学过程中，带领的环节还是较多。学生始终都是在教师预设下一步一步地进行练习体验的，学生的自主探究不足。某些教学环节的衔接还显得有些突兀。

总体来说，W 老师的这节课设计得井然有序，教学内容与创作方法较多，综合性较强，拓展了学生的思维方式，增强了学生的美术技能。但课堂教学环节比较复杂，对于没有师范教育背景的W 老师来说，初入职时是如何理解教学的？如何能够胜任教师工作并不断成长的？她的教育背景对她实现教学目标有帮助吗？换句话说，设计专业背景和文学阅读对其教学工作有什么作用吗？

（3）对W 老师的课后访谈

这次访谈是在事先准备的访谈提纲的基础上面对面进行的，主要围绕这节课的教学目标、预期和实际效果比较、教学方法和教学策略以及对教学的理解等展开。

W 老师认为，这节课的教学目标是教会学生用夸张的方法画漫画，发展学生的美术思维能力。在设计这节课时主要考虑两个方面：第一，就是让学生在练习时做到由简单到复杂。她认为很多学生上课的时候，总是很容易迷失自己的方向，或者说很难把握住教学内容，甚至不知道怎么来完成，所以W 老师就从基础练习出发逐步发展学生的自信心。第二，就是作业展示。与以往教学中只是把优秀的作品展示出来不同，W 老师把所有学生的作品打乱，随机抽取作品让学生展开评价。W 老师认为这样可以较好地激发学生对学习内容的认识。

W 老师在设计这节课之前，查阅了很多卡通漫画资料。在课堂观察活动中，她将原来关于这个教学设计的一个单元4 节课的内容进行了重新设计。她认为原来的教学内容中创意的部分会更多一些，所以平时她在备课时，经常寻找教材之外的可以拓展的素材，也时常运用一些网络资源。由于父母是教师的缘故，W 老师非常喜欢教师这个职业，而且对自己的现状比较满意，认为自己发展得比较顺利。

通过交谈，W 老师善于设计教学，对教学环节的经营与思考，让人印象深刻。但，她的课堂一直都是如此的吗？W 老师所提供的她过去几年中的教学录像课和教学设计，将为我们解决上述疑惑。

2. 对W老师课堂教学录像和教学预设的研究

（1）课堂教学录像列举分析（如表4–1）

表4–1 W老师课例教学步骤分析

年代	课题名称	教学步骤
2004年（W老师从教的第3年）	成语画	第一步，新课导入。黑板上示范简笔画《猴子》，让学生猜画中成语； 第二步，进入新课。猜一猜、试一试、评一评，学生初试成语画创作； 第三步，通过变一变，学习如何夸张和变形。了解不同处理方式可以体现成语百变的特点，欣赏和比较同龄人作品； 第四步，课堂练习，分组比赛成语百变； 第五步，课堂评价，分类列举学生作品，归纳评价，提出改进方法； 第六步，教师总结
2004年（W老师从教的第3年）	狂想旅程	第一步，新课导入。设计四种不同色彩的“登机卡”，预设“时空穿梭机”计划，创设大胆想象的情境，激发学生思考和探究的兴趣； 第二步，进入新课。通过点名和自由发言两种形式，让同学畅所欲言，结合科幻作品欣赏评述。了解科幻画创作题材和表现形式； 第三步，深入探索梦想和科技的关系； 第四步，绘画接力赛。用小组合作的方式进行绘画创作； 第五步，课堂评价。自评互评，提出改进方案； 第六步，课堂小结
2007年（W老师从教的第6年）	色彩的奥妙旅行	第一步，游戏导入。说明不同性格的人对颜色有特殊的喜好； 第二步，进入新课。创设“部落”间传递信息的情境，讲授色彩基础知识，进行色彩联想游戏； 第三步，让学生体验三种色彩的调配方式； 第四步，课堂练习。小组合作； 第五步，课堂评价。互评、自评和师评

通过上表可以看出，不论是在知识和技能学习中还是在学生完成作业的过程中，W老师都非常注意课堂教学中的组织和引导活动。这种教学行为反

映出她对课程设计的细致考虑，对课堂知识和技能的教授有很多预设，对初中阶段孩子美术学习现状及兴趣了解较多。她的课堂通常涉及面较广，信息量较多。

对于这一点，我们在W老师的教学反思中可以寻找到答案。

许多老师对我说："你能不能只讲其中一点，这样例子分析起来就可以更生动、更从容。"我认为，这样的提法只会损坏我在教学中的整体构思……造成这种理解差异的原因可能与长期的思维习惯有关。例如，在画素描时，师范系的老师会认为一个东西画得越逼真越好，他们看重的是学生的动手能力；而设计系的老师就可能会沿着墙脚摆放几十到上百件物品，让学生任意组合、想象、变形，表达自己的主观感受。他们注重训练学生的动脑能力。第一个这样做的老师可能会被视为"贪多嚼不烂"的典型，但时间会证明一切，这样的教学方法在无形中扩大了学生的思维和想象空间。

可以看出，W老师对教学非常自信也非常投入，这种教学信念必然会感染更多的学生。但换一个角度来看，W老师的这种教学方式是否对学生的学习结果产生影响？这种影响是否适宜呢？

（2）教学PPT课件举例分析（如表4–2）

表4–2　W老师课件的特点分析

年份	PPT课件内容节选	特点
2001		文字较多，图形较散，有设计的理念，作业要求简单
2002		立足美术学科，有课程理念(教学方式/评价方式)
2003		有整体的概念，关注学生作业

续表

年份	PPT课件内容节选	特点
2004		注意兴趣和知识点的联系，尝试多种方法
2005		强调创意，形象丰富，教学内容贴近学生生活，美术知识明确
2007		美术知识点直观，课题导入简单，作业明确
2008		利用网络、博客等辅助教学，展示课堂设计，展评学生作业

（3）W教师教学行为惯例分析

第一，严密的教学设计，精美的教学课件。这个惯例首先表现在W精心设计的课件上。在长期的美术教学中，W老师形成了一套自己的教学方式，最突出的就是“讲解和练习穿插”。每堂课大致分为“讲解——初次练习——分析（讲解）——二次练习——探讨（讲解）——再次练习”。每一次都对学生练习时间有明确规定。在W老师的课堂上还可以看到她的另一个课堂行为，就是她的课堂设计会一环套一环，将学生步步带入到预设环节中。追求学生流畅、连贯、完美的表现。

第二，美术教学知识点明确。W老师每节课的知识点都非常明确，说明她善于把握一节课的教学目标和教学重点、难点，围绕具体的知识点来设计教学环节和学生作业。

第三，注重创意思维的训练。首先，W老师在教学中非常注重培养学生的创意思维。从自己创设的课件，到为学生设计的作业呈现方式以及课堂语言，W老师的美术课堂中给学生最多的是思维上的练习。从学生的作业来看，W老师并不将掌握美术技能技法作为主要目的，而学生作业中反映出的独特想法和创意思维是她最看重的。

第四，PPT设计是课前备课，是教学设计的一种形式，透过对这些PPT

设计的分析，可以看出W老师能突出她在教的策略和学的方法上的设计，将讲授、演示、讨论、练习穿插在一起，能够在教学内容上更有动态性和生成性，显示出W教师在教材之外开发教学资源的能力。

（二）课程理解

1. 创意课例校本开发与教材编写

W老师有个特殊的背景，就是在她这段工作期间，曾参与深圳创意教学校本教材的编写工作，主要集中在2003至2005年，共开发设计出关于“设计·应用”领域的课例21例，每个课例有详细的PPT和教学设计，部分课例有反思笔记，内容丰富，容量较大，非常强调创意。W老师的课程理解反映出这样一些特点：设计专业影响她对教学内容的选择；在教学的第3~4年进步最快；而反思笔记是她在受到限制或解决困难时的法宝。

2. 将个人博客应用于美术课程理解

因为设计专业的背景，W老师表现出对多媒体科技的浓厚兴趣，敢于尝试。当博客这种社交方式出现时，W老师敏锐地意识到这是她用于教学创新的另一个平台。她在博客中展现出她对美术课程的最新尝试：发布自己对校本教材的开发结果，以便于学生查阅参考；建立学生作业评价平台，提供更多学生参与评价过程的机会，解决课堂教学评价时间不够的矛盾；在美术学习上建立师生互动探讨的平台。

3. 课程理解的特点

这些资料反映出W老师对课程理解的两个特点：①她个人的校本教材编写经历影响她对课程的理解。②这种经历包括她的教育背景以及教龄积累，形成她对美术课程的独特感悟。因为设计专业的美术教育背景，使她有机会参与教材编写，又因为参与教材编写，加深了她对美术教学的研究。正是因为擅长设计，让她对创意课例的开发产生浓厚兴趣，在积极探究的过程中形成了自己的美术教学信念。

（三）个人反思

1. “生活随笔”

W老师有时会因为要发泄一下失落的情绪，有时则是受文章发表的鼓舞而写随笔，通过随笔来审视自己的行为，养成悉心观察身边事物的好习惯，或者记录灵感，促进思考等。她的生活随笔包括两个方面，一是生活方面，包括教学中的感受、读书笔记、孩子的早期教育和人生感悟等；二是工作方面，包括辅导学生创作、课堂教学方式揣摩、竞赛感想等。

2. 博客中的“家有爱女”

成为母亲后，勤于学习的W老师更加关注儿童教育，她经常阅读教育理论、儿童心理等方面的书籍，写读书笔记。这让她有时间对照教育自己孩子时的不足之处，也让她思考教学中需要改进的地方。通过博客发表自己对教育孩子的观点，把自己当作社会的一份子与博友交流心得、进行学习的同时，加强与其他人对共同感兴趣话题的交流和反馈，增加了W老师的学习时空和机会。

3. 随笔印象

在2002—2008年期间，W老师关于生活随笔方面的反思文字有65130字，篇幅短则450字，多则3000字左右。而在2008年以后她的博客中，文字量大大增加。可以看出W老师是一个富有热情、热爱生活的人，她在不断求变、求新的过程中，积累自己对生活的感悟和对教育的理解，从生活中体会教育的意义。这种运用网络工具所创建的以学习为目的的个人空间，能增加W老师对话题思考的深度，向他人学习以及从其他人那里得到帮助。

五、研究结论

（一）W老师成长中的关键事件

W老师的成长关键事件有五件。第一，进行学校的校园设计；第二，与新课程改革同步成长，直接受新课程理念的影响；第三，参与当地创意课例教材编写，探索美术教学方法；第四，在各级课堂竞赛中锤炼自己的美术教学，增加对教学的把控和理解；第五，自发建立个人学习网络，利用多种途径帮助自己专业成长。

（二）W老师成长关键词

我们发现W老师个人的成长可用两个关键词来归纳，即需求、平台。前者说明，W老师的专业发展发自内心的要求，她自信，敢于尝试而不怕失败；她勤于动笔，善于学习和阅读。后者表明，W 老师在工作和生活中，得到校长的支持、教研员的帮助，在团队中脱颖而出，能获得更多成长的机会。

（三）W 老师成长中的女性特质

W 老师的成长体现出女性的一些特质，生活中的 W 老师是一位母亲，是孩子的启蒙老师，伴随自家孩子的成长，她对教育、对儿童的成长有着一种天然的关注和热爱。对生活中的细节和品质的追求，也孕育了其细腻的个性，这些个性特点，对兴趣爱好广泛的 W 老师来说，犹如“一双隐形的翅膀”，而 W 老师也将对生活的热情和学习思考中的收获，围绕着其日常教育工作淋漓尽致地发挥了出来。W 老师认为，发展就是一种状态，而她也将这种状态很好地融进了生活教育和兴趣爱好之中，推动着 W 老师一步步走向优秀。

六、研究启示

W 老师的专业成长可以带给我们以下 5 点启示。

第一，美术教师要养成钻研美术本体知识的习惯，具有突出的美术专长。因为对美术学科本体知识的掌握是成功教学的开始，而拥有一项突出的美术专长，可以促进对美术教学的独特理解。

第二，美术教师应在美术教学环境中思考美术教学问题，创新教学策略。一方面，课堂是教师实践性知识获得的重要来源，美术教学的知识来源于课堂，多听课、多观察是积累实践性知识的有效途径之一；另一方面，课后及时反思可以厘清教学预设和教学结果的关系，寻找症结所在，以便更好地改进课堂教学。

第三，美术教师要善于通过美术课程编写与研究，理解美术课程与教育学知识。掌握美术课程知识，懂得如何去选择适合学生美术认知特点的美术教学内容、材料、资源等，可以更好地实现美术学科的价值。同时，美术教师要能融合美术课程知识和美术教学知识，避免孤立地看待教学理论。

第四，美术教师要能不断反思、总结，给自己提出新的目标。反思是美术教师专业成长的一个重要途径，记教学日志，是一种行之有效的方式。将自己独特的教学故事呈现出来，能加深自己对在问题何以发生、如何解决、解决得如何上的思考。

第五，美术教师可以从阅读中、生活中学习其他人的成功案例。美术教师应该加强自己阅读的广度和深度，学习成功案例，了解其背后隐含的道理，帮助自身克服困难，不断走向自信。

第三节 问题解决：追求互动与生成的新教师成长

一、本案例研究缘起

新手美术教师在他们的日常教学中，面临着传承传统美术教学技能和尝试创新教学方法，探索并实验他们自己的教学策略的局面。同时，他们在实施课程时又面临着如何控制教学，如何与学生有效互动、如何抓住课程生成点等问题。新手美术教师在经历从职后的新鲜感之后，他们的成长迫切需要多种支持和理性反思，来促进他们对美术教学深层次的理解，规划其未来的职业生涯。

但由于美术教师在学校大环境下的生存境遇，在面临心理困惑，内心孤立无援时会选择离开教师职业。或者由于自身教育理论储备的不足，他们很少能做出一些理论性的概括，难与他人分享其教育经验，一些深刻经验会随时间推移而逐渐模糊直至淡忘，这对新手美术教师未来专业化发展来说是不利的。

二、研究论题、假设与方法

本案例是以“从问题解决到解决问题”这样的一个发展线索来研究一位新手美术教师的专业成长的，从为期近5个月的跟踪研究中，考察这位新手美术教师的个人体验和思考。

这项研究基于以下三点假设而来。第一，新手美术教师在课堂教学中会遇到一些问题，他们会在问题解决的过程中获得成长；第二，新手美术教师在面临传统教学方法和创新教学开发的过程中，能激发已有的经验并重构经验获得新认识，在解决问题的过程中促进自己成长；第三，围绕同一个课堂教学内容，持续一段时间深入思考教学内容、教学策略和教学方法，可以让新手教师在这个过程中有效反思，获得成长。本案例研究主要采用跟踪研究和叙事研究两种方法，以期更好地描绘“从问题解决到解决问题”的转变过程。

三、研究概述

（一）确定研究对象

研究对象于2007年毕业于华东师范大学美术学师范专业，经过6周的教育实习后，通过上海市严格的教师招聘考试，留在曾实习过的一所美术特色高中任教。参加工作两年多来成长较快，参加工作一年后就获得了上海市级课题立项。选取这则案例进行研究旨在探寻影响新手美术教师的专业成长的因素。本研究得到研究对象本人和该校校长以及该校美术“S名师工作室”[①]的支持和帮助，研究者将这所学校称为“YC中学”，该教师为“H老师”。

（二）研究的时间与资料来源

本研究从2009年9月开始到2010年1月初结束，历时5个月，围绕YC中学开展的“研究性教学”活动[②]中H老师的高中美术欣赏课展开。

本研究的资料收集来源于几个方面：研究者对H老师多次的课堂观察和访谈；对学生的问卷调查；参与YC中学“有效教学研究课”和“名师工作室”活动，阅读以往的活动资料；阅读H老师的教学博客、发表的论文、主持研究的课题、教学设计和反思笔记；华东师范大学美术教育方向研究生在该课研讨时的记录；H老师教学流程设计等。借助录像、录音、照片等，通过电子邮件和MSN及时与H老师交流，解决研究过程中的一些问题。

（三）研究过程分段和研究策略

研究以围绕H老师的课堂教学及其改进探究所发生的事件为主线，按事件的发展分为三个研究阶段。第一阶段，“研究性教学”活动中的课堂印象。这是H老师从“问题解决”到“问题发现”的过程。从H老师课堂教学的直观印象开始，围绕这节课所进行的学院教学研究视角和名师工作室研究

---

① 此处“S名师工作室”是指“孙家祥名师工作室”，是上海市普陀区首个设立的美术名师工作室。

② 我国中小学课程改革注重对教学的研究，创建于二十个世纪五十年代末。实验型示范性高中的YC中学也不例外，2009年9月以来，学校在各个学科中展开了“研究性教学”活动。作为全国艺术教育先进学校、全国美育实验学校、全国现代教育技术实验学校，其美术课堂教学与研究也获得了更多的关注。

视角，呈现新课程改革下美术教师的生存场景以及新手教师的心灵困惑。第二阶段，不断改进中的教学设计。这是H老师从“问题发现”到“设想解决问题”的过程。通过参与研讨H老师的教学改进，进一步深入其内心世界，探索她对美术教学的思考以及她在成长过程中的动力、压力与迷茫。第三阶段，研究课教学实验。这是H老师从“设想解决问题”到“实验解决问题”的过程。通过研究课实验，选取一些教学片段分析该教师在课堂教学过程中的变化，并从对学生美术学习的影响以及课后研讨的视角，说明H老师在教学上一些需要继续改进之处。这些研究旨在围绕教学设计的改善与教学实验，探讨教学可能性，寻求促进新手教师专业发展的因素。

为了保证研究的有效性，研究者在每一阶段的研究中，都通过录音、录像、摄影等记录当时的场景，帮助写作和归纳。将H老师的课堂录像先转录成文本进行第一遍梳理，从中提炼出关键词，用于下一段研究的起点。同时，将每次的文本通过MSN发给H老师，就具体细节进行求证探讨，并与H老师的同事交流。

四、研究过程

（一）第一阶段：“研究性教学”活动中的课堂印象

这个阶段的研究分三个过程：H老师在“研究性教学”活动中所上的一节高中美术欣赏课“中国古代人物画欣赏”的印象；华东师范大学美术教育方向研究生对该课的研讨；H老师在“S名师工作室”研讨期间的说课以及工作室成员对该课的改进意见等。

1. 研究者的印象

用H老师的结对师父S老师[①]的话来说，这是H老师面向全市教师的一次公开课，学校非常重视，要求开课老师至少经过五轮的试讲，研究者观察的这节课已经是H老师的第二次试讲。

这是一节关于中国古代人物画的高中美术欣赏课，H老师以一段南唐的

① YC中学里，新教师都配有一个“一对一”结对的有经验的老教师。跟H老师结对的是S老师，他是一位富有激情、能感染学生、有着多年丰富教学经验的老教师。以他为带头人而命名的名师工作室经常开展多种形式的教学教研活动。

音乐剧导入，接着与全班学生一起浏览《韩熙载夜宴图》，然后让小组同学观看高仿画，讨论画面的主题、人物和内容，并通过预设的教学情境，引导学生从欣赏到体验：

"小组观察一下自己的这幅画，根据它的主题起个名字。"

"很显然，《韩熙载夜宴图》的主人公是韩熙载，那么请你们每组找一下，在你们组的这幅画里面，有没有韩熙载？"

"韩熙载他宴请宾客为什么不笑呢？"

"画家顾闳中没有摄像机、照相机这些设备，完全靠默写来创作，他在安排夜宴过程时用了5个情节，如果让你来安排，你如何摆放这里面的人物？"①

通过学生的体验，引出这节课要讲的第二个内容——形式规律，说明古人绘画时一个主要特征是主观地处理画面。H老师运用中国古代画论中的"随类赋彩""经营位置""气韵生动"来帮助学生理解色彩、构图和线条：

"中国画里面色彩的运用有四个字：随类赋彩，这是中国画的用色标准。那么，'随类'中的'类'如果用来组词的话，可以是——类别……如果在《听乐》这张里面，会有哪些类别呢？"

"'经营位置'就是我们经常说的构图，如果构图可以突出主人公的话，那么在《送别》这一张里，画家用了哪几种方式来凸显主人公的呢？"

"我们说中国人物画里面，主要是以线条来造型的，这种线条其实是有节奏的，我们请同学来尝试标出这张画的起伏线，直接画在屏幕上。"②

最后，让学生运用课堂中学到的对节奏、起伏、疏密和色彩的理解，尝试分析作品《捣练图》。

高中美术欣赏课教学比较难，H老师选择的这节教学内容挑战也较大，而她的这节课却有很多亮点，例如，精美的课件以及精心设计的提问；借用音乐节拍来帮助学生理解画面的节奏和气韵；用电子笔在屏幕上画出节奏；

---

① 为该课部分课堂实录。

② 为该课部分课堂实录。

等等。整体来看，虽然H老师在课堂讲授上投入了大量精力，但教师提问中事实性问题居多，老师讲得多，学生说得简单，没有完全调动学生在课堂上学习的主动性，最后匆匆收尾。这样的课堂，是新手教师经常遇到的吗？课堂有效性如何？问题出现在哪里，是高中学生的学习特点，还是H老师的教学经验不足？

在重新观看过H老师这节课的录像之后，研究者和她做了一些交流，H老师自己对这节课不太满意且困惑不少。

“问题很多，特别是我把教学实录记下来以后，发现很多环节我都没把握好，提问可以延伸，有些学生回答中的亮点没有及时展开……衔接一直是问题……我以前开课总会试讲很多遍，不断地抠细节和衔接点……我还处于转型时期……”①

H老师课上采用打拍子的想法来自一位任教音乐的同事。

“艺术老师一般都感性得多，但她的课条理很清楚，不煽情……我师父以前告诉我，如果你找不到合适的衔接，可能下面这个环节就是没有用的……这次他没有多管我，我想可能是想留点空间给我……学校要求试讲5次，我每次讲完后都要大改，觉得哪个地方不好就一定要去改，到处去问别人意见，虽然这节课的主线一直是两块，但里面的东西基本上都动过了，比如，我的导入就改过好多回……讨论的主题也在改……第一次开完课后还买了本《走进高中美术教学现场》，专门来研究人家的提问，现在就是觉得帮助学生欣赏的“道具”这一块很难。”②

作为新手教师，H老师在教学中的关注点主要集中在教学内容的实施环节上，从某种程度上来说，从教师教的角度来考虑课堂才能更好地开展教学。因此，在开课前她会反复考虑设计的环节是否适宜，这种设计是否会影响教学的流畅，又由于她在教学中还处于摸索阶段，对教学上的认识还处于不确定的状态，经常改动教学设计也就不足为奇了。同时她虽然有着较多的困惑，甚至在遇到挫折时还会对自己的能力产生怀疑，但在发现

① 引自与H老师交流时录音实录。
② 引自与H老师交流时录音实录。

自己教学中的一些问题后，她会主动寻找解决问题的途径，例如，观察同事的教学或求助于书本，以借鉴成功者的经验，说明她是一位会主动去解决问题，寻求自我成长的老师。这是研究者对H老师课堂教学与教学态度的最初印象。

2. 美术教育研究生们观看H老师课堂后的研讨

在H老师开课前一天，华东师范大学美术教育方向的研究生们专门观摩了这节课，这一届的研究生中有几位还曾是H老师大学里同一届的学生。导师要求研究生们以H老师的这节高中美术欣赏课为基础进行研讨，希望他们能提出一些改进办法，并提出一个问题——是否可以不用PPT来上这节课？围绕着这个思路，有一些研究生尝试做出一节教学设计，提出教学改进的可能性。以下为A、B两位研究生的教学设计（如表4–3）。

表4–3　两位研究生的教学设计

A（H老师的大学同学）	B（比A低一届的研究生）
1.导入（视频音乐剧） 2.浏览（《韩熙载夜宴图》） 3.选择（与主题匹配的场景） 4.找出（画中的韩熙载） 5.描述（韩熙载的神情） 6.介绍（作品的时代背景） 7.学生分组自行探究（色彩、构图、形象、寓意） 8.互动环节（各组发表鉴赏成果） 9.情境再现（表演） 10.评价 11.课外拓展	1.悬念导入（唯一的间谍画、具有电影蒙太奇手法的绘画、因这幅画而带来的杀身之祸、这幅画的价值） 2.基本信息介绍（作者、朝代、内容） 3.学生互动（整理画面） 4.作品赏析 (1) 传统视角（美术史、教科书的视角，即叙述——分析——评价）； (2) 中西艺术比较的视角（蒙太奇手法：不同地点、不同距离和角度、不同方法拍摄的镜头组合，重叙情节。）①相同点分析（重复的对象、分隔的符号、表现手法），不同瞬间的并置；②异同点分析（瞬间场景的并置、分隔的符号、表现方法的异同）；③两种方法在其他作品的运用； (3) 跨学科的视角（当代的视角）——重新演绎（舞台剧、刺绣、邮票、文学作品／剧本等）。 5.课外拓展（三种视角分别作业）

研究发现，作为同龄人，研究生们的教学设计与从职后的H老师，在对教材理解以及教学设计的重点上有明显差异。A、B两位同学主要是依照美国美术理论家费德曼（Edmund Burke Feldman）提出的由感性向理性方向逐渐深入发展的美术鉴赏程序来设计这节课的欣赏内容，可以归纳成叙述、分析、解释和评价四个过程。虽然从H老师的教学设计中也能发现相同的思路，但H老师在互动环节、评价和课外拓展部分的设计并未过多强调。A、B两位同学的设计，特别是B同学的设计显示出思维活跃、思路较宽的特点，面对教材发挥出更多的创想空间。相比而言，H老师更关注的是在课堂上的一些具体的做法，有了两年教学经验，H老师考虑更多的是特定的教学场景中教学内容的有效实现。H老师也觉得B同学的思路比较新颖，但她认为在一节课的时间里这么做不太现实，毕竟教学时间有限。

研究生们对导师提出的是否可以不用PPT来上这节课并没有太多地体现出来，这一点倒是启发了H老师的思路，在接下来的修改完善这节课的过程中，这种思路一直伴随着H老师的教学设计过程。

3. H老师“S名师工作室”活动上的说课

H老师遇到了一位好“师父”。在她还是作为一名实习生在YC中学实习的时候，就被美术教室门口的一块铜牌“S名师工作室”吸引，也常常被每周聚首在这个工作室里老师们的欢声笑语所感染。如今，她这位新人也破格成为工作室的正式成员，参与工作室定期活动，如研讨、看课、听讲座、交流心得、做课题研究等，工作室成员在S老师的带领下定期交流关于美术教学的思考。两年多中，在与师父和其他成员的交流学习中，H老师希望自己也能多开课，多提高。

H老师开课后的这一周，“S名师工作室”的活动内容就是对她的这节课进行研讨。她在说课中阐述了这节课的设计意图：第一是这张画情节比较丰富，第二是中国古代画科里面，人物画是最早的。她对用“拼贴游戏”来连接两部分教学内容的设计思路，阐述了自己的想法：“我觉得上欣赏课，学生第一步就是要看画，所以第一次看画时就是从直观感受入手，让学生描述看到的画……陈丹青先生说过看这幅画时要屏住呼吸，所以我选择浏览全图的方式，同时思考两个问题，它是不是发生在同一时间？它们是同一场景吗？……第一次小组讨论，根据画面中的道具，季节，人物的动作、表情，对每组画的场景命名，我先给他们以‘听乐’做了示范。原来试讲时设计用‘抢画’环节，学生拿到画就很高兴，但并不能真正注意到画的细节和内容，后来我调整了这个环节，让每组来命名，这样他们的探究性就提高了，能发现画中人物的动作和表情了……我提出一个问题：每组画中是否有韩熙载？以此为我阐述这幅画背景做铺垫，突出中国绘画中的主观因素，我认为要了解这张画的背景、典故，甚至它的一些故事，对欣赏这幅画是有必要的……在直观感受之后我的第二部分是讲形式规律，我采用一个‘拼贴游戏’来衔接这两个部分，这个环节钱老师给了我很多建议……在学生拼贴基础上，我开始进入这张画的分析，我运用‘六法’中的三个：气韵生动、经营位置、随类赋彩……在正式讲课之前，孙老师还跟我讨论，这种代替构图、颜色、节奏的用法是否适合……”①

最后，H老师还有一些疑惑：“整节课下来，时间比较紧，播放的内容比较多，后面讲得有些局促，造成了我这节课没有强调重点，设计这节课让我非常伤脑筋的是，在欣赏课中要有许多互动的环节，我觉得非常的难。”②

在H老师个人的教学博客中，她认为通过工作室说课，大家可以帮助她理清思路，砍掉一些自己舍不得的内容。经常是“课的内容由精简到扩充再回到精简，而最终的版本我将它命名为‘学生版’”，③因此她非常珍惜开课的机会，这可以帮助她突破自己。在工作室学习中，她“学到了很多书上没有的珍贵经验，更学会了不同的研究方法、钻研了校本教材的编写、获悉了不少教育教学理论知识。我虽是师范院校毕业，但大学课程里的教育类课程实在少得可怜。工作后才发现自己缺的东西太多了。实践和培训固然是我继续学习的途径，可工作室让我体会到的，更有一些隐性的感悟，比如，在处理与学生的关系上；平衡工作与生活之间的矛盾上；在专业的执着精神上……”。④这次工作室活动同样也给了她很多启发。

---

① 引自H老师说课实录。

② 引自H老师说课实录。

③ 引自对H老师的师父S老师的采访实录。

④ 引自对H老师的师父S老师的采访实录。

H老师的师父S老师说，这次活动中大家给这节课提了不少建议："我们工作室活动又讨论过H老师的课，我感觉人多主意多，又多了很多可能性，我觉得挺好的……找茬、拍卖、表演等……表演不着重情节，注意人物安排的疏密、节奏和前后，用相机拍成固定的画面……还有以改动过颜色和人物安排等的示范画，找茬后与原作进行比较。说明原作的高明和形式规律，真人表演和立体人物相近，不用PPT完全可以的……要有一个模拟的画框，动作定格就可以讲构图了。这样区别于表演只能阐释内容的老框框。或者让学生做一个取景框观察，关键是要有画面的概念。动作表情也可以融进去。还有我觉得人物画，还是应该讲一讲线条……H老师比较崇拜徐老师的讲课风格，但缺少徐老师营造氛围的能力。徐老师讲课中很多话是在引出学生的思维和说话的欲望。讲授的目的有区别，他更了解学生这一点可能是最关键的。"①

S老师一针见血地说出了在讲授型教学中H老师和其他有经验老师的不同之处，也许用什么方法能有效地关注学生，从激发学生有效学习的角度来思考有效教学，才是H老师在这个阶段迫切要解决的问题。H老师接下来对这节课的改进也是按照这些思路进行的。

（二）第二阶段：教学流程设计比较

影响H老师关于这节课一次次的教学流程设计的因素很多，如研究性教学活动中评课的建议、工作室教研活动中师父与学员的建议、以前实习时导师与研究生的研讨建议、学校中同事的建议、H老师的个人反思等。H老师为此寻找教学内容的背景资料，查阅相关文献，观看别人的教学录像等，可以说这是个不断推翻又不断重构的痛苦过程。而S老师上课的方式以及工作室其他成员的榜样力量，是让H老师能继续深入构思的动力。H老师曾说："我师父所有的内容都开过课，这次我也想尝试欣赏课开课"。

① 引自对H老师的师父S老师的采访实录。

1. “研究性教学”活动时的教学流程设计（如表4–4）

表4–4　H老师“研究性教学”活动时的教学流程设计

<table>
<tr><th>教学流程</th><th colspan="2">教师活动</th><th>学生活动</th><th>设计意图</th></tr>
<tr><td>课堂导入</td><td colspan="2">播放视频《韩熙载夜宴图》</td><td>观看视频</td><td>引起关注，转入新课</td></tr>
<tr><td rowspan="2">直观感受艺术语言</td><td colspan="2">浏览高仿画《韩熙载夜宴图》全图</td><td>感受画面形式以及人物类型</td><td>了解作品形式内容</td></tr>
<tr><td colspan="2">呈现作品背景资料</td><td>思考与问答</td><td>了解背景知识</td></tr>
<tr><td rowspan="3">领悟作品内容形式</td><td colspan="2">探讨“听乐”画面的视觉语言</td><td>比较与探讨</td><td>了解背景知识</td></tr>
<tr><td colspan="2">寻找画面中的“动作、表情、摆设”等细节，选出其余4段画的主题</td><td>讨论与归纳</td><td>分析视觉艺术语言</td></tr>
<tr><td colspan="2">深入分析画面的形式内容</td><td>分析与探究</td><td>尝试从细节入手了解作品主题内容</td></tr>
<tr><td rowspan="4">分析作品艺术特色</td><td>色彩</td><td rowspan="4">用美术语言分析作品的示范引导</td><td rowspan="4">尝试用美术语言分析《捣练图》等</td><td rowspan="4">结合《捣练图》等实例进行欣赏评述</td></tr>
<tr><td>构图</td></tr>
<tr><td>节奏</td></tr>
<tr><td>均衡</td></tr>
<tr><td>课堂小结</td><td colspan="2">归纳欣赏描述、分析、解释、评价的四个环节</td><td>回顾与思考</td><td>开拓审美视野</td></tr>
</table>

观看过H老师的课堂之后，对照这个预设的教学流程可以发现，H老师在实施这节课的时候，并没有按预设完成全部的教学流程，就像H老师讲课时所说的那样，事实上这节课欣赏评述环节由于时间关系并没有达到效果。总体上感觉H老师在实际讲授这一节课时铺设的内容较多，预设的课程并没有达到效果。

2. 工作室研讨后的教学流程设计

H老师这次的教学流程设计很明显受到了学院研究视角和教研研究视角的影响，H老师在设计时注意到了不用PPT来实施教学，关注点开始放在与学生的互动环节上，如增加学生动作参与、欣赏转换成体验的环节设计。可以看出，H老师更加深入地琢磨教材，开始站在学生的角度来理解教学内容可能会有的变化，挖掘课堂教学意义。但这次教学流程设计并未得以实施。

【工作室研讨后H老师的教学流程设计】

一、导入（直观感受）

1. 由《韩熙载夜宴图》在历史上以及美术史上的重要价值，引出第一遍浏览。

2. 提问第一遍的感受。（人多，很长……）

3. 提示在第二遍观赏时的情绪状态以及注意点。

（在画面下方出现下列提示：故事发生在……；描写的是……人；正在……举行一场夜宴；他们在夜宴中……，场面十分热闹。）

二、分析理解

在观赏两遍的基础上，梳理画面中的相关信息，并分组完成下表。

时间（故事发生的时间）		依据（画中线索）	
地点（夜宴举行的地点）		依据（画中线索）	
人物（人物类型）		依据（画中线索）	
事件（夜宴内容）		依据（画中线索）	

时间——故事背景 人物——随类赋彩

关键词：主观、随类赋彩、身份地位

活动一：“大家来找茬”（对应每个小组桌上高仿力量中不同分段画面）

改变画面中的人物颜色，学生在辨别真伪时找出规律。

地点——床榻、屏风——“经营位置”

屏风和床榻作为整幅长卷的分隔，使画面有了节奏起伏。

活动二：重新组合任务构图——学生定位构图（草图、现场利用摄像头构图）

评价：用美术术语评价。

实践：通过画中人物的塑造（动作、表情）寻找每组画面的主体人物。

3. 第三次教学流程改进设计

从这次的教学流程中可以看出，她的设计旨在从传统中和与自己擅长的教学方式中寻找平衡点，来尝试教学。比较这三次教学流程设计的变化，可以看出H老师在设计教学流程时，从一开始关注教学内容的角度来考虑如何教学，到后来越来越多地从学生参与互动的角度来设计教学，逐渐减少教师讲的分量，增加了与学生活动和互动的环节。H老师最终还是决定用多媒体辅助教学的方式来设计这节内容，作为80后一代人，她更习惯于通过视觉媒介来传达信息，对多媒体的使用也更为得心应手。H老师课前尝试过利用摄像头拍摄进行构图的方法，估算大约需要的时间，她认为这个活动比较接近高中生的兴趣，用在课堂上有可行性。这说明H老师在课堂预设环节的考虑比较充分，但这种预设会产生什么样的教学效果呢？

（三）第三阶段：研究教学实验课

在围绕这节课而展开的研究进行了四个月后，H老师开了第三次《中国古代人物画欣赏》教学流程设计的研究教学实验课，上课班级不再是H老师原来任教的班级，学生以前也没上过这节课的内容。这里主要从课堂教学片段和课后研讨两个方面来呈现这节实验课。

1. 课堂教学片段

【片段1】（H老师把每组写的纸片贴在黑板上，小结四组讨论结果，与全班一起进一步深化观察欣赏的内容）

教师：首先，我们请第一组（时间组）派个代表来说一下。

学生：好，这是发生在中国古代的一个明月当空的夜晚，貌似唐代……

教师：……你怎么知道它貌似唐代，或者是明月当空呢……这个明月当空意味着什么？

学生：（举起他们小组的画轴说）这幅画使我们想起了，明月当空的时候。

教师：哦，他是发挥了他的想象力……那么，这是不是在晚上，从哪个地方可以看出它是在晚上？我们可以看一下书……有一些什么？小的道具啊，是吗？（指着屏幕上打出的烛台等）比如说，烛台。这样我们可以发现它是在夜晚发生的。好，第二组（地点组），他们写的是——大宅内。是什么样的大宅？谁的大宅？

学生：是一个在官场上很有地位的人。

教师：那你觉得什么样的地位、身份的人才有这样的大宅？……我们也可以从一些细节来寻找……我们会看到一个很明显的家具……那么第三组，人物组。大宅内有哪些人物？

学生：老爷，仕女，还有妻妾。

教师：是不是只有这三类人物呢？我们请他们来解释一下……

教师：……最后，我们再来看一下“事件”，他们因为是看着书上来写的，分别是……大家桌上的这四段画面，我们能不能根据这些，把这个故事完整地告诉大家？

学生：在一个明月当空的夜晚，某护卫人家的大宅内，老爷宴请宾客，仕女、妻妾陪同左右，他们听乐、吃饭、观舞、送客……

教师：很好，说得很完整噢……那么究竟这是一个什么样的背景，大家在刚刚回答问题的时候，可能已经看到了在书上第三页到第四页，有这幅画的背景介绍，那么这幅画的作者在原先创作的时候，他其实是以一个间谍的身份潜入韩熙载的家里……

【片段2】（随机在四组学生桌上放上标有时间、地点、人物、事件的卡片，让每个小组分别根据卡片上显示的要素来观画，在看画的过程中将关键词写在准备好的卡片上。当H老师来到“找人物”这一组，看到学生在比较画轴和书本，自由讨论着）

学生：为什么我们书上这里是断掉了呢？（书上的画面分五条，老师打出的画轴分四幅）看，这个地方，是不是啊（指着书上）？怎么在上面了啊？

教师：这幅画有四个场景，我按这个打印的。

学生：我们这幅画上只有一个男的，是不是韩熙载啊？

（学生七嘴八舌，指着画轴上的人物，发表自己的看法）

教师：（拿着桌上准备的人物一一问学生）你觉得这些人物是干什么的，为什么呢？

（学生简单回答，老师让学生将答案写在纸上）

【片段3】（有一组尝试用现场摄像，画面定格的方式，演绎画面构图、

人物动作姿态，其他小组在桌上用剪好的人物在纸上重新摆放构图，老师来到要演绎的那一组）

教师：看看你们手中的这幅画，不要你们表演，看看书本或画轴上的动作，根据你们自己的想法摆好，拍下来就可以。

（学生翻书选择要摆的场景，讨论好角色分配和分工后，有的学生在前面的电脑上开始准备，有的琢磨要摆的动作、姿态）

【片段4】（一组学生根据原作演绎人物表情和动作，小组另外成员拍下照片。其他三组在座位上用教师事先准备好的人物进行拼贴构图。教师让学生根据照片画面评价）

学生（指着学生摆拍的照片）：我觉得那个吹箫的仕女眼神、动作比较好。

教师：好的，眼神，还有动作……你觉得你们的好还是他们的好？

学生：我觉得都蛮好的。

教师：为什么？

学生：我们这组的构图好……

教师：那么他们那组好在什么地方？

学生：他们那组好在把情节演绎得淋漓精致，而且把画上的神韵都表现出来了……

教师：哦，神韵，好的，那有什么缺点吗？

学生：他们坐得太平均了，两边各三个人，中间好像没有关系，像排队似的。

通过这些列举的课堂片段，研究者发现H老师的课堂与前面相比有了一些明显的变化。

（1）提问上的变化

从片段1师生对话中，我们发现H老师在提问策略上发生了一些变化，不单纯是一些事实性的知识回答，而是通过一些例如“怎么”“从哪个地方”“什么样”等词语，激发学生从深层次观看、从思考的问题入手，也能从学生的回答中发现一些教学的生成点，使师生围绕教学内容，互动更加有效，从而加深他们的记忆，增加教学的有效性。

（2）小组合作时教师位置的变化

在片段2、3中可以发现H老师在上这节课的时候，与以往相比有一些微妙的变化，在经过每个讨论小组时，能参与到这个小组的讨论当中，比如，跟学生一起讨论等，而并非简单地催促学生抓紧时间完成。

（3）课堂评价上的变化

由片段4可以看出H老师在这次的评价中并不像以前那么仓促，而是留足时间来等待学生回答，并能用一些引导性的话语，这样学生得以在这个问题上做一些深入的思考，我也发现学生的回答比以前课堂里表现得更丰富，观察得更仔细些，说明H老师在解决问题的方法上有所改变，鼓励学生的探究行为。

（4）对学生随机访谈

我随机访问了一些学生，咨询这节课给他们留下了哪些深刻印象。有些同学说“同学们的表演和对国画的想象让我印象深刻”“音乐动听、气氛活跃”“人物丰富，色彩对比分明，十分有吸引力”“H老师对人物的分析很到位，从肖像探测内心”“看图片整体比分开看强”“我想去博物馆看看这幅画的真迹”“看一幅画不能只看它的表面”“图很长，很难明白所有的地方”，从这些回答中可以看出，大多数同学还是对H老师的课堂持肯定的态度，说明这节课还是取得了比较好的教学效果。

2. 课后研讨

课后研究者组织了研讨和评价，包括观课的研究生、S老师和H老师。

有些研究生认为H老师的这次课教给学生一些欣赏的方法，通过前面的感受、体会到经验之后，由感性到理性慢慢增长，方法比以前细致了。但课堂上用于拼贴的图片，都是老师事先剪好的，学生只是贴，这种方法如何检验学生学习的效度呢？也有些研究生建议将拼贴放在课的开头，在体验之后再分析。

S老师认为这节课用在前面写卡片的时间还是多了一些，学生表演环节不一定要复杂。S老师关注更多的是教学时间的分配、教学节奏的把握以及教学有效性的问题。

H老师自己觉得这节课还是有些散，在节奏上还是有些不理想。

研究者对大多数人认为H老师的这节课上的有些松散的看法持不同意见，也许是事先了解了H老师的教学流程，在H老师上这节课时会有一些先入为主的概念。又或许这是一节实验课，所以在课堂中，研究者得以近距离地观看，甚至直接置身于小组互动时的场景中，因此，对H老师有意识地把学生放在课堂的主体地位上的表现持赞成态度，这是对教师中心的突破。当然，作为年轻的美术教师，H老师课堂掌控和调节的能力还需要磨炼。例如，她对课堂中的教学生成点把握不够，小组讨论中曾有学生提出教材和学生高仿画在片段分割上存在不同，有一组学生所看的画面中的人物，除韩熙载之外都是仕女，虽然她当时简单回答了这个小组的疑问，但如果能提出促使学生思考的问题，可能会引起更多探究。同时，研究生们对H老师的课堂评价有些片面，观察课堂容易陷入局部视角。这也说明什么样的课才是好课，什么样的课才是有效的，应该如何评价一节课，是需要多看多思考的。在具体的教学过程中有很多的不确定性，再好的设想都需要在实践中反复斟酌。

五、研究结论

经过这个研究过程，我们对促进或制约H老师成长的因素有所了解。

（一）在持续的磨课反思中获得成长

研究发现，H老师的“实践性知识”在这个过程中得到了较大发展，持续地针对同一个教学内容的磨课与实践行为，让H老师经历了集中的、反复的反思，这样形成的知识是基于经验而来的，换言之，在真实课堂中真实学生经验的情况下形成的课堂问题解决方案，才是有效的。教学时教师需要做的是什么？如何才能与学生有效地互动？如何抓住教学的生成点等。H老师的课堂实践对提高她的认识是很有帮助的，这种认识有的表现在她和研究者交流的话语中，有的反映在她后来的研究教学实验的教学行为中。

（二）促进成长的因素

1. 外部支持平台

促进H老师从职以来不断成长有着很多因素，例如，她个人的素质和多种能力，S老师的言传身教，她参与大学导师课题研究中获得的启发和帮助等。但在众多的因素中，H老师认为“S名师工作室”是她成长的基石。“S名师工作室”经常开展的教学活动，给予了她成长的脚手架，每位成员都热心地帮助她解决一些实际困惑，传授他们的切身经验。工作室就好像是帆，引领她不断成长。

2. 个人的努力

H老师个人的努力对她的成长也很重要。她在大学阶段，一部分学习是在中国画工作室完成的，这促成了她对传统文化的热爱。参加工作以后，她在设计方面的天赋因为学校中的一些形象设计以及活动宣传设计日益凸显。教学中，她经常琢磨一些教学细节，将新颖和独特的设计效果用于PPT课件设计中。

H老师的勤奋、勇敢和灵气，使她参加工作仅三个月就参加了区里的大教学比赛，多次承担别人不愿去“接”的公开课。正是这种初生牛犊不怕虎的勇气，使她在一次次的磨炼中认识自己，思考行动方向。在参与她原来导师的研究课题中，她总是较早地、有创意地完成阶段性的研究任务。工作后她所主持的市级青年研究课题进展得也比较顺利。

（三）制约成长的因素

H老师现在处于参加工作的第三个年头，按照休伯曼（Huberman）的理论，她正处于专业发展的“求生期与发现期”；而按照本纳（Benner）的理论，她正处于“新手阶段”。绝大多数老师在度过最初的职业新鲜感之后，会带着很多困惑和迷茫，或者流失，寻找新的工作机会；或者继续留下来到达随后的“稳定期”。研究发现，H老师的发展不可避免地存在着一些制约因素，如果不消除这些因素，她的进一步发展将面临瓶颈。

1. 理解理论知识

研究过程中，H老师能意识到一些教学观念，比如“以学生为本”，也会尝试一些具体的做法。但她还需要进一步学习理论知识，并且理解这些知识。将这些事实性的理论知识转化为如何去实践这些知识，要根据对象灵活运用。

2. 实践性知识的反思

新手教师看待问题的角度、解决困难的方法等，是与他们平时美术教学知识的实践积累密切相关的。“实践者只有从经验中学习，经验才能令专家知能得以发展，所以正是强大的学习动力与对经验进行反思能力二者的结合才是专家与新手的区别。”[①]很明显，H老师有不断反思的意识和行为，但还需要不断的锤炼。

3. 有待完善的评价体制

H老师的困惑和疑虑来自周围的环境和评价体制。各层各级的公开课展示活动向教师们描绘了什么是一节好课的范本，却也存在着在常态教学中难以接地气的难题。在经过近三年课堂教学的磨炼和多次的开课实验后，H老师积累了不少实践知识和经验，她的这种认识有些是符合公开课评课需要的，但与常态课教学本质却存在着一定的距离。

六、研究启示

（一）新教师需要团队的支持

新教师来到教学环境中，往往被看作一名专业的教师来完成教学任务。但新教师并不十分了解他所处的特定的教学环境和教学对象，非常需要他人在教师专业的经验传授和心灵支持。真正有效的团队能使新教师们觉得他们不是孤岛，他们只有与多种人打交道，成功合作，才能与其他教师一起“共舞”。

（二）新教师需要在经验的基础上反思

新教师在案例研究中积累的经验，或者说，新教师在亲身经历特定的课堂，研究特定的教材和特定的学生，并在此基础上形成的知识，是具有个人化的、隐性的知识，这可以促进新教师进行有效的反思和成长。

---

① 徐碧美. 追求卓越——教师专业发展案例研究[M]. 陈静，李忠如，译. 北京:人民教育出版社，2003:15.

（三）新教师需要开阔的视野

毋庸置疑，教师个人的努力永远是最重要的。这是促进个人成长的内在动因。但形成好的判断能力，学习好的经验，多元吸取中外美术教育和教学中前沿的研究成果是必要的，要锻炼眼力，学习真正优秀的东西。

第四节 返璞归真：乡镇美术教师美术教育生活画像

一、研究目的

本研究以一名乡镇美术教师从职以来在美术教育上的实践为例，审视的是本土化美术教育工作中美术教师的智慧和思考，探讨他是如何反映日常情况下的乡镇学校美术教育的生活场景与环境的。通过对这位美术教师以及他周围美术教师团队的观察，从乡镇美术教育工作现况探讨乡镇美术教师专业发展的重要性。

二、研究背景和假设

我国是一个农业大国，乡镇学校的教育，特别是美术教育在整个基础教育中最为薄弱。这则案例中的对象，生活在与上海接壤的县级市，是一位伴随我国美术新课程发展成长的美术教师。他所在的学校是城乡接合部的一所农村中学。本研究基于以下三点假设：第一，乡镇文化受大城市文化的辐射与影响，美术教师个人的教育背景和信念，在城镇差异碰撞的矛盾中，期盼获得身份认同；第二，乡镇美术教师开放的心灵以及对本土资源的热爱和责任，有助于凸显我国基础美术教育的民族性，对发挥美术教育的多样性起到积极作用，但本土资源的开发利用更需要创新；第三，乡镇美术教师在追求自身专业发展的过程中，尤其需要面对整个教育中美术学科发展的边缘化问题，如何在困境中发展、在支点中寻求平衡，是他们迫切需要解决的问题。

三、研究分段与方法

本研究以X老师个人生活的经历及其思考为发展线索，分三个阶段来阐述：第一，选择成为一名乡镇美术教师。X老师在个人经历的思考中，是什么因素促使他一步一步成为一名乡镇美术教师，有必要挖掘背后的意义；第二，努力做好一名乡镇美术教师。凭着向往，在成为一名教师之后，面对田园和诗意的乡镇校园，X老师角色再一次面临有效的、生态的专业发展难题，在困境中发展的X老师，是什么动力促使他扎根乡镇，又有什么深刻的意味呢？第三，在支点中寻求平衡发展。美术教师时常在学校整体发展规划而学科弱势的情形下求生，这种境遇在乡镇学校尤为明显。X老师在选择妥协的生存状态中发展了什么？

本案例研究持续一年半的时间，主要采用了问卷调查、访谈与观察以及叙事研究的方法。一方面记下X老师在乡镇美术教育工作中的实践，以此理清他所遇到的困境与思考、他的探索和研究；另一方面理解其中的意义，试图比较全面地解决一位乡镇美术教师是如何发展的疑惑。

四、研究过程

（一）选择成为一名乡镇美术教师

X老师在当地小有名气，有关他的报道基本都是从他的第二次择业开始的。他曾是市里一家知名广告公司的部门经理，收入颇丰。然而，2001年他通过当地面向社会的招聘成功成为一名美术教师，这改变了他的人生轨迹。他把这归于他儿时的梦想和老师的影响。他的老师冯其灿先生，曾就读于上海市行知艺术师范学校和华东师范大学中文系，做过小学老师和少年宫的辅导老师。喜好大自然，游历很多地方，有大量的速写、素描、剪纸、油画、国画及工艺设计作品留传于世。X老师因为喜欢学习美术，加上他母亲的支持，便拜冯先生为师并成了他的入室弟子。每每谈到冯先生，X老师总是有说不完的话题："除了上学，大部分时间都是泡在老师家里……照着帖子临摹或者画素描速写，老师有很多的学生，年龄不同……夏天的时候，老师总是早早地把蚊香点上驱赶蚊子，后来才知老师不能闻蚊香的味道……我每次到杭州时都到书店里买书，只要老师说的，看到后都会买下，也帮老师带书回去……"因为敬仰冯先生的为人和绘画的造诣，X老师走访了冯先生生前在上海的故居，感受先生的为人、体悟他的人格魅力。也许那一刻起，X老师就坚定了做老师，做一名像冯先生一样的好老师的信念。

X老师生活在一个素有“鱼米之乡、瓜灯之城、文化之邦”美称的小城。这里不仅有着浓郁淳朴的民俗民风，更有悠久的文化底蕴，文物遗存丰富。大到博物馆，小到小巷弄堂，都浸透着浓浓的书香气息。诗、书、画在有文化传统的家庭里占据着重要的地位，在这种家庭里成长的孩子，尤其是男孩，从小就耳濡目染，而在有着农耕社会传统思想的当地人看来，男性是承载文化责任，担当社会重任的主力。让男孩成为有文化的人是很多家庭的期待。传承文化、担当教育的重任自然就落在了男性的肩上，当地不仅中学而且小学里男性美术老师也较多，这或许是一个印证。

实现了梦想之后的X老师，是否与乡镇中学切合呢？正如《嘉兴日报》所报道的“X老师于2001年9月到GC中学任教，是这所农村中学有史以来第一位科班出身的美术教师。初见X老师，师生的担忧大于欣喜：X老师时尚的外表与GC中学简陋的校舍显得那么格格不入！他白皙的皮肤能与GC黝黑的泥土长期相处吗？”X老师如何迈出第一步的呢？

（二）努力做好一名乡镇美术教师

乡镇学校在美术教育上到底需要什么？学生需要什么？教师需要什么？这种需要有变化吗？带着这些疑问研究者开始勾画X老师初任美术教师的历程。

尽管X老师做好了充分的思想准备，但GC中学的校园还是与他的心理预期有很大差距。“宣传栏里，找不到一张漂亮的海报，看不到一幅美丽的图画。孩子们在黑白分明的教室里埋头苦学。这是一个被艺术女神遗忘的角落，这里的孩子需要艺术女神的抚爱！”[①]当时的学校没有一间美术教室，美术课也只是“数理化”课程的陪衬。如何让学生重新认识美术课，享受美术带来的乐趣是X老师踏上教师之路后首先面临的难题，同时，他也认识到这将是一段漫长而艰辛的路程。

一开始，X老师用他时尚的装扮以及言谈举止，让学生认识到艺术的熏

---

① 引自X老师一则日记。

陶可以使人透出与众不同的魅力，很快就有一批同学被他吸引，围绕在他的周围。于是他抓住时机，创造条件，自费将学校的一间杂货间装修成了美术室，也学着他的老师冯先生的样子，为那些开始对艺术产生兴趣的孩子补习、传授美术知识。在学校美术教学课程不能开足的情况下，美术兴趣小组成为传播艺术的一个窗口。

凭着热情和对艺术的热爱，从职最初的两三年，X老师的美术兴趣班中走出了许多在地市级绘画比赛中获奖的学生。但如何让更多的学生参与到美术学习中来，成为他接下来思考的问题。在GC中学的校园里，赵孟坚的塑像放在正对校门的显眼位置，这说明这位曾绘有《岁寒三友图》的画家在这里有着特殊的意义，X老师说赵孟坚的墓碑遗址就在学校后面不远的地方。赵孟坚的书画艺术自然就成为他最初引发学生学习艺术的切入口，但单纯的技法学习以及绘画材料的限制，难以引起学生更多的兴趣，如何寻找乡镇美术教育的突破口呢？

X老师是随着美术新课程改革发展而成长的一代老师，新课改的理念在全国迅速推广开来，也影响到了这个离大城市并不遥远的乡镇中学。X老师身处其中，认识到21世纪“读图时代”里，美术与其他学科和领域的融合越来越多，这可以提供更多解决美术教学问题的途径。带着三年多的美术教学经验以及对美术教育的思考，他尝试从美术课程中“综合·探索”学习领域寻找突破口。研究中他发现一般美术老师很少从“综合·探索”学习领域进行美术教学和学习：

“在实际美术学习中，很难把握综合的尺度，建立较为完善的活动体系……原因有三：①‘综合·探索’学习领域的内容以散点式结构呈现，内容丰富而多元，没有具体的重点，需要教师根据学生情况和学校状态来选择和组织，所以教师很难确定学习活动的主题和目标；②丰富的内容导致了课程资源的相对贫乏，这就需要师生花大量的时间和精力来收集资料、处理信息，教师如可选择，一般不作为重点去学习；③‘综合·探索’是一个全新的学习领域，无具体的经验和素材，在教学中更没有范式可以参考和假借，对教师的要求更全面、更综合，所以教师适应学习领域的探究需要一个较长的过程。”[①]

X老师在2004年6月开展的研究课“远古的呼唤”正是在这种背景下形成的。观看过这节课的一位美术老师这样评价他的课：“……这节课中X老师没有刻意对学生进行技能方面的教学，而是在努力营造一种教学情境……他通过收集各种原始材料、师生对话、故事、表演把学生推入到原始的生活情景，让学生体会在那样的生活中产生的美术文化……他不只是把美术看作技艺的传承，更是力图使学生体验和认识美术的文化内涵……但我觉得在让学生动手装扮进行表演时，方法过于单一……”[②]（如图4-6）

很多年过去了，这节课在学生的心中仍记忆犹新，在最近一次对学生进行的问卷调查[③]的过程中，有学生认为：“‘远古的呼唤’是一堂比较创新的美术课，让我过了一把设计师的瘾。我们利用一切可以利用的资源，像稻草、饮用水桶、花篮、布匹等，比较high的是，篝火这种元素也能用到课堂上……那个点火仪式非常震撼，好像那场熊熊火焰会一直印在心里。”

“远古的呼唤”一课是X老师成长道路上一次重要的经历，也是他理解美术教育的一个转折点。他的关注点开始不再局限于美术技能技法的习得，更关注在美术活动中体会美术教育的价值。有了这次挖掘，X老师对本土资源更加热衷，他把视线集中在乡镇人喜爱的毛线编织上。当地是全国著名的羊毛

图4-6 “远古的呼唤”给学生带来欢乐

图4-7 学生的毛线作品

① 改编自X老师的课后反思。

② 改编自谢娥老师的听课笔记。

③ 2011年3月，为配合课题研究，我们对已毕业的GC中学学生进行了“十年大美术学生问卷网络调查”。

衫生产基地之一，学生家中都会有长辈们编织时剩下的零头毛线或边角布料，让学生们准备这些材料并不困难，也不会有什么经济压力，一些编织的方法也可以向家人学习。经过师生的三年努力，以毛线为材料的艺术作品日益完善，内容涉及诗词、动物、水乡风景等（如图4–7），在当地文化部门举办的书画展中，这一系列作品让人耳目一新，在社会上也引起了不小的反响。

但X老师发现很多的男孩子对此兴趣不大。怎样才能让全体学生都能参与到美术中来，体验更多由美术带来的乐趣呢？他开始寻找一种适合的载体，在一次旅游中X老师偶然发现了用稻草做成的鸟窝十分精致，他突然意识到，平日里农村常见的稻草也可以做出精致的作品，便萌发了利用稻草进行创作的念头。真正促使他把目光投向稻草，投向这种基本不花钱、农村家家可见的廉价资源，是来自他的学生给他的启发，从而将他推向了大美术教育，走特色美术教育的道路。

“几年前，我的学生陈燕用布鞋做了个西瓜娃娃，得了一等奖，给我启发很大，之后我们渐渐地向乡土美术创作靠近。2005年年末的时候，我们开始弄稻草，陆陆续续做了很多。最早做的是“草船借箭”，理念源于大家耳熟能详的《三国演义》。后来，奥运主体育馆的造型公布了，是鸟巢，于是，我就布置学生们做鸟窝，当我看到那些形态各异，玲珑精致的鸟窝时，我喜出望外，于是我坚信，追寻着这样一种淳朴的感觉可以走得更远。稻草成了我们创作的载体。”①

此后，X老师对稻草的热情一发不可收拾，为了解学生对稻草的熟悉程度，X老师做了“我身边的艺术作品”普查。2008年奥运会前夕，GC中学策划“金方圆迎奥运”大型美术活动。通过学生的作品，采集当地柴扶囤（米囤），感受人与人、人与家庭之间的真情，携手使柴扶囤（米囤）成为新农村的中国（乡土）元素，并对活动形式和活动内容做了具体的要求：学生利用课余、双休日时间，请教身边的人（爷爷、奶奶等），认真学习，好好收集有关资料，准备整理美术日记。在整个活动过程中，学校还专门请来老艺人，带领学生编织了大大小小的一百多只米囤，以这种方式将乡土文化和

---

① 引自X老师《稻草非草》一书后记。

迎接奥运结合起来。最后，学校在校园操场上展示了学生的稻草作品。由此，在学生对稻草的制作有所理解之后，为了使学生用稻草进行美术创作不只是停留在表层上，X老师在美术课堂上，又给学生布置了用稻草来创作“鸟巢”的作业。（如图4-8）

图4-8 学生作品《鸟巢》

在采访当地学生时发现，他们都非常喜欢这些美术活动，喜欢这种自由的感觉。因为在他们看来，作为农村的孩子，编稻草是最熟悉不过的事，就像玩一样，很有乐趣。但今天在乡镇里成长的孩子已不同于过去，不同于他们祖辈们劳作的生活状态，并不熟悉一些传统工艺，七年级（六）班的陈同学在《我的稻草日记》中曾写道：“X老师和我们一个村的几个同学一起到我爷爷家向他讨教草编的手艺……爷爷给我们示范了编草鞋的传统技艺，还手把手地教给我们草编的要诀。”[①]通过这些美术活动，学生对美术的认识有了一些变化。“一开始，我觉得用稻草做东西很可笑，在我的字典里，‘美术’就是涂鸦的艺术，可对于今天的我来说‘美术’却是如此神奇，它除了画画还有综合材料的运用，以及摄影等。”[②]

X老师和他一届又一届的学生在探索用稻草创作的过程中，创作出了不少的作品，有高大威武的骏马，也有小巧细腻的射击人，有历史故事《草船借箭》，也有现代装饰品《小草壶》……当地新闻媒体多次报道X老师及他

① 节选自纪录片《我的稻草日记》(http://wtj.pinghu.gov.cn/wenhuaguangchang/index.php.page=13)。

② 同①。

的学生利用乡土资源进行美术创作的奇思妙想，称赞X老师的教学方式很特别，不是一板一眼地教学，而是鼓励学生们尽情发挥自己的想象力，随性创作。就这样，以稻草为载体的艺术创作活动，在2009年的时候有了新的发展空间——在上海证大现代艺术馆的"超超市"，X老师和他的学生为上海市民开展了一场关于稻草艺术的工作坊活动，学生们将从乡村老艺人那里学到的基本编制方法，融合进自己对稻草创作的理解，同时将这种融合教给观展者，并与之互动交流。学生的热情和淳朴以及稻草作品的清新气息，给城市带来了一股乡村韵致。（如图4–9、图4–10）

图4–9 学生为展览做准备

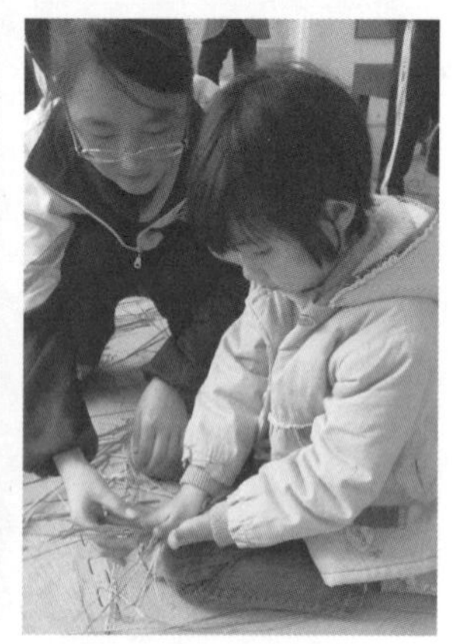

图4–10 学生在做稻草艺术工作坊活动

当我们对毕业生进行"十年大美术"问卷调查活动时，参加过证大稻草工作坊的谭同学说："最让我难忘的是'证大美术馆'活动，它与美术课堂不一样，非常兴奋。那天我们很忙，一到那里就开始忙着布置，然后还教参加活动的小朋友们编草绳，看到他们也能自己编出草绳，我很有成就感。”这种美术学习活动对学生的成长影响很大。这位农村中学美术教师把自己对美术教学的创新式的理解和实践理念，从农村那一点，那一处，一步一步地扩散，在农村普通且随处可见的材料，在X老师大美术思想观念下，变得富有生机和创造力。

在X老师从职第6个年头的时候，他以行动见证了他所在中学的美术教育的成长，从美术兴趣小组到美术课堂教学，再到课外大美术教育的实施。从乡镇学校的需求、学生的需求出发，探寻并运用身边的美术资源进行美术教育教学，在一定程度上实现了他的理想，也证明了自己的价值，获得了学生、学校乃至社会的认可。

美国教育家艾斯纳在分析前人对审美偏好和人格的研究时认为，一个人的日常生活和学习方式，会形成特殊的智慧。X老师这种美术课堂之外的活动方式，可以让学生寻找新奇、处理繁杂，在提供的不寻常的秩序中获得感性和智慧的敏锐。这样的活动拓宽了美术学习的范围，使乡镇学校的学生突破了环境局限，充分发挥了乡镇环境的优势，变不利为独特，促进了学生思考能力与创造力的发展。

（三）在支点中寻求平衡发展

X老师对美术教育的做法成了当地报纸、电台报道的素材，奖项和荣誉也接踵而至。他的学生和稻草作品成为宣传本土文化的象征。这似乎是对他从职9年以来的回报。我们比较几年来学生作品时，发现内容和形式上大体雷同，在体积和气势上也缺少了点什么。2010年6月我们去学校考察时，亲眼看到了那头伫立在校门口的近2米高的草扎马，这匹标志性的马已没有了英姿飒爽的模样，头部有些破旧，躯干上的草也散落悬挂在那里，好像只有那高昂的架势在向我们述说着它过往的辉煌。普通的校园里看不出与其他乡镇学校有什么不同，空气中弥漫的是正值升学考试时独有的味道，偶尔走过的是其他教师匆匆的身影。我们在校园里漫步，头上飘过的一两滴小雨竟然让人觉得有些冷清。

“这块草坪其实有些浪费，要是能在校园里种上水稻，我们就有自己的制作材料了……”走在校园里，X老师对我讲述了他下一步的行动计划，“这里原来也是块空地，你现在看像是茶座……还没好，还没好，先要把地方占下来，接下来可以做事。”学校传达室旁的草棚下，摆着用三四排竹子做的座椅，旁边有一间15平方米左右的储藏室，室内一侧货架上零散地摆着些草编的鞋子等，货架旁有一些制作工具，X老师还给我们演示了农民是如何利用这些工具编制草鞋的。房间尽头堆着些备用的稻草，还有一个大大的稻草人站在那里，有些空荡荡的。“我们这里还是讲究升学率的……”从X老师欲言又止的语气中，看得出他喜忧参半。

为了更多地了解当地学校美术教育的情况，研究者跟随X老师一起参与了当地美术名师、学科带头人的课堂研讨活动。这次活动在当地另一所乡镇小学举行，大约有60位美术老师参与了两节小学美术课堂的观察与研讨。富有意味的是上课的同样也都是男老师，而且其中一节课的内容也源于当地文化。整个课堂观察活动中，X老师说话不多，一节课结束后就发现他被学生包围其中，他在与学生交流这节课的感受。“农村的孩子总是有点腼腆，不跟你交流的，我就用相机拍他们的作品给他们看，他们被我吸引了，也愿意跟我说上一两句……龙这个题材有点大，龙是不能随便被惊动的，没有稻草那么普通……”X老师似乎从侧面在向我证明他那种对稻草质朴的情感，以及对同行美术教育理解上的评价。

我曾询问过X老师在课堂上使用教材的情况。X老师认为美术教材中很多内容对农村学生并不适用，也不现实。“不过我们这里也有优势，过去都羡慕城里的资源，现在他们都要到我们农村来挖掘资源了。”我在X老师与另外两位老师一起工作的、大约七八平方米的办公室里，见到了他的徒弟，现在学校的美术课她上得较多，X老师在学校里更自由些。“我感觉我们2006年以前的作品是自发自觉的作品，现在是为了完成任务……好像被打回原形了，农村美术教育实在不易。我觉得从下到上很难，但能保持原汁原味；从上到下很快，但只要结果无须过程，这就存在着‘有和做好’的矛盾。我现在也只能在妥协中求生存。农村初中美术是弱项，不是中考科目，我们学校算‘重视’的，是美术老师拼命做出来的……”①

X老师还有个雄心勃勃的计划，要做“农村十大学生”的研究。他认为

① 根据访谈整理。

农村的学生能学习美术非常不容易，有很多的困难，比如家长和学校不支持学习美术；学生可读的书有限，很少有机会外出参观；学生学习美术的时间不多，学生找不到学习的目标等。这可以反映出农村学生美术学习现状中的一些特征，也是乡镇地区或者整个社会对美术学习态度的一个影子——美术学习对孩子将来的发展作用不大，因此，学校美术学习很多时候就成为貌似繁华的摆设，越是这样，学生、学校、社会就越不容易对美术教育持一种健康积极的对话心态，这也许是乡镇地区实施美术教育最大的障碍吧。尽管困难重重，问题不少，X老师依然憧憬着未来。

对X老师支离破碎的印象，以及道听途说的见闻在研究中有了落脚点。同时，对X老师构建了更深入的画像：X老师的学生学习和认识如何？他们在向谁学习？目的是什么？乡镇美术教育仅此就可以了吗？通过查阅当地地方志，文化渊源以及民风、民俗等文献，在不断梳理思考中，X老师的成长历程逐渐明朗。（如图4–11）

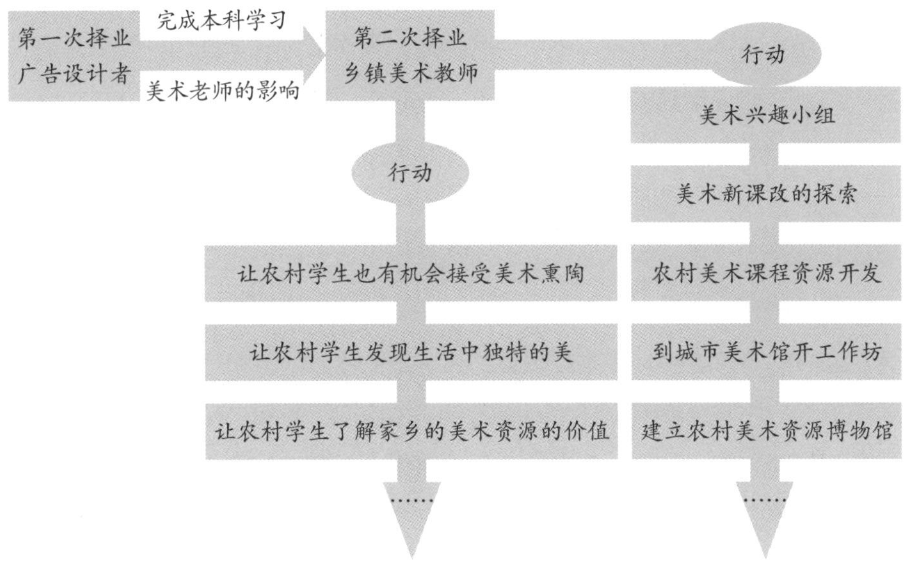

图4–11 X老师专业发展道路上的信念与行动

五、研究结论

（一）美术教师职业身份获得认同

探索X老师9年的发展轨迹，可以看到他对美术教育理解的变化，大致有三个阶段：一是美术兴趣小组教学阶段，主要是传授美术学科门类的一些技能、技法等；二是综合探索教学活动阶段，教学和学习开始转向美术与情感、环境的融合，结合更多学生的兴趣来进行美术教育；三是大美术教育活动阶段，开始将美术与本土文化、本土资源联系起来。从中我们可以解读出X老师对美术教育的思考轨迹：从美术本体到美术教育的本质认识的变化，从具体的美术技能、技法转到探究美术与本土文化结合的层面，而且越来越宏观。他从美术兴趣小组教学开始，就得到学生的认可，当学生的美术作品多次获奖以及后来的稻草美术活动，X老师获得了社会较为广泛的认同。

（二）开发本土资源需要创造更多可能

X老师的稻草美术教育至少有三点值得称赞：第一，这种内容是活生生的不是僵死的；第二，是与学生熟悉的周围生活世界有关联的，而不是孤立的；第三，他采用贴近农村学生心理与美术发展的教学方法进行教学。正因如此，X老师才能将他的美术教育以简单直接的方式传播到学生中间，辐射到学生的家庭，以寻求农村美术教育生根的土壤，这是动态的、经验的，也可能是生成的。这是美术教育在乡镇地区处于更为弱势地位下的一种对话的心态。有研究者认为“本土知识是特定生态环境中的关系网，包含每一知识体系独有的语言范畴、规则和关系，具有本土化的内容和意义”。[①]也许《我的稻草日记》可以反映出学生一定的学习和认识，使他们在对本土文化的热爱和传承中培养一份自豪和自信。但美术作为一种文化的学习，在当今的时代更需要什么呢?

① [加]凯瑟琳·马德基德（Katherine Madjidi），让-保罗·罗斯托尔（Jean-Paul Restoule）. 本土的认识和学习方法:比较的视角[A]. //许美德等. 比较与国际教育导论:教师面临的问题. 徐辉，王正青，译. 北京:教育科学出版社，2009:74.

X老师的做法也有一些不足，他理解的稻草艺术仅是从承载本土文化角度的一种可能性的开发，例如，造型上，如果稻草是X老师认为的一种创作材料的话，对于这种材料可以生发的多种可能性，也许X老师还没有充分考虑到。尽管X老师可以想到稻草能创作许多立体的造型，但这些造型多是从具象角度出发，或是对原有农耕文化的一种意义解读，或是对历史文化的一种示意。如果要继续深化这种材料与当代学生所关注生活的相关性，仅此还不够。如今乡镇的学生，尤其是离大城市不远的乡镇学生，与城市的孩子并非天壤之别，他们共处于资讯瞬息万变的世界，他们所关心的已经与城市的学生没有太大的不同。如果X老师能从学生的生活角度、美术的本体角度、学校的校园文化角度等多做一些创新的思考，我们可能会看到更多精彩的乡镇美术教学成果。也许我们会看到学生用这种材料来解读经典美术作品、解读他们关心的流行文化生活，也可以看到这种材料与其他材料的相融和互动。因此，接下来更重要的恐怕就是如何回归到校园，如何让学生对本土文化的理解在当今时代具有新的意义，建立真正意义上的校园和社区环境的链接。

（三）乡镇学校美术教师专业发展需要更多智慧

或许X老师已成为他所在学校的一张名片，一种象征。因此，此时的X老师有很多的发展机遇，同时也面临着更多发展中的困境。一方面，他需要在学校整体的发展计划中找准自己应有的位置；另一方面，要尽可能地作为美术教师在自己的职业发展道路上走得更远。这需要X老师的智慧，更需要他对美术教育有深层次的理解。

六、研究启示

（一）乡镇美术教师时常处于矛盾状态

通过观察与研究，我发现X老师身上凸显出乡镇学校美术教师的矛盾性：第一，身处乡镇社会文化环境之中，美术教育很难突破乡镇社会对教育的群体认识和价值标准的视野，美术教师面临学科发展与教育取向的矛盾；第二，挖掘本土资源用于美术教育，是农村美术教育发展的有效途径之一。

本土资源也是农村地区美术教育得以发展的一个载体，可以在乡镇群体熟悉的文化和材料中获得集体认同。但认同之后如何持久发展，就需要更多的创新以及美术教育者开阔的视野，这往往也是农村美术教师难以化解的一个矛盾；第三，乡镇美术教师应该何去何从，在理想与现实之间，经常会处于职业发展的瓶颈状态，这或许也能反映出我国整个农村美术教育中美术教师的群体矛盾状态。

在这种矛盾性之下，一方面，乡镇学校美术教师希望获得其他人对他们职业身份的认同；另一方面，也希望有同等的发展机遇和空间。乡镇学校美术教师作为真实的、具体的"人"的存在，不仅需要其他群体对其教师角色的认识，也需要他们自我心理上的认同。也就是说，乡镇学校美术教师更需要人们对其生存状态的关注及对其职业价值的认同。

（二）乡镇学校美术教育需要有自己的定位

乡镇学校美术教育需要什么目标？美术课程传播具有怎样的意义？利用本土资源是否可以达到美术教育的宗旨？换句话说，"教育实践涉及要达至某一理想的目标状态，因而它要依赖于一种较大的价值观母体来确认它所运行的方向并为之辩护"。[①]或许借助本土文化与资源进行美术教育就是一把双刃剑，如何寻找那个恰当的平衡点是关键。学校的意识形态引导着学校的职能。乡镇学校美术教育需要从多种层面对美术教师有比较全面的认识，从而做出恰当的定位。同时，乡镇学校美术教育的发展需要和社区相融合，并通过这种形式，实现美术课程传播的价值。

（三）乡镇美术教师需要专业发展平台

乡镇美术教师，因为身处的环境因素，具有一些群体特征，比如在学校中地位一般不高、专业发展的机会相对较少、自身的专业知识结构有待完善等，与大城市美术教师相比，少一点科技信息和视觉流行前沿的熏陶，多一份淳朴和本土文化的厚重。乡镇美术教师的发展更需要团队合作，多方支持。乡镇美术教师更需要反思和研究。

---

① [美] 埃利奥特 · W. 艾斯纳. 教育想象——学校课程设计与评价 [M]. 李雁冰，主译. 北京:教育科学出版社, 2008:47.

[第五章]

167 我国美术教师专业发展团队路径研究

美术教师专业发展离不开团队，良好的集体合作氛围和积极向上的环境以及专业发展机制与保障措施，可以使美术教师获得更快、更好的发展。这里选取的4则美术教师专业发展团队路径研究，是基于不同地区、不同经济发展水平、城乡差异等诸多因素的考虑，力图能较为全面地反映不同模式的团队专业发展方式。

我们以学习共同体、城乡一体化、持续的学习、分层式发展等4种模式分别代表4种类型的团队专业发展路径，案例分别来自上海、浙江、深圳和云南，代表着城市中心区、城乡接合部、发达地区和欠发达地区。通过研究重点解决如下问题：团队中不同层次美术教师之间的合作和学习的方式与机制设计；实现城乡间美术教师的共同发展；突破发达地区教师职业倦怠，提升教师持续发展的动力；兼顾地区间师资不足、专兼职教师多元多样化发展等。

第一节　学习共同体："美术名师工作室"式美术教师专业发展有效途径

一、本案例研究背景与对象选择

一线的美术教师都希望在自己的教学生涯中获得持续发展，能不断地从鲜活的日常教学中获得新知，增进对学生、学校、课程、教学方法的理解，同时，他们也希望能与其他教师在互动中学习成长。对于一线教师专业发展来说，进行有效学习的途径也许各不相同，例如，以学习者为中心、以知识为中心、以评价为中心和以共同体为中心，但获得有质量的学习经验促进良性发展才是关键。

上海市普陀区自2007年起就实施"名师工作室"制度，以促进教师的专业发展。这在我国基础教育领域尚属前列，它与"师徒相传""师徒带教"方式不同，工作室由领衔人与学员共同组成，领衔人由资深教师担任，工作室学员须通过选拔而成。工作室活动的重点在于专业引领下的同伴互助和个人反思，营造出和谐的学习氛围，以促进在职教师教育的有效性。

“美术名师工作室”制度逐渐成为一线美术教师专业成长的新途径，是一般教研活动的补充和深化。它营造共同学习的环境，谋求学员的共同发展，这种机制更接近于构建一种“学习共同体”，以吸引美术教师参与教育研究和实践，建立合作的同伴关系。研究“美术名师工作室”的目标、活动方式、内容、学员成长等，可以探究其内涵、意义及其有效性，为美术教师团队专业发展提供借鉴和参照。

二、研究内容与研究方法

本案例研究基于以下假设：第一，学员们可以分享各自在教学和课程开发方面的成功和失败经验，并获得专业发展；第二，学员们围绕共同主题做深入学习，“在相同的学习环境中，通过参与、活动、反思、会话、协作、问题解决等形式，建构一个具有独特文化氛围和情境的动态结构。”成员之间在共同主题研究中合作和对话，能获得专业发展；第三，可以提供一种“有意义的学习”，帮助教师形成批判性思考，不断获取信息，解决问题，反思和改进自己的工作，从而创造新的想法或解决方案。这种高效的学习方法，可以帮助教师应对困境，培养他们适应未来社会和工作所需要的复杂知识和技能。

本案例通过文献研究、调查研究、访谈、活动参与等，围绕“S美术名师工作室”的背景和内容，研究工作室以何种方式进行活动？以何种方式和途径分享教学和课程开发的经验？以共同主题项目深入学习的方式可以解决哪些问题？不能解决哪些问题？又有什么优势和不足？在这种学习中，什么是需要进一步深入去做的？为什么？如何形成有意义的学习？这些对美术教师专业发展有什么启示？等等。

三、研究过程

（一）“学习共同体”的界定

1. “共同体”的由来

“共同体”（community）一词源自于德国学者滕尼斯（F. J. Tonnies）采用的德文“gemeinschaft”，原义指“共同的生活”。他认为个体与个体在一个基于协作关系的有机组织中会形成更加强有力的、结合得更加紧密的关系，于是他用“共同体”来强调人与人之间的紧密关系、共同的精神意识及特有的归属感和认同感[①]。换句话说，就是在同一种社会关系中形成个体的信念和价值观，以某种群体的活动显示其存在[②]。人与人之间在经过较长时间相处后，会形成一些共同观念或习惯，彼此之间有一种相互依赖，以实现一些共同的目标，这样就达成了一个共同体。

2. 本研究中“学习共同体”意指

“学习共同体”的概念，从研究开始就主要关注的是学生、教师和学校之间的关系，以学校环境为对象，是对校园内正规教育的一种改革。这里，将“学习共同体”的概念用于研究教师专业发展的学习型组织，原因有二：一是“美术名师工作室”是一种关于教师学习与研究的组织机构，是教师通过学习与研究获得专业发展的一种形式，符合学习共同体的形成特点；二是在“美术名师工作室”的环境下，学员教师、领衔人（资深教师）和教研基地之间，可以围绕共同的主题，分享学习和教学研究，在实践中实现共同的目标。因此，这里的“学习共同体”是指在学员教师、领衔人及教研基地之间营造的学习环境，探究它的内涵和意义。

（二）“S美术名师工作室”背景与内容

目前，在教师教育和专业成长领域中，各种教研、培训、课题研究、师带徒等传统方法被广泛运用，研究者也开始关注这些方法的有效性。而“名师工作站是近些年出现的教师教育的新形式，最早公开出现于2002年的上海，宝山区教育局命名了首批18个名师工作室，其领衔人都是优秀教师的代表，目的是希望以此发挥名师的示范、带头和指导作用，组建形成优秀教师群体，减少单兵作战的劣势……随后，北京东城区、重庆北碚区、杭州上城区、昆明市五华区等城区都相继开展了‘名师工作室’的尝试。”[③]“S美

① 朱建军. 写作共同体建构：中学写作教学的有效策略[J]. 全球教育展望，2010（3）：90.
② 肖丹. 教师尊严的内涵及性征厘定[J]. 天津师范大学学报（基础教育版）.2009（3）：23.
③ 全力. 名师工作室环境中的教师专业成长——一种专业共同体的视角[J]. 当代教育科学，2009（13）：31.

术名师工作室”也是在这种背景下应运而生的——上海市普陀区教育局为进一步加强教师专业化建设，加快形成一支在全区学校教育教学领域中有成就、有特色、有创新的专家教师队伍，评聘中学高级教师作为学科带头人，实施学科带头人工作室。被评聘的领衔人必须“道德高尚、教学有方，具有较高的教育教学科研能力，勇于探索和创新，教育教学成绩优异”[①]的资深教师。这为打造一支高素质教师队伍，推进教师专业发展提供了良好的机会。“S美术名师工作室”是当时平行学科中唯一的一个美术名师工作室。

1. “S美术名师工作室”学员教师选拔标准

自本研究开始，“S美术名师工作室”已连续了两期，这里主要考察的是第二期的学员教师专业发展情况。学员选拔由教师自愿报名，按比例录取优秀教师。在选拔时，一方面，注重学员在美术学科知识领域要有一定的专业视野和素养，在美术教学方面要有一定的教学实力和课堂经验；另一方面，更重要的是要求学员教师有热爱美术教学、爱岗敬业的教师专业精神。第二期学员教师共8人，分别来自小学、初中、高中和职校。

2. 工作室活动内容与策略

“S美术名师工作室”基本活动方式是任务驱动，在本期工作室所规定的时间内，进行有分段、有重点的学习内容和策略安排（如表5-1），采取丰富多彩又有针对性的学习研究方式，突出了“学习共同体”的特点。首先，每周在固定时间开展活动；其次，明确不同阶段的学习目标，布置适当的学习作业；再次，聚焦课堂，从先进的教学理念到有效的教学行为，提高教学水平和教学质量。

在第二期工作室活动期间，领衔人以工作室名义向普陀区教育局申请立项“改进中学美术教学的艺术范例和课堂微观技术研究”，成为工作室研修的重要环节。该项目也成为工作室“合作共进——实践反思——个性发展”研修模式机制的重要组成部分，工作室的研修活动与课题研究同步开展，并推进课堂教学有效性的研究。

①普陀区教育系统教师队伍建设四年行动计划（2007年—2010年）。

表5–1 “S美术名师工作室”学习内容与策略分段表

<table>
<tr><td colspan="2">项目</td><td>第一段
（2008.3～2008.5）</td><td>第二段
（2008.9～2009.6）</td><td>第三段
（2009.9～2010.6）</td></tr>
<tr><td colspan="2">学习目标</td><td>从先进教学理念到有效教学行为</td><td>培养教师教学实力和艺术素养</td><td>开展解决实际问题的教学研讨</td></tr>
<tr><td colspan="2">学习特点</td><td>学习思考阶段</td><td>实践反思阶段</td><td>研究提升阶段</td></tr>
<tr><td rowspan="8">学习活动开展形式</td><td>听课评课</td><td>2次</td><td>28次</td><td rowspan="7">专题项目研究</td></tr>
<tr><td>理论学习</td><td>1次</td><td>10次</td></tr>
<tr><td>课题研究讨论</td><td>2次</td><td>8次</td></tr>
<tr><td>领衔人教学示范</td><td>0次</td><td>1次</td></tr>
<tr><td>观摩交流</td><td>2次</td><td>6次</td></tr>
<tr><td>专家报告</td><td>4次</td><td>6次</td></tr>
<tr><td>领衔人辅导报告</td><td>1次</td><td>2次</td></tr>
<tr><td>其他</td><td colspan="3">美术专业技能交流、PS实用教程学习、教学工作和艺术活动交流。</td></tr>
<tr><td colspan="2">学习重点</td><td>研读理论书籍</td><td>校本研究</td><td>微观问题研究</td></tr>
</table>

3. 工作室活动特点

从工作室的活动内容和策略安排上可以看出，该工作室活动有如下几个特点：第一，以丰富多样的学习活动形式，给学员营造多元的学习环境和空间；兼顾理论学习和实践、与他人互动和分享、专家和教学实践问题的联结和思考；第二，以项目研究推进学员学习和思考，在具体的问题和任务中模拟和实践，对身边教学场景中真实问题进行观察和研究，积累实践性知识；第三，整合各种人力资源拓展学员眼界，体验不同身份背景的专家学者对相似问题的看法，以激励自我思考。

显然，这是一个带有自我教育意味的学习型组织，有较好的系统，活动安排是有序的。其有效性程度如何，还需要通过具体活动做深入剖析。

（三）“S美术名师工作室”活动剖析

1. 创建共同主题

学员在共同主题的学习中，都能参与到分工明确的任务中，相对于教师个体独立学习来说，有利于培养他们的社会适应性，提高学习效率，使他们在共同关心的主题下，获得对自我身份的认同，加深对日常实践问题的理解，同时，给他们提供更多的锻炼机会，改变美术教师“单打独斗”的状态，走出孤独和心灵困惑，在工作室的环境下寻找到一种归宿感，以及在集体中共同发展的力量。

如何创建有效的课堂教学是“S美术名师工作室”关心的问题，领衔人S老师认为课程实施是提高教学有效性的关键环节。于是，他以“改进中学美术教学的艺术范例和课堂微观技术研究”作为工作室共同研究的主题，从改进教学模式开始，以艺术范例为载体，重点探究课堂微观技术，学会用技术解决问题。（如表5-2）

表5-2 艺术范例和教学细节研究表（根据研究报告内容改编）

项目	艺术范例			教学细节	
特点	选择学科材料的典型性、范例性			课堂微观	
分类	校本教材	教学参考	教学实施	课堂	活动
形式	主题、单元教材、模块设计	导入、实施、评价、活动、媒体使用	以“艺术范例校本教材”为载体	展示课	基地学校艺术活动
内容关注	学生生活热点话题、教学风格特点	每个教学环节策略	改进课堂教学效果	反思性教学实践、创造性教学设计	世博墙画、教师书画比赛
活动过程设计	研讨	研讨	教学设计、说课、试讲、听课、评课等	教学实录、课堂分析、案例研讨	参与活动

以项目学习的方法“它能加深问题界定，能促进学生运用论据来支持自己的观点，并且使学生在完成类似基于项目的挑战之后具备策划项目的能力，而这些正是在真实世界环境所必需的技能。”[①]项目的设计以及对过程中可能预见的各种情况，体现出“S美术名师工作室”领衔人S老师的洞察能力和多

① [美]琳达·达林-哈蒙德等. 高效学习：我们所知道的理解性教学[M]. 冯锐等译. 上海:华东师范大学出版社, 2010:9.

年教学经验与智慧的积累，但工作室成员各自的成长还需要他们在此项目的基础上踏踏实实地实施和体悟。

2. 书籍阅读和文献研究带来的思考

对于“S美术名师工作室”这个学习共同体内的成员而言，他们共同的实践活动、话语、工具资源构成了一个共同的学习环境。领衔人对理论学习规定了三条原则：一是要贴近美术教学实践，二是贯穿工作室的整个活动过程，三是通读、选读和精读相结合。一方面，S老师为学员们请来美术教育各方面的专家做讲座或报告，加深学员对美术新课程改革的理解，提高教研能力。另一方面，选择解读性和实用性的书籍，购置需精读的图书，要求学员边读边写心得，并进行交流。

（1）如何查找文献的突破

工作室学员H和M两位老师，在进行这个主题先期文献研究阶段，最初对如何查找文献，或如何找到适合自己的且对自己有帮助的文献感到无从下手，这一方面体现出美术教师在文献研究和检索上的薄弱，另一方面也说明这种研究性思考还没有成为他们日常教学中思考问题的常态。在工作室的集体讨论，听取专家文献查阅的指导之后，他们对如何查找文献有了点眉目：尝试用关键词进行查找，例如，以“范例教学”在中国知网上搜索出很多相关文章，但关于艺术教育的文献却寥寥无几，“顺着参考文献查找，能发现不少有用的资料……对文献像缩小包围圈似的再次输入关键词，如艺术或美术，进一步搜寻范例教学在艺术或美术教学中更确切的定义、解释。中途会遇到很多专业名词，查找这些概念，也收获不少。”①

（2）如何运用文献的突破

文献浩如烟海，良莠不齐。如何对搜集到的文献进行筛选，获得有用途、有帮助的内容，还需要磨砺判断力，从而能批判性地看待别人的观点。“S美术名师工作室”的学员，领取文献研究综述任务后，在文献研究过程中，激发了更多的思考。

---

① 缪蕾的工作室小结。

有学员在阅读《范例教学思潮新论》后，提出一个问题："信息社会和知识爆炸时代，如何在不增加学生负担的情况下将日益更新的知识传授给学生?"教师在教学中扮演的角色是"引导学生主动发现学习……学会'迁移'。要注意发现概念、原理的相同、相通之处；注重学习方法的总结，即在学习过程中注意掌握那些具有规律性的解决问题的方法，广泛地积累各方面的学习经验。"文献研究的过程，也是学员们对照自己的实践提出问题，尝试解决问题的过程，提供他们结合真实世界进行思考的空间。

有学员在阅读《范例教学论与美术课程设计》后认为："整篇文章共阐述两个观点，即范例教学对于美术学科的思想内涵、范例教学与美术课程设计的关系。我认为后者的观点是值得借鉴的。文中将美术教师界定为国家美术课程标准、教科书与美术教学之间的中介。的确，要理解课程并实施运用到教学中，需要美术教师发挥整合作用。所以，实践课程应更多关注课程的微观层次研究……作者认为'当美术老师能够真正地进入美术课程的宏观结构和微观结构设计的时候，学校美术教育的变革力量才可以说是真正的崛起。'然而，美术教师如何既不脱离美术教育的现状，又能体现与时俱进的、具有时代感的课程设计呢? 我仍然没有在文中找到答案。"从这段思考中可以看出，学员对文献的判断开始有了自己的探索视野，并非人云亦云。

学员们在文献研究综述阶段学到一些具体方法，并能从中获益。但就此文献研究来说还有些仓促，例如，文献选择的种类和渠道还比较单一。学员们也意识到"第一次做文献研究，难免有些找不到北，整理得也有些散乱。"

3. "艺术范例"研究中改进教学的案例

工作室利用改进美术教学的"艺术范例"和"微观技术"为研究起点，目的是想为美术课程校本化提供有效的实施平台。在"艺术范例"研究环节中有三个部分：校本教材、教学参考和教学实施。学员通过前两个部分的研究后，围绕可以用作范例的"艺术作品、艺术家和艺术事件"等内容，选择制作校本教材，并遵循两条原则：一是切合学生生活实际；二是体现教师教学风格。

学员从上述要求出发，各自根据自己的特长开发出7例"艺术范例"教学材料：世界遗产、泥时装、山花烂漫·蜂飞蝶舞、制版与拓印的情趣、身边的美术材料——海绵、戏剧脸谱的欣赏与创作、我们身边的美术场馆。那么，学员如何选择内容？从什么角度去组织教学参考？在教学实施上是怎么做的呢？结果如何？通过这个过程，学员们发现了哪些问题？对教学有什么感受，改进了什么？工作室起到什么作用？等等，我们选取一则案例进行具体剖析。

【案例剖析："身边的美术材料——海绵篇"】

教师Z在寻找身边美术材料进行范例教学研究时，受学生喜爱的动画片《海绵宝宝》的启发，运用他们熟悉的海绵进行多次尝试和实验，在上海书画版美术教材第九册第2课《宁静的冷色》基础上进行改进，开发出单元美术范例教学案例。

在教学参考研究环节，Z老师以"海绵拍拍乐"为主题，由浅入深地设计了三个教学内容（如图5-1[①]）。其中，前两个教学次主题分别为1课时，第三个次主题为2课时。同时，Z老师对教学的目标、重难点、教学实施列出自己的建议（如表5-3）：

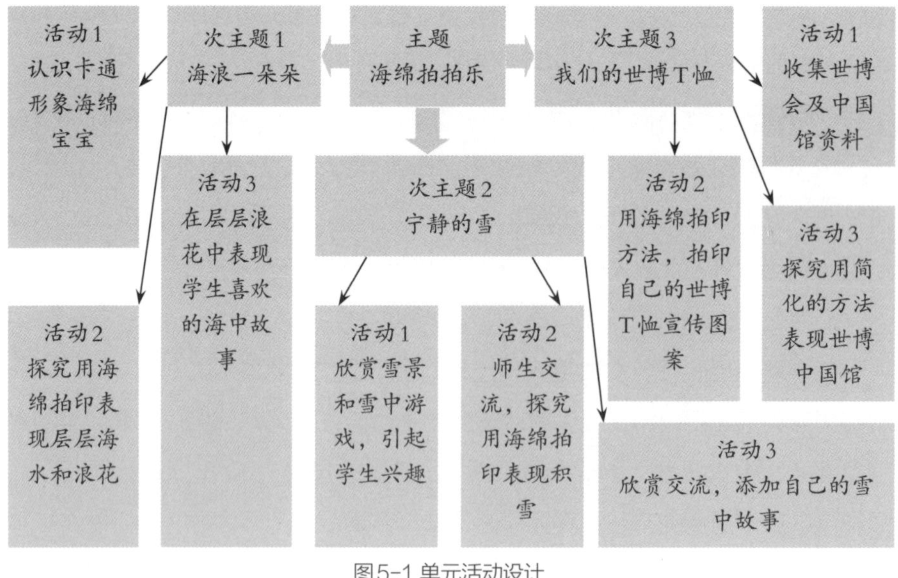

图5-1 单元活动设计

① 孙家祥美术学科带头人工作室. 改进中学美术教学的艺术范例和课堂微观技术研究结题报告[R], 2009:17.

表5-3 Z老师对教学目标、重点难点、教学实施的建议

<table>
<tr><td colspan="2">单元教学目标</td><td>知识与技能：认识对比色、暖色、冷色；感受对比色、暖色、冷色给人的不同感觉；尝试用海绵拍印与绘画结合的方法表现作品。
过程与方法：观赏画家作品，感受色彩带来的不同感觉，尝试用海绵拍印的方法表现作品，运用简化、概括的方法表现作品。
情感、态度与价值观：感受海绵拍印带来的乐趣，在创作表现中感受色彩带来的美的享受。用自己的作品表现情感和思想，装饰生活环境。</td></tr>
<tr><td colspan="2">教学重点、难点</td><td>重点：用海绵拍印的方法表现层叠的海面；运用冷色配置的方法表现雪中发生的故事；用原色拍印出不同色彩倾向的间色。
难点：用层移拍印的方法表现出海水；感受雪的意境，用撕纸拍印的方法拍印出层层叠叠的积雪；用镂版拼贴的方法拍印出世博中国馆形象。</td></tr>
<tr><td rowspan="5">教学实施建议</td><td>教具</td><td>课件、范例及步骤图、丙烯颜料、废旧画报纸、毛笔、即时贴、调色盒、卡纸、T恤、衣架、实物投影仪等。</td></tr>
<tr><td>学具</td><td>丙烯颜料、废旧画报纸、深蓝色的作业纸、海绵、毛笔、即时贴、调色盒、卡纸、T恤、剪刀、一次性杯子等。</td></tr>
<tr><td>导入环节</td><td>1.从大师作品导入；2.从作品比较导入；3.从动手实践导入；4.从时政热点或者学生的生活实践引入。</td></tr>
<tr><td>中间环节</td><td>1.画材选择建议；2.“两纲”渗透建议；3.景物添加环节建议；4.拍印演示建议。</td></tr>
<tr><td>评价环节</td><td>1.平等协商的评价；2.有意义的画题；3.注重评价中体验。</td></tr>
</table>

Z老师不仅思考着范例校本教材和教学参考，还在教学中对自己的研究进行试验。例如，在第2个次主题“宁静的雪”的教学试验中，Z老师思考的是如何在35分钟课堂教学时间内，让学生认识冷色，感受冷色传达出的寒冷和宁静。Z老师通过大家还记忆犹新的2008年那场大雪，让学生用丙烯颜料、废旧彩色画报纸和海绵来表现积雪，并添加雪中景物来创作在雪中发生的故事。

剖析Z老师的课堂实验，可以理出以下几个步骤。第一步，比较古今中外三位大师关于雪的作品，让学生获得对画雪以及冷色可以表达出宁静感觉的初体验（如图5-2）。第二步，在学生看过2008年大雪场景图片后，Z老师在实物投影仪上演示提炼表现积雪的步骤：盖报纸、撕雪形、印积雪（如图5–3）。第三步，欣赏雪中的树，分析其特征，简化表现其外形。启发学生举一反三，如学生自己用简括的方法来表现小屋、小河、栅栏、雪人等。第四步，与学生一起分析他们已经创作的画面的构图和色彩，引导学生注意形式美法则。第五步，与学生观看2008年大雪场景和画面，让学生交流彼此难忘的感人故事。启发学生用简化的方法表现动态动作。第六步，作品展示与赏评，教师小结。（如图5–4）

图5-2 大师雪景作品比较（左：北宋 巨然《雪景图》，右上：吴冠中《北京雪》，右下：东山魁夷）

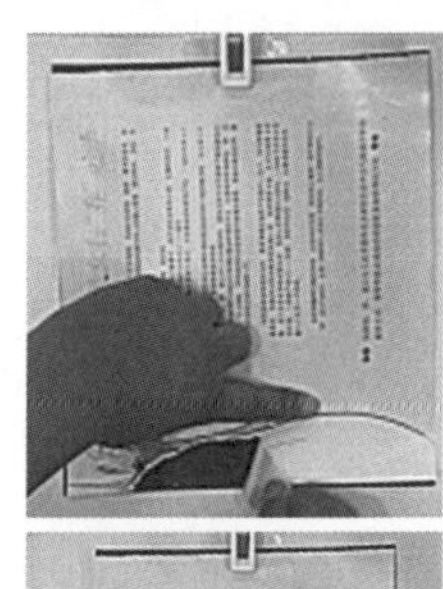

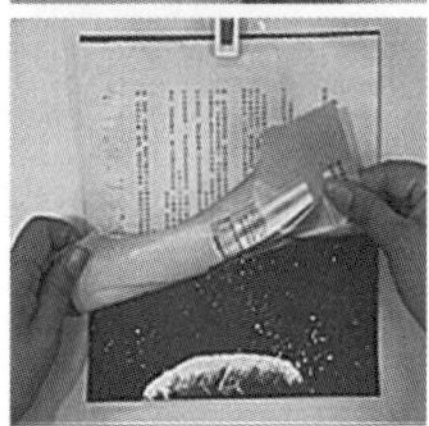

图5-3 示范过程

图5-4 学生作品展示与赏评

从上述步骤中可以看到，Z老师力求寻找“好的例子”“清楚的例子”以及“言简意赅的例子”，能注意到用知识的代表性和范例性，来提高教学的有效性。她在每一个教学内容设计之前反复斟酌，仔细推敲和试验，而在每次教学试验后都会及时地进行反思和改进。

通过整个范例教学探究和实践，Z老师觉得以海绵代替画笔，可以降低学生学习与表现的难度，可以激励学生将艺术应用于生活。同时，她还在思考一个问题：“能否从学生身边找到他们非常感兴趣的材料，来代替我们常用的美术工具，带着他们探索表现更富有趣味的美术作品？”参加工作室这个项目的研究，使她感到做每一个范例研究应该尽量全面和细化，做好范例的参考图片、说明以及多种导入及教学设计等教学资源，可以让自己在回顾反思时发现不足。

4. “教学细节”研究中课堂微观技术研究的案例

“对中小学教师而言，不能解决自身真实教学问题的研究，不能提升教学水平和提高教学质量的研究，不能促进自身专业化发展的研究，就不是真正意义上的教学研究。”[①]“S美术名师工作室”将关注身边教学场景中真实问题的研究作为切入点。他们认为课堂微观技术研究非常重要，技术和教学可以相辅相成，这里的技术是用来帮助教学思考和学习的工具，而对“微观技术”的研究能促进课堂教学行为重建和教师专业成长。但文献中用“微观技术”这个术语研究教学的不多，多数情况下是以教学细节来呈现。他们把对课堂微观技术的研究聚焦于课堂教学的细节和技术。在课堂的细节上，关注导入、过渡、板书、对话、观察、巡视、强化、情景创设、问题管理等具体环节；在课堂微观技术上，注重包括教学设计、组织教学、反馈与评价等过程的角度研究，以及教学过程中随时显露的教学智慧，对课堂资源的随时生成和巧妙利用，网络和多媒体等现代教学技术等。S老师认为每个环节都有其核心，如果环节之间缺少衔接，下一个环节必定无效。这是学员能基于教学现场的真实问题——“我”研究“我的教学”。在这个过程中，借助课堂录像转录成文字进行课例分析，并利用图像、照片、访谈和多媒体技术，开发出7个课堂微观研究视角：问题意识、情景教学、合作学习、自主探究、多元评价、探究学习和教学设计与组织，举例分析。

【案例分析：“多元评价 激励成长”】

G老师认为评价是非常重要的环节，但很难把握。他在自己的陶艺教学中进行了多次尝试，采用多元评价的方式，使教师不再是学生作业的唯一评判者。

【评价片段实录】

师：张原齐把最佳设计奖收入囊中啦。同学们同意吗?

---

① 钟启泉，崔允漷，吴刚平．普通高中新课程方案导读[M]．上海：华东师范大学出版社，2003:271.

生：不同意！

师：不同意，啊！那有谁，觉得自己的陶艺作品比他更棒？

生：我觉得我的最棒！

师：你认为你的最棒，棒在哪里？

生：它设计得好。

师：噢，你的设计棒在哪里啊？说说你的理由。我们请另外一位同学来发表他的意见。赵雨诗，她觉得这件作品最好，你同意吗？

生：因为它上面有盘扣，代表中国；也有个拉链。有拉链和盘扣结合，象征的是中西合璧。

师：有点中式服装的感觉，结合中国设计元素在里面，哎，介绍得不错！下面我们来评一评最佳装饰设计，你觉得在这些陶艺作品当中哪件是最棒的？

生：那个有龟壳的设计，因为乌龟寿命很长，代表万寿无疆。那个吊坠是中国道家的象征！

师：哦，你来补充。

生：如果在日本的话，乌龟是代表吉祥的，我这件衣服表示中日友好的意思。

师：想法很好！你用了贴塑的方法，还用了刻的方法，做工方面非常棒！再请其他同学说说。

生：我自己的，因为上面还刻了福字，而且还有的地方被抹平了。

师：抹平，哎！我觉得她这件确实是，在制作方面表现得非常好，就是很多地方都做得很平整。其他的陶艺作品多少都有一点裂缝，她心很细，做得很到位！同学们同意把最佳制作奖授予她吗？又不同意啦。我们班级的同学都很有个性嘛！

生：太死板了。

师：太死板了啊，两边手这么伸开，不生动，对不对？如果章心怡你再改一改，把你这个制作方面再做得活一点，不仅使之光滑，而且再让它弯一弯，喔！让它有点造型出来，这个制作奖就能拿到了。

好了，今天三个奖我颁不出，但是我觉得很高兴，因为同学们都学到了很多知识。了解了中国元素，了解了服装，了解了制作过程！

【G老师自我分析】

多元评价可以实现师生互动，激励学生参与教学；对学习热情高但技法掌握相对不足的学生，可以强调其新颖构思，对技法不足点到即止，以正面激励；对造型基础强的学生，可提出更高要求，促进其进一步提升；想象比知识更加重要。如本课中有位学生所制作的泥时装，在小小的衣扣设计上就大胆进行了创新，她不仅把盘扣等中国元素运用其中，也将拉链这种舶来品运用于同一作品上，暂不去探讨审美性和实用性，单就其敢于想象、突破的举动，教师就应先给予表扬。而实际上，这件作品本身的制作工艺性也十分出色，在装饰方面也得到了其他同学的好评。

这节课，G老师还把学生的表现过程列入评价之中，记入学生评价记录表（如表5–4），他把改变自己的教学行为与推动学生美术学习的热情联系起来，使学生得到快乐、轻松和愉悦，实现“学”的价值。从该表中也可以看出，设计良好的评价不仅对促进学生学习的成功很重要，而且对展现探究方法的好处也很重要。如果评价只关注传统学习的结果——对事实性知识的是非评判，不能引起学生更多的参与和探究。而当评价涉及知识的运用以及推理水平时，就突出了探究学习，能支持学生有益的互动，让学生在讨论的过程中获得有意义的学习。

表5–4 评价记录表

评价内容	自我评价	小组评价	教师评价	总评
学习热情				
学习过程				
学习结果				
问题与建议				
家长反馈				

（四）以“有意义学习”促进专业发展

“有意义学习”是美国认知教育心理学家奥苏贝尔（David P. Ausubel）所提出的。他根据学习材料与学习者认知结构中已有知识的关系，将学习分为机械学习和有意义学习。他认为进行有意义学习的条件有三点：第一，学习材料本身具有逻辑意义；第二，学生的认知结构中具备与新知识相联系的知识准备；第三，学生具有有意义学习的心向。这里“有意义学习”是指通过“S美术名师工作室”活动所营造出的学习平台，成为学员教师专业发展的有效空间。

1. 打开“有意义学习”窗口

“S美术名师工作室”是学员心底向往的“精神家园”，为他们打开有意义学习的窗口。教师L至今还记得工作室第一次活动的场景：领衔人S老师让每位学员进行5分钟的“自我表扬”——这种从未见过的主题发言，让他们从活动的一开始就树立起自信和做事的勇气。L老师在工作室活动的过程中，汲取着众多的教育教学讲座、论坛中的营养，在交流互动、听课观察中，她“不仅了解了各国不同的教育形式、我国教学发展现状，同时，也领略了那些在自己专业发展的道路上孜孜追求的优秀教师风采。”在研读理论书籍的过程中提升了教学智慧，通过反思帮助解决一些教学实际问题，享受专业成长的“愉悦”和学习的“幸福”。通过工作室的锤炼，L老师的研究也得以开花结果，她主持申报的“美术课堂中提高合作学习有效性的研究”项目，被确立为学校2008年度课题。①

2. 切入“有意义学习”空间

“S美术名师工作室”建立在朴实无华常态下，是对日常教学生活中所思所想的探讨和学习。从下面这则《美术工作室活动记录》可以窥见一斑：

【《美术工作室活动记录》】

时间：2008年4月8日（星期三）上午8:30

---

① 学习并快乐着，摘自李惟婧专业成长故事日志。

地点：中远实验学校美术陶艺教室

出席：S、X、M、X、L、H、L、I、Z、G、W 主持：S 记录：X

活动内容：

一、介绍嘉宾

区教育学院美术小学美术教研员W老师与四川都江堰来的H老师

二、S老师对听课有些不一样的见地，改成说课并加入开课时的一些录像，这样可以全面了解。

1. G老师说课

（导入）——手语的照片——手的结构、形态（应该是基本形）、比例——手也有表情（丢勒、门采尔的作品）——欣赏（结合世博会）——教师示范——学生作业——评价

亮点：教师示范后，让学生提意见，找错。G老师个人认为讲得太多。

2. 大家发表评论

Z：五年级的课对技法要求高，一般教师避开五年级，不敢开课，G老师的课纯粹是写实，难度高，当堂写生对学生帮助很大。建议事先拍照，这样可以有更多的临摹对象，手法也能多样化。在构图上，分析评价作业时可以点破。

H：不熟悉教材，但感觉整节课还是很有挑战性的，示范有自信心，素描的表现手法很显G老师的专业功底。

L：这节课的专业手法难度可以下降，在表现形式上不必拘泥于写实单一的手段，写实和抽象都可以采用，甚至于“涂鸦”，也可以尝试用漫画夸张的形式表现。分组作业时可以将“手的表情”做一个连续的情节串联，给学生一个合作的、自由的创作空间。

G反思：作业的指向性比较模糊，设计时想通过结构描写传达信息。

都江堰H老师：对写实的教法十分赞赏，可以让没有基础的孩子，或一点不会的旁听者都知道如何画手。

W：小学进入写实阶段，往往缺少写实手法，这样的课非常必要。35分钟内要求所有学生都掌握不太可能。示范方法可多些，作业时允许各种方式存在。

S：G老师上课时都从学生出发。重视学生听课时的气氛、引入和活动方式。G老师课件图片的选择非常好“引入”。每个环节的连接词都很自然。从写实的角度出发，归纳得很到位，示范得很自信，发挥了教师的专业特长。多元的社会背景下，告知学生可以有很多方法表现，作业也可以从多元的角度来表现。一个教材能否上出实际的作用，就看教师的示范是否具有学习性、可操作性。

研修活动记录表明，首先，学员都有自己教学的经验以及对教学的认识与理解，在观察课堂之后，再看录像回顾以及听说课，这个过程可以联系学员们已有知识和他人知识的相似和相异之处。其次，对同伴教学活动过程进行思考，结合自身教学体会，对一些具体的问题进行探讨、评价，并提出改进措施，在“有意义学习”过程中激活个人的知识链，进一步认知专业发展内在特质。再次，可以发挥学员的主观能动性，培养学员的积极思维。

3. 运用“有意义学习”的结果解决问题

学员教师通过有意义学习获得知识，最终目的是运用这些知识来解决实际教学中的问题。在“S美术名师工作室”中，学员们通过创建共同研究主题的学习内容形式，在各种形式的学习活动（报告、听评课、调查等）中，带着任务学习、认知，实现问题解决与迁移。随着经济与信息技术的发展，社会对人的需求提出了更高的要求，这种社会责任自然就落到学校教育中来。教师的持续学习已成为社会进步的必然趋势，提升教师学习的素质对改善学校教育质量非常必要。“成年人在工作间（workplace）进行学习的元素：（1）学习活动的多元化，给予学习者的挑战和自主性；（2）给予学习者集体学习的机会；（3）鼓励同侪学习的开展；（4）给予学习者持续合作、工作的机会。”[①]因此，成年人的学习反映出建构主义理论的观点，强调学习者自身的摸索和建构。“S美术名师工作室”正是提供了这样一个空间，不仅为学员教师提供新知和思考，也让他们通过行动反思教学实践，从中重建美术

---

① 朱嘉颖. 兼顾“教师”与“学习”：伙伴合作模式下的教师专业发展[A]. //卢乃桂，操太圣. 中国教师的专业发展与变迁. 北京:教育科学出版社,2009:206.

教学内容、教学方法以及加深对学生美术学习的认识，这样，才有可能对学生的学习需要提供更多的指导。

在“S美术名师工作室”中，学员的理论学习与教学实践不是分裂的，也就是说，他们的“知识”与“实践”并不是割裂的，它融在探讨美术教师专业发展的过程之中。工作室创建了一种让学员回到真实的教学环境中去学习的模式，让教师们真正体会和掌握有关教育理念和技巧的方法，形成情境中实验想法的“情境学习”，强调让学员边学边做，让“有意义学习”的结果能解决真实的问题。

四、研究发现

（一）领衔人的核心作用

领衔人S老师在名师工作室中起着核心作用，作为一名资深美术教师，他对美术教学、美术知识有着深入的理解，30多年的美术教师经历，使他将个人成长过程中的体悟、思考和智慧全部融入到学员的成长过程中，这是一种不假思索或直觉一样的教学素养。S老师的核心作用主要表现为以下几个方面：第一，以对美术教育事业的热爱和责任感染每一位年轻学员；第二，与学员构建和谐、融洽的关系。这种关系越富于支持性，越能激发学习的潜力；第三，宏观上把握整个过程的节奏、内容和活动方式，微观上搭建各种学习渠道支持教师专业发展；第四，创造一种新型的团队学习文化，使教师们在团队中快乐地学习，享受学习的快乐。

（二）和谐运作的团队学习型组织机制

形成教师团队之间心灵上的紧密性和归属感，使团队成员获得心理支援和行动援助，学员在共同的兴趣、爱好、专长与目标中，对这一学习共同体产生高度认同。不同背景的学员可以取长补短，相互合作和支持，他们在教学同行的基础上又增添了伙伴情感。不仅在美术学科教学知识上获得发展，而且在教师群体互动过程中形成一种新的教学文化，一起经历美术教师变革和学习的过程。

（三）引导一线美术教师“做中学”

真实问题为学习提供独特的学习机会，但这种真实性并不能保证学习，重要的是能不能促使人全身心地投入。无论儿童还是成年人，其学习过程中情境和认知是紧密相连的。教师对学习情境“投入的越多就学得越多，观察事物的眼界、思考问题的范式就会越宽越广，就越容易接受变革、接受变革带来的新理念和新方法（Lieberman，1996）”。[①]“S美术名师工作室”这种机制，引导学员投入到日常教学情境中观察与发现，从自身真实的问题做起，建立起有效研究的策略。这种“做中学”的过程建立在“基于问题”“基于项目”研究的基础上，使一线教师能真正以合作交流、大量自我调节的探究方式参与到专业发展的建构活动中去。

五、研究启示

“学习共同体”专业化发展模式是以“美术名师工作室”为载体，在名师的带领下，以吸引一线美术教师参与教育研究和实践的同伴合作关系下的专业发展路径。这是美术教师专业化发展的新形式，也是一般教研活动的补充和深化。通过案例研究我们发现，在这种学习共同体模式中，资深的专家型美术名师的核心作用能深刻影响团队中其他成员的发展空间和深度，需要和谐运作学习组织机制，在“做中学”“学中思”和“思中练”。工作室组织机制需要支持和培育，需要上层教研管理部门开拓视野并给予工作室领衔人足够的自我发展空间。工作室领衔人和团队成员也需要不断突破视野的局限性，善于借助外力来帮助学习共同体健康有序的发展。

①朱嘉颖．兼顾“教师”与“学习”：伙伴合作模式下的教师专业发展[A]．//卢乃桂，操太圣．中国教师的专业发展与变迁．北京:教育科学出版社，2009:207．

第二节　城乡一体化：在追求真善美中探索美术教师专业化发展路径

一、本案例研究背景与对象选择

我国是典型的二元经济社会，仅户籍制度就使得城市居民与乡村农民在生存空间和发展机会上存有很大差距，这种差距也影响着城乡居民在经济收入、社会身份、医疗卫生和教育等公共品上的分配。城市化进程加快考验着教育的公平性，农村学校的孩子不但需要解决上学问题，而且需要“上好学”。20世纪90年代以来，国家对农村教育实施了一系列改革，努力改善农村学校的教学设备等物质环境，而提高农村地区的人力资本——教师的质量开始成为农村教育改革的关键。

在我国义务教育阶段，乡镇美术教师的专业发展是整个教师专业发展中最不被关注、最薄弱的环节，而这些庞大的美术教师团体却正是最需要关注的对象。虽然国家对提高农村地区教师质量采取了一系列的措施，例如，对农村一线教师进行培训、鼓励城镇教师支教，以及实行免费师范生政策。但现有的广大在职农村教师面临着专业发展的问题，他们在日常的教学中不能等，也不能停，需要切实可行的策略能让他们边干边学、边教边成长。

这里选取的案例是我们在先期课题研究中，在思考美术兼职教师专业化发展问题过程中逐步梳理而来的——浙江省杭州市某区结合多年的思考和实践，提出“城乡一体化”美术教师专业发展模式，根据所处的地理位置和学校中美术教师的现状，他们认为美术教师专业化发展应满足三层含义：职业精神与道德层面的要求；学科专业与教育专业的要求；教师不断学习与发展的要求。那么，他们为什么要探索“城乡一体化”的专业化发展模式？这种模式表现如何？呈现怎样的特点？有怎样的方法和途径？对城乡美术教师专业化发展的有效性如何？对同类地区是否有参照意义？等等，他们的实践，吸引并促使我们做深入的研究。

二、研究假设与研究方法

本案例研究基于以下假设：第一，城乡一体化美术教师专业发展模式，能改善农村美术教育现状和美术教师专业发展环境；第二，城乡美术教师一体化专业发展模式，能缩小城乡美术教师之间差距，可在日常教学中形成协作共赢机制；第三，这种模式，可以在一定范围内实现美术教师专业发展的均衡性，对周边类似地区能产生辐射作用。

本案例采用文献研究、调查研究与访谈及叙事研究的方法，在描述、阐释基础上，分析城乡一体化专业发展模式的途径与方法，剖析其价值和意义。

三、研究过程

（一）“城乡一体化”概念界定与缘由

1. 概念界定

“城乡一体化”属于地理学上使用的一个名词，原意是指“以城市为中心、小城镇为纽带、乡村为基础，城乡依托、互利互惠、相互促进、协调发展、共同繁荣的新型城乡关系。”[①]城乡一体化概念打破了人们心目中固有的城市和乡村二元制的观念，是社会经济发展下在区域发展模式上的一种创新思路。本案例中“城乡一体化”有丰富内涵，“第一，城市和乡村美术教师团队教育愿景一体化；第二，城市和乡村美术教师培训、教研一体化；第三，城市和乡村团队制度建设和常规培养一体化；第四，城市和乡村美术教师在常态教学中能逐步与社会、生活、学习一体化互动；第五，城市和乡村美术教师团队研究与学生、同事、校长、教研员一体化主题实践”。[②]

2. 区域地理环境和经济增长的要求

案例所在区域属于城乡接合部，处于省政府和风景名胜区接壤之处，但农村的面积较大，有包围小面积城区之势。一方面，城市中教育集团化发展

①城乡一体化. 全国科学技术名词审定委员会审定公布. http://www.termonline.cn/list.htm?k=rural-urban+integration

② 改编自由教育部和上海市政府联合主办的全国第三届中小学艺术展演活动艺术获奖论文《追求真善美——城乡一体化美术教师专业化发展的团队建设实践与思考》，由作者应爱娜提供。

的模式，使集团下属学校深入城市边缘接纳农村孩子入学。另一方面，农村学校随城市化的推进直接改制成为城市学校，但学校原有的教师和管理人员没有变化。据调查，近4年来共有7所农村中小学改为城区学校。这种地域特点和经济增长所带来的变化，促使城乡之间必须建立某种链接，以增进城市和乡村间的交融和互动，缩小城乡之间在美术教育观念、教师配备、经费保障、设备提供、教师培训等诸多方面的差距。

3. 新农村美术教育发展的需要

目前农村地区美术教师有以下几个特征：第一，起点好，他们的学历绝大多数能达到大专以上；第二，基本素质好，从职前接受过正规教育，普通话水平高，接受过现代教育技术培训和教学基本功训练；第三，师德好，能吃苦，承担大量的教学任务而没有怨言。由于特殊的环境条件和客观的教育情境，农村地区的美术教师在职培训和继续教育机会较少，开展教学竞赛、教研活动的条件欠缺，很难参与到学习团队之中，在教学时往往是不断重复自己的经验，加上教学设备和条件不能满足需求，久而久之，他们的教学激情和创造力削弱，导致教师专业发展环境差。因此，农村学校美术教育发展急需外力的影响和帮助。而“城乡一体化”的实践正是发展新农村美术教育的良机。

（二）“城乡一体化”核心内容与特征

本案例中“城乡一体化”概念提出与实践的时间已有5年多，以区美术教研员为领头人，团结区内8个乡镇学校的专兼职美术教师一同参与、思考与活动。在实践和摸索中，逐渐形成了独具特色的美术教师团队专业发展模式。

1. 对“真善美”的追求

“城乡一体化”模式核心内容就是对“真善美”的追求。求真，即在日常美术教学中抓好常态教学，上好每一堂美术课；求善，就是边学边干，不断思考实践，寻求优质、有效发展。求美，就是在“求真”和“求善”中积累智慧，在美术教学中体验美、创造美。精选“审美对象、美的图片、美的示范、美的课件”，以此提升学生对美的认知。

2. 以实践促真知

“城乡一体化”是适应当地实际情况需要而产生的美术教师专业发展模式。案例所处地区城乡之间存在明显差异，32%的美术课由兼职美术教师承担，关注专兼职教师团队的专业提升与和谐发展，能保证学校教育的公平性。新时代对美术教学、美术教师素养提出更多的时代要求。“城乡一体化”美术教师专业发展模式，依托教研、培训和常态教学实践，在实践中积累着知识和教学智慧。

（三）“城乡一体化”方法与途径

1. 团队制度建设和常规培养

除配备必需的教学设备等硬件设施之外，他们一直将校本教研、师资培训与国家课程改革的动态紧密相连，将平时的教育管理与教师的专业成长关联起来。

【案例1】该区曾举办过美术课堂教学的技能比赛，让美术教师选定中学或小学的教学内容，在纸上体现课堂教学中的板书、板画。这张纸的大小依黑板的长与宽的比例缩小。当时全区一百多位老师，按照40分钟一节课时间，设定15分钟时间来完成这个测试，但几乎没有老师能在规定时间内完成任务。后来两次分别增加5分钟，一共用了25分钟才完成了设计板书的内容。

由此发现，美术教师的基本功不仅体现在所学的美术专业技能上，还反映在将这些技能转化成教学基本功的能力上，展现在课堂教学、示范、演示、步骤图，甚至黑板的整体布局是否设计得漂亮、美观上。该区从此将教师的素质作为需要着力去抓的重要任务来落实。

2. 培训和教研

该区抓住省政府大力发展农村教育，促进农村教师素质提升的机遇，结合杭州师范大学和区教师进修学校资源，先后组织多种形式的培训和教研，如新农村艺术骨干教师素质培训、农村中小学美术骨干教师培训、省（市、县）三级农村中小学美术教师“领雁工程”培训等。其中，最具特色的就是“领雁工程”培训，通过对农村中小学骨干教师培训，为农村教育培养出来一批“领头雁”，以此改善目前农村教育中最大的“短板”——专职教师缺乏。通过这些“领头雁”，引领、带动全体农村中小学教师，提高实施素质教育的能力和水平。

美术学科“领雁工程”有四项内容：第一，听取专家讲座和名师成功经验；第二，观摩名师和普通教师现场教学；第三，学员分组进入实习基地学校进行实践；第四，请艺术家辅导学员实践专业学习。将美术教师集中起来，用两个月的时间集中学习和培训。这种培训更关注在“做中学”和在“学中思”，学员们通过培训取得了不少的收获。有老师比喻观摩课堂这种学习方式和逛商店买东西一样，要学会“淘”。“淘”好的教学方法，“淘”适合自己的、适合自己学生的东西，内化吸收并加以修改，将其运用到日常教学中，那效果必定是事半功倍的。这能使美术教师立足于教学实践的现场，思考专家讲座中的前沿理论和名师们成功的经验，在观摩同行美术教师课堂教学中辨别和判断，在学员们交流和互动的脑力激荡中，自我建构适合自己教学场景的教学行为，并在实习学校基地里试教和研讨，从而在不同类型的实践中获得专业发展。

3. 对常态教学的研究

2009年，该区对美术教师进行了一次专项调查，发现全区有专职美术教师120人，其中农村美术教师33人，占全部专职美术教师的27.5%，城区美术教师87人，占全部专职美术教师的72.5%。整个专职美术教师中1~5年教龄的占19. 1%，6~20年教龄的占73. 3%，21~30年教龄的占7. 6%。专职和兼职教师的课时比例分别为67. 6%和32. 4%（总课时数为2664）。调查发现，不同年龄的美术教师对其专业发展的需求也有所差异：0~5年教龄的美术教师基本上是2004年之后走上工作岗位的，是直接感受我国美术新课程改革理念的一代教师。他们有本科学历，受过正规的专业教育。在日常美术教学中他们最需要加强自身美术教学的能力，加强对美术教材和对学生的了解。6~20年教龄的美术教师在整个教师队伍中处于承上启下的位置，需要在实际教学中不断学习、提升教育能力。而对有21年以上教龄的美术教师来说，他们的职业意识比较牢固，在长期的美术教学中也形成了自己的教学风格，他们需要的是不断突破自己，创新美术教学，在向中青年美术教师传授经验的同时，他们也需要虚心学习中青年教师教学中的长处。

针对调查结果，该区提出关注常态教学的美术教师专业发展策略：①平时教学中做到“五认真”，即认真备课、认真上课、认真布置和批改作业、认真辅导、认真评价；②常态教学中形成“五关注”，即关注生活、关注文化、关注学生、关注图像、关注创新。“五认真”背后蕴含着美术教师要以平和、从容的心态来做教育，将思考落实在教学行为中。“五关注”是引导美术教师从生活出发，挖掘闪光点和区域资源，缩小城乡差距，形成“一人一强项，校校有特色”的局面。

4. 架构团队研究模式

该区建立了4种模式：育人模式、育师模式、课题育师模式和团队育师模式，供美术教师在各自专业发展特点上选择参与研究与教学（如表5-5）。

表5-5　4种美术教师专业发展模式

模式	内容	核心要素
育人	这是针对学生心智教育基础的架构模式，是认知、行为、情感三个点在一个层面上的互动，并以审美教育为学习核心。	审美教育
育师	这是教师个体成长的架构模式，是在教研、科研、培训三个点的校本教研层面和区教研层面上的互动。	校本教研
课题育师	城区美术教师、农村美术老师、教研员与学校领导以课题为核心，在同一个层面上互动，边干边提高。	课题研究
团队育师	以校本研训、区级教研、跨校区项目研究三个点为一个平面互动，进行团队分层架构。	团队合作

5. 成立研究协作小组

E. G. 科恩（E. G. Cohen）将协作学习定义为“学生参与足够小的小组

中共同学习，这样每个人都能参与到分工明确的集体任务中”。此定义包含了协作学习、合作学习及其他形式小组学习的概念。对于独立学习来说，这种协作学习将会使个体受益匪浅。该区采取协作学习的方式，成立7个研究协作小组：中国画教学研究、课堂教学结构研究、农村中小学美术教学研究、陶艺教学研究、“设计·应用”学习领域研究、信息技术应用于美术教学研究、教学评价研究，使教师在协作学习中形成合作能力、沟通方法，讨论学习结果并评价任务进展情况。

【案例2】农村中小学美术教学协作组的研究实践

农村中小学美术教学协作组成员定期集中教研，及时解决教学过程中遇到的棘手问题，探讨教学中的新思维和新方法，相互促进和提高。听取优秀美术教师讲座，建立剪纸工作坊，开展社团活动、民间剪纸专题活动以及篆刻技能培训等，注重农村学校校园环境布置，做到有效利用校园的每一面墙。同时，他们还与中国美术学院的实习生老师进行互动，农村学校成为实习基地，给实习生提供教学实践空间。农村美术教师在与大学生的交流过程中，获取信息和灵感。组内老师们不仅分享着更多的资源，开发出一些较好的美术教学课例（如图5-5），教育科研的能力也逐渐增强，教师们之间也建立了深厚的感情。

图5-5 美术教学课例

【案例3】美术教学评价协作组的研究实践

组长L老师针对什么是评价抛出一系列的问题，诸如评价是诊断还是鼓励？是衡量还是教育？是单一还是多元？是总结性评价还是发展性评价？组员讨论后认为美术教师必须学会评价的艺术，并从区域层面、课堂教学、学生个案三个方面进行了评价研究。他们认为区域层面的评价，可以动态地把握区域的美术教学质量和教师的发展状态。首先，通过分析研究制定出区域综合评价监测的方案，每学期进行期中和期末测评，将全区统测和抽测、常态监测和专题调研结合起来，以重点项目，例如，对设计、水墨等进行有重点的评价和发展。其次，在课堂教学评价方面，设计教学评价量表、学生评价反馈表、学生美术作品评价表等，来促成对课堂的深度观察和思考。再次，抽取儿童画进行个案解读研究（如图5-6），通过对画面意义的解读，对儿童进行访谈，了解儿童绘画时的情绪，观察其创作过程，探索儿童美术学习的多元价值。

“是在做梦，每天都做。出现的是在电影和图书上出现的木乃伊这样的小魔鬼。作业太多了，每天要先做家庭作业，然后弹钢琴40分钟，学英语20分钟，用电脑30分钟，睡觉就做梦了。这个梦不恐怖，小鬼身上都带了一个隧道入口，我想钻进去，到里边就没有那么多作业，不需要弹琴、学英语，舒舒服服的。”（我的卧室，何令凯，男，11岁）

图5-6 儿童个案研究

从上述案例可以看出，这种合作学习是建立在半结构化基础上的协作学习，有小组协作的目标和内容，接受区内统一培训和指导，得到其他平行协作组的评价及组外专家的评价。通过定期汇报、小结，每个小组的内容目标得到完善，有机会开展学习讨论与辩论，形成一种有问题可以请教大家，大家一起解决问题的良好专业发展氛围。这种协作小组的优势在于，将个人的发展与集体的任务结合起来，以提升个体的责任，使个体在集体中有机会分享、辩论、解释、观察他人策略、倾听他人解释等，形成为他人负责就是为自己提供发展的同理心。同时，美术教师专业发展的时间也得到了充分的保证，起到支持与促进个体专业发展的作用。协作组研究也逐渐扩大，从开始的7个协作组发展到9个、11个，形成规模效应或集成效应，达到城乡优势互补、双赢的局面。

6. 让兼职美术教师边干边学

该区的城乡、专兼职美术教师专业发展不是分开进行的，他们将专兼职美术教师召集在一起，共同分析专职与兼职美术教师的优、劣势，让他们思考如何“互助”。兼职美术教师通常会强调教学中遇到的难题，例如，课堂得不到保证、不会示范、教学内容和材料有限制等。区教研员就将教学研讨直接搬到农村学校的现场，区教研员和专职美术教师用兼职美术教师的教学课题现场上课，这样，帮助兼职美术教师就地寻找可以替换的教学内容和教学材料，例如，可以用指画代替铅笔、用棉签代替毛笔作画，用面粉制作彩泥代替泥塑等，使兼职美术教师明白——办法总比困难多。同时，加强网络建设，实现资源共享。分析教学特性，寻找其中的共同性、个别性、随机性，共同理解教学和学习的普遍性特点。此外，让兼职美术教师与专职美术教师一起参与校本教研，挖掘课程资源，对兼职美术教师开展专门的美术知识讲座和技能学习。通过这些途径，兼职美术老师觉得“了解了美术知识，提高了教师的审美能力”“让我对课程整合有了新思考”“让我更大胆地放手‘画板书’”。在实际教学中，兼职美术教师也从如何上美术课、如何上好美术课的逐渐摸索中获得成长（如图5–7）。

图5–7 共同开发课程资源

四、研究发现

（一）教研员的核心凝聚作用

案例中的美术教研员起到了核心凝聚力的作用。作为专业的领导者，其理论水平和课堂实践能力必须先行，而且其自身应具备专业发展能力，还能将教师专业发展的权利下放给区内的每一位美术教师，兼顾公平，最大限度地保证资源均衡分配，建立积极的教师文化来促进美术教师共同发展。

（二）以“真善美”理念凝聚团队成员

改善美术教师群体地位，需要发挥团队的力量。建立一支平等相处、和谐发展，并且善于发现他人优势的团队非常重要。本案例以追求“真善美”为专业发展的共同愿景，在观念和态度上明确目标，使团队成员身处其中并形成强烈的归宿感、信赖感和自信心。

（三）整合多种资源架构发展平台

善于整合教育行政部门、高等院校以及各种专家资源，为城乡美术教师有意识地拓展不同类型的专业发展空间，使他们批判性地学习和发展专业思想、计划以及实践美术学科知识、技能和情感。在城乡间建立桥梁，兼顾专兼职教师共同发展，让美术教师互动交流成为常态，在双赢中实现专业发展。

五、研究启示

“城乡一体化”美术教师专业发展模式是解决城乡接合部美术教师专业化发展的一种积极尝试。城乡接合部是城市和农村的交叉地带，也往往是最容易被忽视的地域。我国新农村建设中，城乡接合部的教育面临着很大压力。我们发现，立足城乡接合部，结合城市和农村各具特色的课程和教学资源，积极调动美术教师人力资源因素，实现优势互补。抓日常教学规范、提高常态教学质量，用“真善美”理念凝聚团队成员，畅通发展渠道。教研员的全局意识和对美术教育资源与课程教学的深刻理解是这个模式的关键。这种专业发展从观念、态度、知识和行为上，显示出美术学科专业发展的独特性，而这种独特性本身就是美术教师日常生活的展现。但这种专业发展方式仍然是传统式的、补救式的、培训式的。需要突出美术教师的自主性，否则，将成为另一种形式的模具化，缺乏个性和独特性。

第三节 持续的学习：发达地区美术教师专业发展途径

一、本案例研究背景与对象选择

我国正在大力加强农村学校教师专业发展的力度，但这并不是说可以轻松地面对城市学校教师专业发展的诸多问题。在城市，特别是经济发达地区的教师专业发展虽然已形成一定的有序局面，但新问题会随着社会发展、经济增长、信息快速传播、学生的生活空间和视野拓宽，接踵而来。

发达地区的文化越繁荣、社会发展越快，教育所面临的竞争力就越大，教师面临的挑战也就越多，虽然从一般意义上来说，发达地区的教师专业发展水平较强，但如果要使中小学生完成具有挑战性的学习，教师就需要拥有更多的知识与技能，才能帮助学生真正优质地发展。因此，研究发达地区教师的学习，分析他们学习的环境与机会，对建设一个终身学习之路的发展前景是非常重要的。这促使我们提出这样的一个假设：当教师掌握有效学习的方法，体验到社会变革下通过各种学习机会获得的认知和理解，转化为教学行为时，对学生的发展将更加有益。因此，我们将研究兴趣聚焦在经济发达地区美术教师如何实现专业发展的问题上。

二、研究内容与方法

本案例选取深圳市罗湖区的美术教师团队作为研究对象，理由有二：其一，深圳特区的经济发展和人文环境比较特殊，是一个移民的发达城市，经济富裕，人才济济；其二，该区作为前期课题研究对象，在研究的过程中对美术教师专业发展问题有较多的积累。我们思考的问题是：这里的美术教师面临文化碰撞和商业社会的冲击，他们对专业发展的态度有什么不同？他们更需要具备怎样的专业特质和专业能力？这种环境下，他们通常解决了哪些问题？又面临哪些新的问题？身处经济发达地区，他们的专业发展是否顺利，有什么优势与不足？如何突破发展瓶颈？我们通过文献研究、调查研究、访谈、活动参与等方式来探讨上述问题。

三、研究过程

（一）深圳地区美术教师群体特点分析

作为改革开放的前哨，经济特区深圳对各行各业的人才要求比较严格，深圳现有的中小学美术教师都是经过层层选拔出来的，其基本有两个来源：第一，高等师范院校或艺术专业院校优秀的毕业生，有较强的专业知识和技能，经过严格的教师入职考试而获得美术教师职业；第二，已积累一定工作经验，取得较好成绩的教师，调入或转入中小学校任职，包括在全国美术教育各项竞赛中脱颖而出的年轻的美术教师，甚至是高等院校专职美术教师。他们有着共同的特点：

①专业基础好，基本上能拥有一技之长；

②来自四面八方，见多识广，有开拓进取精神；

③美术教师的工作受公众注视，城市信息交流量大，比较重视文化教育，社会与家长期望值高，各种文化活动、竞赛与学校素质教育使美术教师工作密集化；

④有稳定的收入且相对较高，生活无忧；

⑤容易身心疲惫，产生职业倦怠。学校发展和宣传工作多，对美术教师的课堂教学要求较高，且额外的工作负担较重；

⑥发达地区商业氛围较浓，教师面临的各种社会兼职的诱惑较多；

……

分析这些特点可以帮助我们客观地了解该地区美术教师在专业发展上面临的问题。

（二）深圳地区美术教师专业发展面临的问题和挑战

1. 面对美术新课程改革教育情境，美术教师如何理解专业发展

自2001年国家实行美术新课程改革以来，深圳地区美术新教改情境凸显出一些特点。首先，美术教师面临着观念更新。伴随着解读美术课程改革政策而来的，是各种层次级别的对课程改革政策落实情况的考察与评定，普通的美术教师在课改的潮流中需要适应和身体力行。其次，掌握新的教学技术，以配合美术课程改革。这样，美术教师在以往教学方式的基础上，掌握

多媒体技术成为必备的教学技能。再次，课程改革期望改变学生的学习方式。要做到这样，教师必须深入了解和研究学生的美术学习方式，以及在当地社会文化情境下的变化。最后，教育市场的竞争，应试教育的压力，给学校普通美术教育带来冲击。

在美术新课改下如何理解教师专业发展这个问题，深圳地区美术教师普遍重视美术专业知识，他们认为应以适当的教学方法来配合学生的不同需要，理解学生差异，有针对性地帮助学生解难。美术教师甲说："专业的老师应以不同的方式照顾不同学生的需要，一节课中，你要看学生的反应，做出多种调节来配合他们，这样才能使学生学到你希望他们学到的东西。"美术教师应能帮助学生发挥他们的潜能，美术教师乙认为："许多学生不是真的不行，而是有待发掘，需要老师用不同的方法让他们明白，让他们掌握思考问题的方法。"在教与学的过程中，最重要的是能让学生对美术学习产生兴趣。教师要注意行为举止，真正引导学生进步。

但这种新课改情境下各层各级的评价制度，有时给美术教师带来负面的影响，甚至产生抵触情绪。教师被动地完成政策规定的那些培训课时或学分，他们的自主性受到抑制。如何真正激发起专业发展动力，使教师内心自发的行动与外力要求契合呢？如何将国家课程改革意志与教师强烈的自我发展意识融合在一起？如何让分散的、有独立发展能力的个体，参与到协作性学习团队中，以获得精神上的归宿？这是经济发达地区突出的问题，也是现实问题。

2. 面对社会经济的急剧增长，美术教师如何安心专业发展

深圳人更能感受到时代发展的脉搏，体验到经济、文化、信息、资讯的瞬息万变。当今知识正以惊人的速度膨胀，预示着有效教育不能再集中于曾经需要记忆的、构成稳定知识库信息的传播，教育需要帮助学生学会如何学习，以便应对不断变化的社会。深圳地区的美术教师面对的挑战更大，学校、家长和社会的期待相对较高，这容易使他们产生倦怠之意。发达地区学校中的美术教育何去何从？美术教师如何做才能紧跟时代的节拍，安心地实现其专业发展的目标？怎样才能激发他们的责任心？怎样才能让他们在美术教学工作中获得成就感？

3. 应如何评价发达地区美术教师专业发展

发达地区的中小学美术教师生活空间比其他地区的美术老师丰富而多元，他们接触信息的渠道也广泛而多样。什么是美术教师专业发展的核心特质？发达地区的美术教师在专业发展上面临的问题与一般地区不同，他们在专业发展程度上已相当高，但以发达地区的环境来说，需要我们根据实际情况做出评价，不至于对美术教师专业化发展要求过高或过低，以便有针对性地解决特殊的问题。

（三）基于课题研究的应对策略

1. 优秀美术教师专业发展现状调查

研究中对该地优秀美术教师进行了三个方面的调查：教师信息、学生信息、专业发展信息。从一节课、一份作业、一个问题反思、一项研究等角度出发，分析不同年龄段的优秀美术教师在教学设计、评价学生作业、分析课堂问题、开展教学研究方面的差异，探究美术教师专业知识特点及发展中存在的典型问题。

研究发现，美术老师对未来专业发展认识非常相似，显现出概念化和程式化，例如，“钻研教育教学理论，整理和总结教学经验，撰写教学论文和案例”“学习信息技术，为教学服务”“参与科研，课题研究”“专业理论学习，提高创作水平，培养更多艺术人才”等，这些认识难免有些笼统，换言之，他们对未来发展有什么需要说不清楚，对内容与方式思考的深度不够。显示出美术教师在专业发展问题上，长期以来的服从性、依赖性，自主发展意识不足。

2. 专题研习策略

专题研习，也被看作研究性学习或探究性学习，是基于质疑、探究问题的基础上，发挥学习者的主动性和建构能力。这种专题研习可以在美术学科领域内部，也可以具有跨学科的性质，通常需要较长一段时间来完成。

（1）专题研习类型

该区在美术教师专业发展上采取的专题研习的策略，包括同课异构、案例研训、分享与倾听等（如表5-6）。

表5-6 专题研习策略

策略类型		特点和功能	例子	分析视角
同课异构		1.任教同一年级不同班级的老师，用同一种教材、不同教学法实施教学。 2.问题有开放性、可行性。 3.能产生多种解决办法。 4.能与学生产生共鸣。	小学：《有趣的剪纸娃娃》，中学：《点与线的魅力》《向画家学习》。	1.教学设计。 2.教学反思。 3.专家点评。 4.教师互动。
案例研训	现场课案例	1.现场课堂教学实例或部分精彩亮点观察、研究与探讨。 2.零距离接触，讨论互动。 3.寻找美术教学中的普遍性和特殊性。	中小学美术教学课改研讨会中学现场课：《泼墨荷花》《滑稽的脸》。 小学现场课：《奇妙的建筑》《招贴画》。	1.观察教学过程。 2.面对面研讨。
案例研训	“三个一”网络评比	1.将“一个教案、一个教学课件和一个课后反思”上传至“美术教育资讯网”并交流。 2.美术教师发展的校本化，本校化，一校一个特色。	2008年3月24日至4月30日，罗湖区中小学、高中在岗美术教师（含代、兼课教师）进行“三个一”活动。	1.文本、PPT。 2.反思，寻找独特性。
分享与倾听	专题阅读	1.感兴趣的阅读题材。 2.在轻松中激发深层思考。	围绕教育教学理论著作、教育教学相关的小说和期刊、美术类专著和研究文献等，进行“每天十分钟”阅读活动。	1.分析引起阅读思考的原因。 2.收获。
分享与倾听	专题访谈	1.交流互动中帮助教师认识自己的优势和不足。 2.认识到关键事件对专业发展的重要性。	围绕“美术教师专业知识与专业发展”，对中学9位、小学5位美术教师进行访谈。	1.成长中欣喜与困惑及其原因。 2.影响成长的关键人、事件。 3.未来的设想。

（2）专题研习策略的优越性

首先，通过不同类型的专题研习策略实践，可以提高美术教师对资源的认识，拓展美术教师专业发展的途径。这种资源不但包括与美术课程及教学相关的资源，而且包括美术教师本身的资源，例如，他们的经验、体验和感想，对待美术课程资源的看法及处理方式，个人观点的独特性，与他人分享中形成的新的认识和体验等。发现美术教师专业发展中急需解决的问题，开发以学生为本的资源意识。

【案例1】教学一年多的小学美术老师A参加小学《有趣的剪纸娃娃》同课异构专题研习时的感受是痛苦和快乐并存，“……这就像是对我‘教学技能’的‘考试’，教材中简单的文字和几幅有代表性的图，要把它说清楚可不是那么容易的……要和那些有丰富经验的美术老师比较，设计更新颖的、让学生更容易接受的课程内容，真难啦……”。准备过程中经过第一轮、第二轮其他老师的听课、评课，A完全丧失信心。全区老师第一次上课时，A老师选择了直接导课，简洁明了进入主题教学，获得大家的好评。“第二次上课时，我大胆地采用儿歌导入的方式，想在与学生们边读边做的互动形式中进入主题，结果因为考虑时间的问题，读一遍儿歌后就直接提问，学生还没有完全明白过来。而在作业环节，由于前面示范环节没有将制作讲解清楚，只好重新讲解，学生作业时间没有保证……我必须慢慢体会，领悟这些失误背后的教训，真的要拓宽专业知识和加强自己的实力……”。新教师通过“同课异构大比武”的专题研训方式，认识到了自己的可取之处和需要改进的地方。

【案例2】有着十多年教龄的中学美术老师W，教学经验丰富，自信而有热情，对教学有自己的理解。在参与中学“同课异构大比武”专题研训的过程中，多次经历了思想的蜕变：开始阶段，她一筹莫展——《点与线的魅力》这个课题，她上过多遍，太熟悉反而不知道如何才能显出特色，“一节课我能展现什么？45分钟如何能呈现点和线的魅力？讲得深，没有时间支撑；讲得浅，没有深度，作业效果难以呈现……如何既满足评委‘苛刻’的要求，又满足学生正常的学习需求？”第一次全区上课之后，“我的心里压着一块石头，综合材料的运用好像是亮点，但如何设计学生活动呢……”第二次全区上课，W老师采取小组任务学习模式，通过先玩后学的方式，启发学生自主寻找、总结点和线的形式美法则，然后通过欣赏大师如何运用点与线的规律进行情感表达，最后再进行命题创作。“可是，当我觉得已经很好地解决了知识、活动和材料这些问题时，学生的作业却显得‘混乱’，不如我预期的效果……怎样既能突出亮点又能让自己和学生轻松愉悦呢？”最终在全区再一次磨课时，W老师才茅塞顿开，“为什么要让学生根据设计好的表格选择任务呢？让他们自由摆放，我来发现规律，加以提升和引导不更好吗？……四次课四种不同的教授重点和方法，课越磨越轻松，我也放下了肩上的担子……”。该教师经历了思想的蜕变，意识到课堂是美术教师的阵地，教师就是课堂的主宰，而对学生的需求、学生的学习动力、学生思维的激发才是最终的目的。

其次，通过案例研修的方式可以使美术教师获得有针对性的模仿学习和观察学习，根据自己的选择来观察授课者是如何教学的，而避免录像课案例中拍摄者视角的局限。这种通过观察他人的行为而获得新技能，也是日常教学生活的一个组成部分，能帮助美术教师在体验他人教学和比较与自己教学的差异中获得认识。案例研修的方式也成为该区美术教师培训的一种反思式的培训模式。

【案例3】这种课堂案例研修的方式以美术课堂教学为第一现场，在观察课堂教学之后，以教研员的点评、美术教师们的反思和研讨以及执教者的自我反思组成第二现场，无论是执教者还是观察学习者都置身于两个现场中，都会参与到课堂实践中，把自己设想成课堂教学的组织者，思考课堂教学内容、教学方法和教学环节。而两个现场，让不同身份的美术教师有了交流互动、分享提高的空间。当他们带着这两个现场的结果再回到各自的教学实践中时，就会自觉养成反思和学习的习惯。

再次，走近美术教师内心，倾听他们专业发展困惑与期盼。专题阅读和专题访谈，让美术教师的工作学习化，也让学习工作化。在专题阅读中沉静心灵，积淀思想，意识到关键人、关键事件的影响对一个人的成长会起到举足轻重的作用。

【案例4】中学美术教师L在阅读《致加西亚的信》后，深深感到“只有投入才有回报，只有忠诚才有信任，只有主动才有创新……教师的工作尤其需要‘罗文’式的责任心和执着感”。美术教师Q在看了《给教师的一百条建议》后觉得“教师如果不能经常更新知识，不能对新知识保持好奇和敏锐，就有可能被学生看不起……对教师而言，读书就是在练内功，否则思考就会琐碎，不能跟学生进行深层次交流”。R教师因为读《像艺术家一样思考》而进一步梳理了自己平时在美术教学中遇到的问题——“初一新生造型能力普遍较弱，画面构图松散、物体简单、形态不准，对建筑和静物绘画没有把握，可是很奇怪的是，他们却能画一些卡通人物，为什么会这样呢？看过这本书我发现原来是学生的观察方法出了问题……关注细节、形状与比例等，就会有进步……”教师S通过帮助一位后进生在中考中取得了不错的进步，意识到“教师对学生的影响比想象中的要大得多……真的可以改变学生一辈子”，而这件事也一直督促他要做好一名教师。教师E一直感激他工作时的第一任校长，而教师W认为促使他探索教学研究兴趣的是一位教数学的同事。所以，持续的学习是美术教师专业发展的持续动力。

特殊的地域环境和人才结构，使得深圳地区美术教师的内心更需要关怀和交流，阅读有时就像一剂良药能慰藉他们疲惫的心灵，让他们在静思中释放压力，缓解职业中的倦怠，有助于他们的专业发展。

3. 主题活动策略

（1）主题类型

美术教师在日常教学工作外，参与主题活动，也是促进他们专业发展的一种途径。主办各种主题活动体现出区教研部门期待能够引领美术教师的专业发展，开展的主题类型分为教师、学校和学生三类，即教师包括美术教学专题讲座（版画、漫画、中国画等）、名师工作室、美术教学技能竞赛、美术教师艺术节、区中小学美术教师优秀作品展；学校包括特色美术学校、校本教材研究、送教汶川灾区学校、美术高考成果展；学生包括学生绘画、书法竞赛、中小学生动漫创意大赛、学生个人画展等。在这些主题活动中，美术组长带领各组成员积极参与，每次活动都有记录和反馈。

（2）专业引领的特色

专业引领带有显性和隐性两种含义，通常情况下，专家、专业研究人员、大学教师等人的指导更加直接显性一些，而平时教研员、校长或其他老师的教学观念、教学实践、潜移默化的交流等具有隐性的作用。美术教师非常熟悉一种由上而下单向的专业引领，从中能够收获不少但也容易淡忘。专业的理论与美术教师专业的实践该如何对话，才能使美术教师专业发展更为有效？本案例中专业引领特色对回答这个问题会有些帮助。

第一，突出美术教师主体，强化美术教学，以课程、教学、教研为中心的研究。开展美术教学专题讲座是深圳市罗湖区学科教育特色系列培训中的一项，开展专题讲座的就是来自美术老师身边熟悉的、在某一教学领域上有研究的或者是资深的中小学美术教师，他们通过现身说法式的讲解和演示，引起其他美术教师的共鸣。突出教师主体，给他们更多的自由和自主权，发挥他们的主观性和创造性。小学美术老师F在主题活动中的观点引起了许多一线教师的共鸣，“在一节课中，教学目标的设计越小，越容易讲清楚。课堂点评的作业不在多，但探讨一定要深入，要针对教学目标引导课堂作业的评价”，教学目标制定是一节课的关键。

第二，抓美术教师专业技能，平衡教学提高与专业技能的关系，形成个人特色。该区中小学美术教师非常看重是否具有扎实的美术基本功和美术专业一技之长，很多美术教师认为除学校工作之外，应花更多的时间在个人的艺术创作上，这样才能显示出作为美术教师的特色。因此，专业画家开展的专题讲座和实践就很受他们的欢迎。深圳市版画家阎敏对中小学骨干教师和学生开展了“综合版画的历程与创作技巧”的讲座，通过观看优秀版画作品，直接演示制作方法，与教师一起实践制作综合版画，教师们收获不少。而同伴教师的课堂经验介绍，也使教师们感触颇多，“G老师的讲解和现场示范，把水墨画抽象的笔墨语言转换成具象的可视语言，让我体会到水墨画教学的魅力”。让美术教师们深感在做好教学工作基础上不能放弃自身专业发展，要正确处理好“教学提高与专业技能发展”的关系。

第三，积极发展第二课堂，广泛培养学生绘画兴趣，组织学生参加多种美术竞赛活动。如何在第二课堂里辅导儿童绘画、辅导艺术展演作品，被他们认为是教师专业发展的一部分。“让学生作品参加不同类型的比赛，也可以看出自己在教学上的差距”“培养特长生，我觉得有责任把他们输送到高一级的美术院校，他们能在日后从事自己感兴趣的工作，也能为社会做出贡献”。可见，教师们对发展第二课堂的美术学习的态度各不相同，这折射出社会潮流对美术教师的影响。在经济较为发达的地区，课堂教学之外辅导有美术特长的学生进行创作，参加各种竞赛也成为美术教师工作中一个重要组成部分。这也能使美术教师对学生的美术学习有更多的了解。

（四）美术教师持续学习质量评价

美术教师的学习是获得新知和进行实践两者的结合，为了获得新的认识，他们不但要知道知识是怎么来的，也要知道知识是以怎样的方式存在的，也就是说，他们的学习应该是主动探究的过程，是基于问题的学习，是理解性学习。教师不断地学习是其教师专业可持续发展的前提，也是途径。

1. 应对策略解决了哪些问题

（1）是否把教师的学习环境建立在他们的兴趣和需要之上

要提供有针对性的、符合个别美术教师专业发展的需要是很难做到的，通常情况下，有些学习项目提供了参与不同阶段教龄的美术教师专业发展机会，而要想获得个人的专业发展，关键还是教师自身是否具备经常反思的能力。

【案例5】教师通过学习发现自身问题，找到发展阶段目标（如表5-7）。

表5-7 教师A的问题与发展目标

教师的情况	教师问题和需求列举	学习的机会	学习的收获
教师A，初中美术教师，10年以上教龄。对如何听课、评课感到困惑。	什么是好课？	观看全市教改观摩课	学会听课、评课，才能知道什么是好课，付诸行动，才能出好课。
	评价学生的作业该不该有级别标准？	接受专家现场点评自己的课、阅读书籍	
	为什么那些优秀的教师能很快适应教学？	感受美术学科带头人和骨干教师教学研讨与交流活动。	

【案例6】培养独立开展课题研究的能力。

小学美术教师W认为以分数来测评学生水平高低跟美术学科的特点不相符合，于是就对如何测评学生美术学习做起了研究。第一，他从美术测评内容上入手，分笔试和操作两种。例如，三年级一道笔试题：请将左右两边名称用线连接，（左边）窑洞、竹楼、四合院、围屋，（右边）云南、北京、陕北、广东。主要测试学生对中国传统民居知识的了解情况。又如，四年级操作题：请选择以下一种造型方法表现《恐龙世界》的主题（三种供选择的方法有：彩纸剪贴、铅笔淡彩、水墨画)。第二，他在平时考察中采用动态测评的方法，如问卷测评、量表测评、跟踪测评等。比如，三年级学习第8课《现在、未来的我》和第9课《我的好邻居》后的问卷测评是这样设置的：①你的脸型是什么形状？②你最喜欢脸的哪个部分？③未来你最想成为什么样的人？④你是否观察过邻居朋友，你打算怎么画？第三，采用多种形式去测评，如自我测评、相互测评、评语测评等。例如，上完三年级《奇妙的建筑》一课后，要求学生填写书面测评表（如表5-8)，5分以下记为1星，6～9分为2星，10分以上为3星，等等。通过两年的研究，W老师觉得这种研究能提高学生学习的兴趣和积极性，其审美素质得到提高，也初步形成了与新课标相适应的评价方法。

表5-8 书面测评表

姓名： 班级： 日期：					
在适当的位置打“√”，1分为最低，5分为最高	1	2	3	4	5
你明白这些建筑奇妙在哪里吗？					
你能说出两座奇妙的建筑的名称吗？					
你能模仿生物的样子设计出有趣的建筑吗？					
星级：	记分：				

（2）是否能促成教师对美术课程有深入的理解，知道教什么，以及如何教

【案例7】小学美术老师T的《纸板画小鸡》一课在校开展的“创新杯”教学大赛中获得一等奖，回顾讲授过程，他觉得课前的充分准备是教学成功的关键。首先，为了上好这节课，他精心挑选范画、准备课件和音乐磁带。他发现学生准备的卡纸，放在书包里很容易有折痕，于是他让学生将卡纸折成10厘米见方的正方形以便于摆放。由于课堂条件的限制，学生很难把握和操作油墨，他就让学生准备复写纸来替代。如果只参考书上的形象来创作未免太单调，于是他就准备了多种动态的小鸡形象，如抓虫子、吃米、追逐等特征明显的图样，供学生参考。还编制儿歌来演示制作步骤，学生能很快记住制作要领，并愉快地学习，也给美术课堂平添了几分诗意。

【案例8】 初中美术教师L的《我心中的大海》一课在教学比赛中没有取得预期的成绩，通过反思发现失败中的教训更为可贵。他在教学设计时将如何激发学生对大海的情感和如何画好这种感受作为教学的重点。导入环节时让学生闭上眼睛倾听大海的声音并描述感受。可是，学生并没有说出他所期望的那种徜徉大海的感受。展开教学内容环节时向学生展示学生的优秀作品，让学生将描绘大海的要素罗列出来，并在黑板上演示简练的方法，但学生联想时与老师的预设不符，老师就直接把自己的想法说出来……课后一遍遍地反思，他终于意识到课堂教学中的预设和生成处理得不好，就会束缚学生的思维和创作的积极性。由于在课堂教学中急于想出效果，反而心中丢失了学生。

(3) 是否提高学生的学习能力、实践能力、创新能力

【案例9】美术老师Z认为第二课堂版画小组使他与很多学生结下了深厚的师生之缘，自建立这个儿童版画小组17年以来，版画所具有的综合性、动手又动脑的特点吸引了一茬又一茬的学生。画稿、制版、印刷，学生们在尝试各种工具材料和制作中，体验到美术活动的乐趣，而第二课堂能保证美术学习的时间。学生在创作中，可以将他们的兴趣、想法进一步落实，不断自主探究。(如图5-8)

学生自己的话：从写生画到版画一开始我并没有这个信心，只想试试看，老师给我很多的提示，画面出来，我感到了惊喜，比写生画好看多了。

教师的话：带学生去深圳盐田港口写生，这是我们常去写生的地方。回来要求学生根据写生稿，制作了一批港口景色的版画，这是其中的一幅。这幅画先印重色，后印浅色，因此，产生了浅灰色的复色。雨天是根据画面最后无意表现的，出来后效果还可以。学生一开始刻制的时候，并没有这种信心，当版画印出来，他惊奇万分。在比赛中获得了奖，学生感受到了版画制作的奥秘和特殊效果。

同学的话：真像雨中的盐田港，看了这幅画使我们想到了盐田港的吊车和轮船，真好看！

图5-8 雨中盐田港 方濒曦

2. 支持有意义学习的方法

研究显示，高效的教师是通过以

下方法来支持有意义学习的过程的：第一，创造挑战性、有意义的任务，这些任务反映了知识是如何在此领域中应用的；第二，促进学生主动学习，使学生能够将他们掌握的知识用于解决实际问题；第三，让学生通过学习连接他们的先前知识与经验；第四，诊断学生对学习的理解程度，逐步搭建学习过程中的脚手架；第五，持续评估学生的学习，使教学适应学生的需要；第六，提供明确的标准、及时的反馈，提供学习任务；第七，培养策略性、元认知的思维能力，这样学生可以学会评价与指导自己的学习。“舒尔曼认为，教师学习与发展要在一个专业发展社群中，教师有愿景、有动机、知道如何去做，并能在自己的经验中学习。那么教师学习必备的关键元素就是：愿景、动机、理解、实践、反思、社群。”①因此，如何创设更具挑战性、更有创新精神的教师的学习，有效地利用社会、学校、教师、家长等多方面的力量来促进学生的美术学习，深圳地区的做法可以提供参照的范例。

四、研究发现

（一）持续的学习可以推动美术教师专业发展

专题研习是教师学习的有效方式，它不是走马观灯似的看过就算，而是选取问题有针对性地反复研习以期求解问题。正是这种研习促进美术教师对某一问题的深入思考，在与他人交流和碰撞中获得新的认识，也就实现了专业发展。

（二）应重视美术教师专业发展中职业倦怠现象

课程改革的政策变化、社会高期望值等都给美术教师专业发展造成压力，使他们产生职业倦怠。区域文化发展和信息交流使得教师越来越重视教育中新技术的运用，同时，对学生能力培养的重视也影响着发达地区教和学的文化转变，美术教学趋于学科整合与跨学科的学习，这样，美术教师的专业知识就需要不断重构以便适应这种变化。他们的专业发展就更加全面，途径也会更加多元。

① 吕立杰. 教师学习理论对教师教育课程的启示[J]. 教育发展研究，2010(22)：59.

（三）美术教师专业发展需要创新思维

发达地区美术教师所处的环境，使他们获取知识的方式更加多元。而他们的专业发展也从“生存关注”迈向了“自我更新的关注”，教育观念的更新，教育技术的推进以及网络的飞速发展，要求他们必须持续地学习、终身学习。以教师的学习作为其专业发展的一种途径需要创新思维，更加注重与美术教师密切相关的微观的、质的研究，让更多的教师参与到研究的情境中来，认识到这种研究对于专业发展的价值，从而让教师们真正从有效的学习中获得持续发展。

五、研究启示

“持续的学习”专业化发展模式是以经济发达地区美术教师专业化发展中的问题、思考以及路径为研究落脚点，表明美术教师专业化发展的问题不仅是农村地区迫切要解决的问题，而且在发达地区也同样重要。发达地区美术教师专业化发展水平较强，学科基础较好，但他们面临的社会、经济、教育的挑战更大，容易失去发展动力从而产生职业倦怠。我们发现，根据美术教师的兴趣建立各种学习环境，开展专题研习、主题活动、有效评价等机制能促进美术教师有效发展。教研员的创新发展思路是使美术教师克服职业倦怠，获得主动、持续发展的推动力。美术教师作为传播创新思想和创造力的人，他们的专业知识与专业发展观念，对学生创新能力和创造力的培养具有重要的作用。而发达地区出现的问题，可以给其他地区的美术教育提供参照，以避免此类问题的出现，或即便出现此类问题也能及时得到纠正。

第四节 分层式发展：欠发达地区美术教师专业发展途径

一、本案例研究背景与对象选择

我国西部地区经济发展相对较慢，中小学美术教育参差不齐，公办教师、民办教师和兼职教师良莠并存，一方面，由于公办美术教师的数量有限，民办和兼职教师的任教现象极为普遍，他们大多数未接受过严格的师范教育和美术专业学习，在美术教学过程中存在不少问题。另一方面，公办美术教师中也有相当一部分人学历达标率低，一些教师虽然通过继续教育具备了相应的学历，但教学基本功还不理想，美术教师队伍很不稳定。本案例在这个位于我国西南边陲，少数民族聚居地区的研究中发现，这里的美术教师队伍复杂而多样，要促进这支队伍的整体发展困难重重，任务艰巨。然而，这个群体背后多元化的文化背景和资源对于美术教育来说又是一种优势，这是困难与机遇、难题与挑战并存的局面。

如果要改变不利因素促进美术教师整体的进步，我们就需要根据当地的实际情况挖掘出切实可行的对策，需要深入了解美术教师的日常教学状态，例如，他们如何在实际教学中解决一些现实问题，以实现专业发展？对于美术兼职教师，有哪些策略可以促进其在现有的岗位上发挥最大效用，实现其更好的专业发展？当地教育、教研机构如何促进专职美术教师进步？他们又如何促进新教师的专业成长？我们认为，该案例中针对地区特点和师资现状差异，采取分层式美术教师专业发展的经验值得我们挖掘和研究。

二、研究内容与方法

本研究主要从三个部分来探究分层式美术教师发展方式：第一，兼职美术教师在实际教学中提高核心专业技能，通过“课例研究”，组织专家和其他教师，用一段时间多次观课、共同参与课程的研究过程，来帮助兼职美术教师专业发展；第二，新手教师依托美术教研平台，磨炼教学技能的赛课式发展，通过“赛课”，让新手教师在各种教研平台上展示自己的课堂，尽快走上发展之路；第三，开阔视野，以与东部或沿海地区美术教师结对的方式，拓展熟手专职美术教师的思维和视野，促进他们持续成长。我们通过网络联系、实地考察等方式进一步补充研究过程中的素材和资料，以确保研究的全面性。

三、研究过程

（一）通过“课例研究”提升兼职美术教师专业核心能力

“课例研究”通常也被看作“磨课”或“研究课”，围绕一节课或一个单元来研究。其意义不仅着眼于改进某一节课或一个单元，更是“一种以教师为导向的教学循环，是发展教师教学专业水平的重要方式。”①这里“课例研究”是用来帮助兼职美术教师完善教学的一种途径。

【案例1】本案例中J是体育老师出生，兼有小学五、六年级的美术教学任务，自20世纪80年代末开始至今已有二十多年的教龄。她是如何进行美术教学的？如何才能保证美术教学的有效性？她在教学过程中遇到困难时如何突破？

1. 《我的书包》“课例研究”过程描述

（1）专家小组探讨教学设计与听课

专家团队由省、市教研员，同校专职美术教师，其他学科教师共同组成，一起探讨兼职美术教师J讲授的《我的书包》一课，整个“课例研究”活动经历42天，三次上课（如图5-9）。这个研究过程的目的在于对兼职美术教师在美术课程内容概念和理解上进行把关，帮助其提高课堂教学的有效性。通过这段时间对兼职教师教学中出现的相关问题进行探讨，以课堂教学及其效果为研究平台和问题探讨的生发点，获得有指向性的问题解决方法。

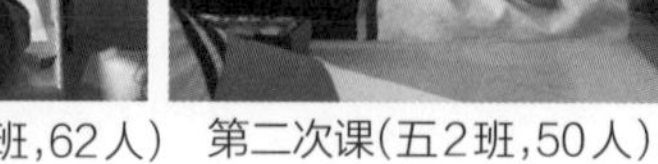

第一次课(六2班,62人)　第二次课(五2班,50人)　第三次课(六2班,61人)

图5-9　三次课堂场景

① 谌启标. 基于教师专业成长的课例研究[J]. 福建师范大学学报（哲学社会科学版）, 2006(1):156.

（2）小组会谈与J老师教学设计改进

每次观课后，专家小组会举行会谈，对J老师在课堂教学中出现的问题和教学环节如何改进提出意见。经过这样的研究过程，J老师对其教学设计进行了改进，三次教学设计比较后发现，在教学目标、重点难点等方面变化不大，改动变化最多的还是在教学过程环节的设计上。（如表5-9）

J老师的三次教学环节设计出现这些变化：第一，在导入环节上，通过第一次教学后进行了改进，改变程式化的导入方法而是以直观感知方式进行，这符合小学高段学生的生活体验，使学生能重新认识自己时常接触的物品；第二，在授课环节上，带领学生研读教材中优秀学生的作品，可以弥补兼职教师专业技能的不足，让学生体验到更多的设计思路和创作手法。通过三次修改，学生学习活动得到逐步重视，体现出让学生在交流和互动中达到思维碰撞的教学思路，更符合设计课启发学生思维的特点；第三，在作业与评价环节，该教师投入程度越来越大，以学生为主体，评价方法也逐渐增多；第四，结课环节基本不变，通过学习增强学生爱惜书包的情感，进行德育渗透。

表5-9 J老师三次教学设计比较

环节	第一次课	第二次课	第三次课
导入	谜语激趣。	教师提问，学生观察、感知书包颜色、形状、结构。	同第二次课。
授课	出示普通书包实物，教师演示立体透视图。 欣赏讨论演示图画出了书包的哪些功能。	欣赏、分析教师范画和教科书中学生作品。 学生交流讨论，说一说自己的设计思路。	同第二次课，学生活动环节小组讨论，代表发言。
作业、评价	学生作业、教师发现问题及时指导。 作业展示、评析。	同第一次课，发现好的作品及时表扬。 作业展评、德育渗透。	同第二次课。 增加学生展示，并以小组为单位互评。
结课	课后延伸，让学生在作业后写一段文字，评价自己设计的书包，增强爱惜书包的情感。	同第一次课。	同第一次课。

2. 三次课堂作业比较与课堂反馈

学生是否学到相应的美术知识，是否实现了有效学习呢？比较学生三次课堂作业（如图5–10），我们发现以下一些现象：第一，总体来说学生作业有所变化，第三次作业与前两次相比有较大变化，学生作品的色彩更加丰富，突破原有的单线条描绘加文字说明的方式，在造型上也丰富多样起来；第二，反映出教师教学方式单一，前两次作业比较雷同，可能是由于不同年级学生第一次学习这个教学内容的原因，第三次教学是同一个班级第二次学习该内容，学生的作业与第一次的相比，他们的设计思维和作业美感与完整性稍好，也体现出该教师在课堂上的引导作用。

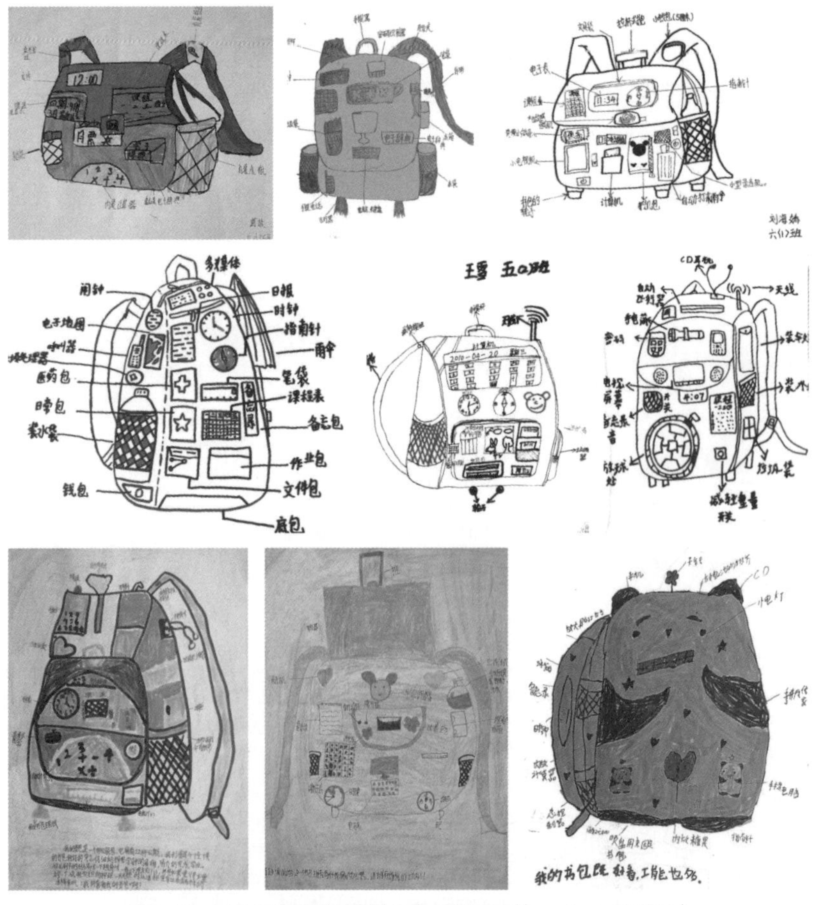

图5–10　三次课堂作业比较（上中下依次是第一、二、三次作业）

3. 对J老师课例研究的思考

课后，我们对学生进行了简单的课堂学习调查，在回答“本节课你学到了什么?”时，学生认为他们“学到了画书包的方法和步骤，可以不用铅笔，直接用彩色笔大胆地画”“书包的功能很多，了解到书包各部分的用途”。在回答“通过本节课的学习给你带来了什么感受?”时，学生认为“现在要好好学习，报答对自己有恩的师长与亲人”“将来成为一名设计师，设计出既环保，又实用的书包”等，从这些回答中可以发现，J老师在美术课堂教学中的一些问题，例如，学生应该学习什么美术知识和技能?德育功能是否强调得过多?但同时我们也知道，兼职美术教师是特殊地区为开设美术课而存在的，是解决特殊问题的特殊方法。在美术教育教学成效上不能以专职美术教师的标准来看待。此外，我们也发现，这个由专家小组和兼职美术教师所组成的教研团队，在课例研究过程中，更多关注的是兼职美术教师课堂教学的环节衔接，也就是作为“教”方面的细磨，但对兼职美术教师来说，她更欠缺的是美术学科教学方面的知识和技能，J老师三次不同的教学设计可以从一个侧面反映出研究团队作用的结果，但要想达到更好的效果并不是一蹴而就的。

【案例2】本案例中Y老师是普通中等师范院校毕业，在一所全日制寄宿的彝族学校里教书。这所学校坐落在山顶上，周围方圆几十里地的彝族孩子绝大多数是自己步行二三十里地来到学校。学校主要采取包班制教学，也就是一名教师教一个班级的所有科目，如语文、数学等，整所学校有一位体育老师和一位音乐老师，美术课由包班教师兼职。全校200余名学生，总共只有13名教师。我们听取了Y老师兼上的一节美术课——《服装的花边》。

1. 课堂教学片段

Y老师让学生观察身穿服装上的图案，有什么花边和形状，板书“服装的花边”，直截了当地开始授课。

【讲解环节】师：我们有马缨花节、茶花节，看来我们彝族同胞对这两种花真是情有独钟，那么我们来说说山茶花有什么特点，马缨花有什么特点?

生1：马缨花的头是尖尖的。

生2：马缨花的叶子是尖尖的、细长细长的，像一个弓。

师：（出示叶子）这是马缨花的叶子，你看，细长细长的，这里是尖尖的，那它的花朵呢？

生3：它的花朵是红红的，许多的花骨朵组成了一朵很美的花。

师：山茶花呢？

生4：山茶花是一层一层的。

师：花瓣是一层一层的，它是什么颜色？

生4：有许多，五颜六色的，它的叶子下有很多的小齿。

师：观察得很仔细，有小齿，尖尖的，好，这就是我们熟悉的马缨花和山茶花，我们的少数民族同胞呢，就因为对马缨花和山茶花特别地喜爱，所以就把马缨花和山茶花通过变形之后形成的图案纹样缝制在衣服上，下面我们就观察一下我们的衣服，变形后的花是什么样子的，它们的形状、颜色是什么样的？好，你们小组选一个同学来说说，注意它的形状、颜色。（同学们观察身穿的衣服，讨论衣服上的花纹、形状与颜色）

师：好，看同学们观察好了，下面我们就来说一说。

小组一：花的形状有椭圆形、爱心形、扇形、葫芦形、圆形。

小组二：还有半圆形。（老师在黑板上一一画出这些形状）

师：好，颜色是什么？

小组三：深红、粉红。

小组四：橘黄色，还有黄色、金黄、深绿。（老师在黑板上板书）

师：但是，哪种颜色最多呢？

生齐说：红色。

师：红色比较多、比较鲜艳，那它的图案有什么特点呢？

生：有的是连续的，有的是单个的。（老师在黑板上板书“连续的”“单个的”）

师：老师给你们分别准备了两种图案，一种是连续的，一种是单个的，所以同学们看一看，看老师是怎么画的。（出示并分别将示范作品贴在“单个的”和“连续的”板书下方）

Y教师让同学们先看单个的图案，提问学生在构图的时候，应画在纸的什么位置，在学生回答是“中间”后，演示怎样将图画在中间。

【作业指导与评价环节】师：我们有张纸可以给它对折，左右对折以后，我们可以找到它的中间位置，然后在中间画出单个图案。好，我们再来观察一下连续的图案。看，老师同样画在哪儿呢？既不在上面，也不在下面，在哪里？（生：中间）那怎样使它在中间呢？

生：对折。

师：怎样对折？是左右呢，还是上下呢？

生：上下对折。（教师演示）

师：上下对折以后，中间就有一条线，一条折痕，我们就可以沿着这条折痕来画连续的图案。好，下面就可以动手来画这些漂亮的图案了。在画的时候，你看到的、想到的，都可以画，单个的、连续的都可以。（学生作业，教师巡视指导，学生先用铅笔画出服装上的花的图案，然后用勾线笔描出，最后涂上色彩，分别贴在墙上，左边“单个的”图案，右边 “连续的”图案，大约10分钟。）（如图5-11）

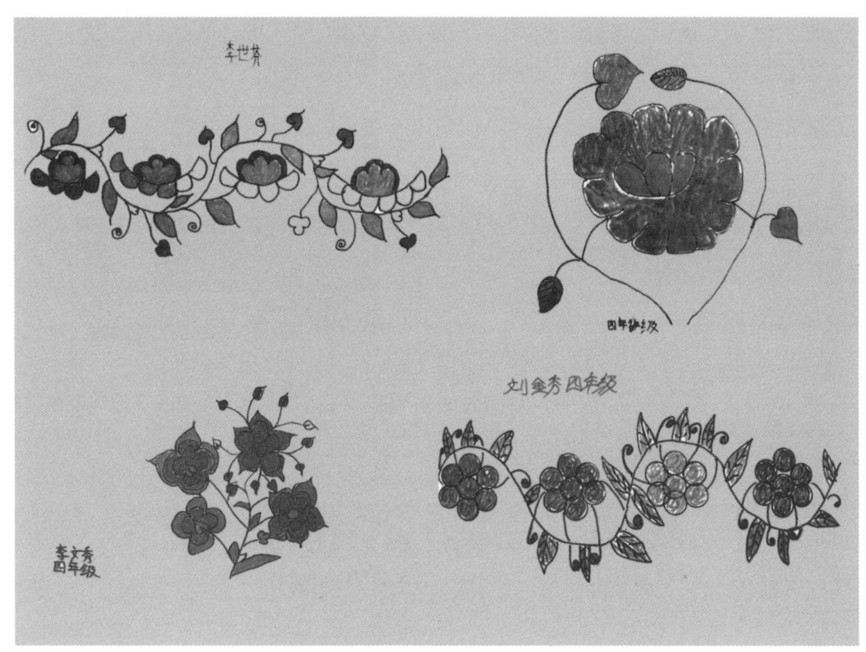

图5-11 学生作业

【结课环节】师：好，大家左右看一下，漂亮吗？（生：漂亮）看来大家都是心灵手巧的小能手，我们画了这么多漂亮的画，相信小朋友们以后会画出更漂亮的画。

2. 对Y老师的教学活动分析

虽然Y也是兼职教师，但从她的教学设计来看，这节美术课的教学目标和课堂结构的安排还算恰到好处，同时，可以看出她善于利用日常生活中的物体和学生熟悉的民族服饰来辅助美术教学，促使学生直观体验与感受，除了在美术课程内容的实施上注意用适合美术教学的手段外，还能在学生可能出现的美术学习难点上有所着力，例如，对构图的专门提示，这些都说明Y老师在进行这节美术课设计时思考还是较多的。（如图5–12）

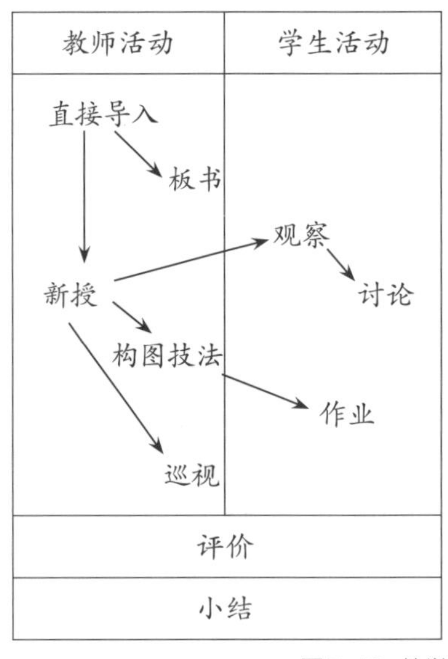

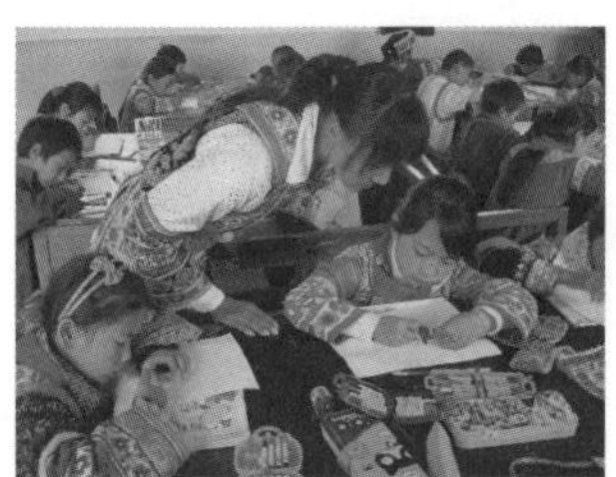
教师巡视指导

学生在观察讨论

图5–12 教学活动分析

3. 学生采访片段

为进一步了解学生的学习效果以及他们平时美术学习的状况，我们随机采访了一些学生。通过与学生课后简短交流可以看出，学生喜欢绘画，他们的绘画形式比较简单且表现手法单一，画的内容多与他们的生活相关。而这节课的内容或许是他们平时比较熟悉的题材的缘故，他们学习起来比较得心应手。这一点在我们后来观察他们课后美术活动室时也得到验证（如图5-13）。他们从小在家中就耳濡目染，跟家里的大人学习绣花的本领，具有地方特色的马缨花是他们熟悉的题材，而传统民族纹样也能给他们带来一些程式化的造型特点。

图5-13 活动室黑板上学生的绣片作品

4. 对Y老师课堂教学的思考

在与Y老师的交流中我们知道她有7年教龄，没有美术专业学习背景，是从中师毕业的教师。作为土生土长的彝族人，她很注意本民族资源。新课程改革以来，小组合作、讨论等课程理念对她影响很大，她的课堂中也渗透着新课程改革的影子：有完整的教学设计并严格按照教学设计上课，采用小组学习合作的方式等，课堂教学内容简洁。但Y老师在对学生作业评价时一笔带过，甚为简单，美术学习延展效果不明显。同时，她缺少系统的美术知识与技能学习，还不能深入挖掘美术课程资源。此外，山区教学条件有限，无多媒体等设备辅助美术教学。

交通不便的少数民族地区和边远农村如何解决美术师资不足这个难题，兼职美术教师的出现或许是权宜之计，不失为一种有效的解决途径，因此，促使兼职美术教师专业化发展就迫在眉睫。以上两则案例阐述了云南地区在解决这个难题上的具体做法：通过专家团队利用“课例研究”促进兼职美术教师专业发展；以探究和利用民间美术资源来促进兼职美术教师在学科教学上的认识等。研究中凸显一个问题：兼职美术教师的关键能力是什么？我们认为，作为兼职美术教师更需要补足美术学科知识和对美术教学价值的理解，他们在美术教学时需要有意识地提高自己对美术学科的认识，教育部门应该指导兼职美术教师学习美术学科专业知识以及基本的专业技能，然而要真正促进兼职美术教师专业化发展，还需要加强政策改革的力度，促进地区间的合作与交流，采取多种形式，例如，专职美术教师走教与支边等，来带动边远地区兼职美术教师的快速成长。

（二）通过赛课激励新教师成长

“赛课”是中小学美术教师经常参与的教学比赛活动，它可以促进新教师对学科和教学的理解，使他们学会关注教学细节，体会到课堂的丰富性和层次性。赛课的准备过程磨的是教学细节，抓的是新教师的课后反思，能使新教师快速转换角色，积极步入专业发展轨道。

【案例3】本案例中的L老师，本科毕业，美术学专业，2009年7月参加工作。磨课的时间段是从L老师参加工作半年以后开始的，约一个学期。

1. 打磨教学细节

比较L老师最初教学设计与最终课件，可以看出这个磨赛课教学细节所带来的变化。在团队与L老师探讨最初的“真情对印”教案后，他们认为，L老师的教学设计存在如下问题：教学设计简单、对教材内容挖掘不够、对如何教学和如何学习研究不足等。这反映出新教师对教学活动与环境的有限认识，缺乏对教学的自信。于是，团队采取与L老师一起备课，听L老师上课，回放L老师的上课录像并与其探讨教学细节，通过对L老师说课、评课等一系列做法进行评价，帮助L老师理解和提高她的美术教学细节。

这个过程促进了L老师的反思，她对自己课堂改进有了一些新的想法，例如，在示范环节上，是找对印而不是找对称；在板书时，直接板书学习的重点，要有主次；在教学过程中，要注意学生学习习惯的养成，不能因为传授美术知识的需要而抑制学生创作的激情；在学习方法上，要鼓励小组讨论，通过教师的眼神、动作以及肢体语言与学生交流等。（如图5-14）

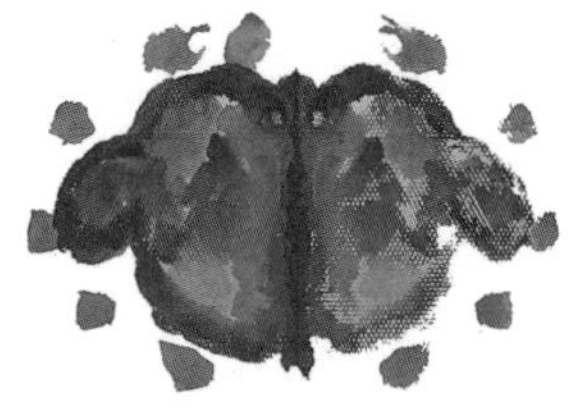

图5-14 磨赛课活动

2. 抓新教师的说课

L老师的第一次说课比较全面，按照说课常规程序反思自己的教学过程。运用描述性的语言，呈现出她对课堂教学预设、教学过程的理解和自我评价。第二次说课的变化之处主要体现在对教材的深入理解上，包括对教材内容的取舍、重难点的判断、教学设施应用等。第三次说课时突出了对学情的分析，说明在经过两次教学细节的打磨后，L老师意识到学生才是教学主体，开始将注意力转移到学生学习上来，在教学方法上围绕学生学习做了更多的思考，例如，“3～4年级的学生对不同材料和工具的使用已经有一定的掌握，会用线条和色块来表现他们所知道的东西。这一年龄段的学生思维活跃、想象力丰富、联想奇特、好奇心重，喜欢按照自己的想法来自由表现画面”“为了更好地体现学生主体，我引导学生体会对印的美，通过自主观察了解制作方法，在练习中体验，在讨论中解决问题，本课的学习方法包括观察分析法、合作学习法、讨论法”等。（如表5-10）

表5-10 三次说课围绕的主要内容

第一次	第二次	第三次
教材 教学目标 教学重难点 教法、学法 教学流程 板书设计 评价	教材 教学流程 板书设计 评价	教材分析 学情分析 教法、学法 教学流程 评价

对L老师的说课，由不同学科组成的专家团队也做出相应评价。

语文组老师对她说课的评价：教学过程要说具体；语言要有情感，目光要交流；课堂示范环节在说课时可边说边演示，显示童趣；肢体语言较少，缺少激情。

美术组的评价：紧张，说课中语速较快；教材分析不够明确，要抓主线；引题的图片要清晰、明了，不要同时出现多幅图；课件制作要注意搭配，不要有知识点错误；重点要放在教学过程，教学中“压”和“印”是步骤，不应讲得过于简单；评价要注意首尾呼应；缺少反思环节。

数学组的评价：幻灯片上红字看不清，可换鲜亮的色彩；语言不够流畅；表情太紧张，不够轻松自然；在说课过程中，教学重难点要突出，要紧扣课标。

说课的过程也是L老师重新思考课堂各种细节的过程，不同角度的建议带给L老师更多的启发。

3. 促进新教师个人反思

研究发现，2009年9月至2010年4月这段磨赛课期间，L老师除了有这节赛课要准备外还要进行日常的美术课教学，在课后她写下关于“教学感悟”“美术随想”和“听课反思”共68篇文章，说明L老师对美术教学的思考处于一种持续状态。

例如，对课堂美术材料的使用。L老师在上四年级《雪花飘飘》一课时用到泡沫板，课堂上到处是泡沫颗粒，整个教室真的像下了一场雪。但泡沫有吸附性，课后怎么打扫也弄不干净，还影响到下节课的教学。L老师意识到美术课堂上对美术材料的使用后果也要作充分考虑。

例如，美术课堂上评价问题。通过对一个学习后进生的夸奖带来的变化，L老师认识到“好学生是夸出来”的道理，认为在美术教学中，评价要以肯定为主，老师评价与学生评价有机结合，张扬学生个性。

例如，对美术课堂节奏理解上。L老师在听过其他美术老师的课堂教学后反思自己在课堂环节上存在松散不紧凑的现象，有时候太紧而有时候又太空，学生作品出不来，还要维持学生的纪律问题，她感到很有挫败感。

……

通过这些零碎而日常的反思，L老师渐渐进入美术教师的角色，感悟到美术教师的辛苦和不易——“除了做大量的教学准备外还要有创新意识，要根据小学生的美术学习特点进行美术教学，光讲不示范不便于他们理解和学习。”

通过这种与新教师一起磨赛课来促进他们专业发展的方式，符合美术新教师成长的规律，新教师在经历刚工作后的适应期后，自身有教好课、做好老师的专业发展需求，顺应这种需求，借助磨课过程帮助美术新教师在实践中获得认识，建立对美术教学的成就感与自信心，在解决具体问题中提升美术教学技巧与能力，思考如何获得与美术教学相关的各种信息、材料、方法和策略，并运用于实践中。

（三）以结对提供熟手教师发展平台

“结对”就是建立链接，成为合作伙伴，通过一对一的方式达到共建目的。云南省某些硬件条件适宜的学校在与发达地区结对的过程中，获得地区外关于美术教育的资源和信息，通过“走出去、请进来”以及日常网络交流等方式，转变当地美术教师对美术教学相关问题的定势思维，集中交流诊断美术课堂教学，对转变当地美术教师专业发展的固有模式发挥着积极作用。

【案例4】T老师，有15年教龄。她所在学校创建于2001年8月，学校硬件设施优良，校园环境优美，绿草成茵，鲜花盛开，苗木错落有致，是一所花园式的学校。T老师自1999年以来，通过在职进修方式，进行国画、版画等专业学习。她对自己的未来有明确的计划：……在未来五年里，重点加强自己最感兴趣的中国画学习，力求有更多的创作作品参加各级、各类比赛及展出，也带动身边的一批孩子，传承中国的传统艺术……充分发掘、研究民族文化，并运用到教学中，编写乡土教材……

1. T老师结对交流时的美术课堂片段

T老师首先熟练地打开多媒体设备并演示图片，在音乐声中课件上出现各种有自然纹理的石头，在欣赏图片时启发学生观察，引起兴趣。一边观看石头的色彩、花纹和形状，一边让学生联想回答，并在黑板上贴上“色彩、花纹、形状”纸板。（如图5−15）

图5−15 贴纸板

图5−16 拼摆石头孔雀

图5−17 学生作业

接着，在投影仪上显示两块普通的石头，当学生们观看时，翻开这两块石头的背面，立刻看到石头的背面都根据石头的造型和特点添画上了适合的画面。（黑板贴上“石头说话”）

继续播放课件（一组石头上已经作了绘画的图片，贴上“添画”），接着出现用石头拼摆的孔雀（如图5–16）形象，课件演示组成石头孔雀的关键步骤，提醒学生注意事项（贴上“拼摆”）。让学生接着观看一组图片（贴上“粘贴”），强调有三种方法可以让石头说话：添画、拼摆、粘贴。布置作业（如图5–17）。

2. T老师常态课实录片段

这是一节二年级学生的美术课《各式各样的帽子》，属于“设计·应用”学习领域。（上课时T老师直接拿出帽子，请同学们说说帽子的形状，并在黑板上用简笔画出）

【《各式各样的帽子》课堂实录片段】

师：你们都见过什么样的帽子？

生：草帽、时装表演时模特戴的帽子、冬天很冷的时候戴的毛线帽，还有遮阳帽、安全帽……

师：帽子的种类可真多，现在我们就看看小花狗准备找什么样的帽子。（课件播放动画后，展示各种帽子的实物照片和图片）

师：看了这么多的帽子，小朋友们想不想画一画？

师：（巡视中挑出三份学生作业放在投影仪上）这三张画得不一样，你们觉得这些帽子会有什么奇特的作用？

生：他画了一个长长的鞭子，短发的人要是想变成长发时就可以戴这顶帽子。

生：我画的帽子是遮阳帽，夏天热的时候戴上它可以遮挡阳光。

生：帽子可以保护脑袋，更加安全。

师：很好，大家表扬他们！想不想让帽子有更多用途？

生：我画的帽子，戴在头上打球时砸到也不会疼。

师：如果让你来设计帽子，你如何使你的帽子更有用呢？

（学生讲出自己的设想后，老师在讲台上边播放以前学生的作品图像，边描

绘画画内容）

师：看了这么多同年龄学生设计的帽子，你们想不想也来画一下？（让学生说说自己想设计的帽子是什么样的，学生起来回答，T教师一边听学生说自己的想法，一边在投影仪上放上一张简单画出帽子外形的纸，接着在上面用勾线笔作添加其他物体的示范，然后让学生做作业。十分钟之后，学生陆续把作品贴到黑板上）

师：找一找，你最欣赏谁设计的帽子？（老师先后请了10位同学上来挑选作品并说出理由）

总体上来说这是一节比较平实、按部就班的美术课，也是一节优缺点非常明显的课。课堂上，学生参与意识较高，但学生看得多，说得多，练习的时间少（40分钟的课堂，学生创作时间不到8分钟）。老师忙于播放课件，电脑和投影仪的相互切换也使课堂进程总有点不太连贯。教师引导较多，学生的主动探究有些欠缺。在做作业时也是示范过后直接让学生在纸上画，学生作业创造性少（如图5–18）。课堂时间不够紧凑，表扬学生作业仪式较多，而缺少用美术语言来评价。

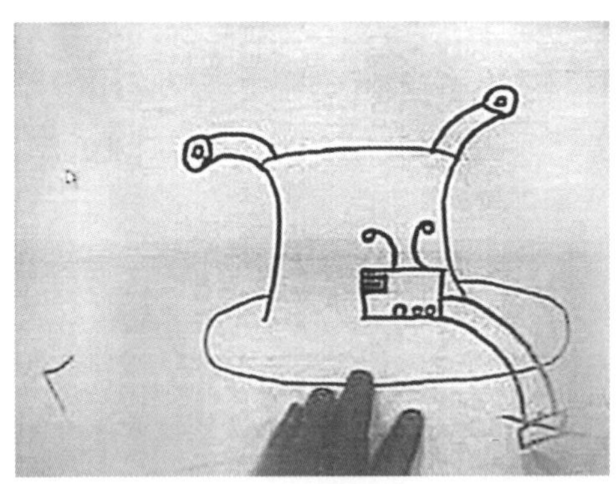

教师示范

学生作业

教师示范和学生作业显示出教师专业知识上的问题：课题是“各式各样的帽子”，T老师在选图时注意到各种形状的帽子，但在示范时是在事先准备好的帽子外形基础上做简单叠加，最后学生的作业与示范作品相似。

图5–18　教师示范和学生作业比较

3. 对T老师案例的思考

T老师结对前后的美术课堂有区别：结对前的美术课堂内容较满，学生操作时间短，教师讲解较多；结对后的课堂内容比较适宜，学生操作时间长一些，有比较充分的讨论和思考练习的过程。但总体来说，T老师的课堂过于干净，趣味少；教学状态较紧，语言过于严谨、精练；设计痕迹重，有些不自然。这也给我们提出一个问题：美术熟手教师该如何突破长期以来形成的美术教学习惯和思维方式？T老师有专业发展的需求，但无具体方法，正处于瓶颈期。

有一定教龄的美术教师，其教育技能比较娴熟时，在教学思维上容易出现思维定式，就需要不断拓宽自己的眼界和视野，补充、完善自身知识结构问题。培养善于发现常规行为中的“问题”、勤于思考的习惯，让自己不断从已经适应了的状态中跳出来，将美术学科内容和美术教学方法创新性融合，是熟手美术教师应该探究的方向。

四、研究发现

（一）分层式教师专业发展，是对地区教师队伍不齐现状下的一种积极做法

首先，兼职美术教师可以从体验和实践的角度逐渐认识美术教师知识的构成，在实践中通过其他专业人员的帮助和指导以及自我探求，加强对美术学科知识内容和技能的选择和建构，进而实现教师知识的转化。这对于那些因没有师资而无法实现美术教育的学校来说，是一种过渡的方法。其次，新教师通过其他专业人员的帮助和指导，能尽快适应日常美术课堂教学，可以顺利走上专业发展之路。同时，新教师所具备的教学新理念和专业技能也可以给兼职教师带来深刻影响。最后，采用与发达地区学校、学科结对的方式，可以使专职美术教师突破地区限制，拓宽眼界，启发教学思维，提升教学技能，从而更好地实现专业发展，与此同时带动本地区处于其他层面的美术教师的进步。

（二）地区教研部门的活动策划与积极推动意义深远

本案例所处地区范围较广，民族较多，地区差异较大，交通不便，信息

传播较慢。这些不利因素给地区之间的美术交流互动带来很大难度。而另一方面，多民族地区意味着丰富的美术课程资源和多样化的文化环境，这对美术教育来说是不可多得的优势。所以，培养这一地区美术教师课程开发与利用的意识，提升美术教师专业素养是非常必要的，虽然十分艰难，却具有突破性意义。当地教研部门通过编写当地美术教材，开展校本研究培训，发挥了积极的作用，但也需要在进一步拓宽自身思路的基础上开阔教师的视野。

五、研究启示

“分层式发展”专业化发展模式是美术教育欠发达地区，解决美术教师师资问题，促进专兼职美术教师按需发展，兼顾少数民族地区美术教师发挥特色的有效路径。通过实地研究和资料分析，美术师资不足、兼职美术教师普遍，是长期存在的现象，而丰富的课程资源和地域特色又潜藏着巨大的美术教育空间。需要美术教师拓宽专业化发展思路，积极探索。该地教研部门、各级美术教育力量的积极配合，与各种类型美术教师共同探讨分层式的专业发展方式值得类似地区参考。一方面，各层、各级美术教育管理者要能把握大局，分析地区优势，了解区域内美术教师群体的差异和特点，多角度、多思路、因地制宜地寻找对策；另一方面，美术教师也要立足自身环境，善于利用各种条件和资源，客观面对问题，寻找专业发展的突破口，以提升自我的专业发展能力。

[第六章]

美术教师专业发展既是一种状态，也是一个不断深化的过程。通过对第四、第五章节中不同阶段、不同地区的美术教师专业化发展的个体经验和团队经验的案例研究，我们对美术教师专业化发展的本质有了进一步的认识。我国美术教师分布广泛，城乡差异、专兼职教师并存的局面还会持续较长的一段时间。要实现广大美术教师的“专业化”，促进他们持续的、稳定的发展，就需要建立一个专业发展标准，以便他们在发展过程中对照、衡量以及评价。我们对优秀美术教师专业发展的案例研究，正好可以提炼出美术教师在专业发展过程中的规律，发现其中的共性和个性，通过探究优秀美术教师在专业发展过程中的特征、能力要素和有效方法，找到影响美术教师专业化发展的多重关系。这些研究结果可以为广大美术教师专业发展提供参照，为构建我国美术教师专业发展标准提供依据。

第一节 学校美术教师专业发展案例研究的剖析

一、案例所呈现出的美术教师专业发展特征

（一）美术教师专业发展围绕核心点展开

8则案例的选取都是在先期研究的基础上，又经过三年的跟踪调查与访谈研究，逐渐梳理、分析、提炼而成的。

首先，研究对每个案例提炼出相对集中的研究重点，这有助于清晰地围绕问题进行分析和阐述，从而更加突出每个案例在专业发展问题上所表现出的典型性、独特性和优秀性，提供类似情境下美术教师专业发展参照。当然，美术教师专业发展并不是孤立的，不能完全割裂各种影响要素内部的关联，这里突出研究的侧重点，其目的是为了显示出每一类研究对象的典型特质。事实上，在研究过程中，我们在探究每个案例独特性的同时，也发现了他们有很多的共性特征。

其次，研究中注意兼顾美术教师个体和团队中美术教师的专业发展特点，以及层次的深入与递进性（如图6-1）。这8则案例研究落脚点不同，在美术教师个体的研究中，以美术教师的教龄、性别和地区的不同，分别着眼

于教师生涯、熟手教师、新手教师、农村教师等美术教师专业发展路径。在对美术教师团队的研究中，以某一个相对区域为研究中心，分为城市中心区、城乡接合部、发达地区、欠发达地区，来研究美术教师团队专业发展的经验。这样抽样选取的目的在于，从一线美术教师专业发展的核心点——自我实现式、反思实践式、问题解决式、课程开发式、学习共同体式、城乡一体化式、持续的学习式以及分层式发展的基点出发，通过这些案例研究深入探讨美术教师专业发展的意义与途径。

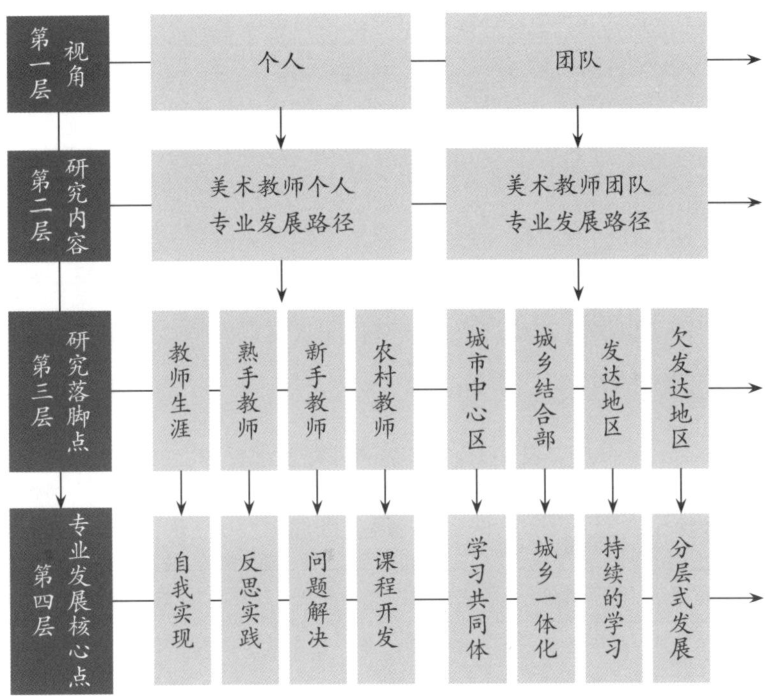

图6-1 8则案例研究递进图

（二）美术教师专业发展面临的问题有其共性和个性

1. 专业发展的共性问题

学者安德森（Anderson）在《为专业而教育》（Education for the Professions）中就提到了教学的准专业地位。但教学在很大程度上被当作一种专业或者应该被当作一种专业来看待之类的问题仍然大量存在。这些问题主要集中在"专门知识和技能的角色、对顾客的道德责任感、建立相应标准的责任感"。[①]可以说，知识、技能与标准是教师专业发展的基石，但就目前美术教师专业发展相关研究来说，这三个问题没有得到明确的界定。换言之，美术教师专业发展是否有其职业专业知识基础存在？如果有，这种专业知识是什么？（这里的专业知识不是指美术专业知识）这些专业知识是否有助于美术教学的改进？美术教师知道的这些知识如何能对学生美术学习产生影响？美术教师怎样才能知道自己的教学是有效的？要说明这些问题，就要深入研究美术教师专业发展的内容、结构、特征及评价。因此，研究美术教师专业发展问题应该从这些源头做起，这也是美术教师专业发展面临的共性问题。

2. 专业发展的个性问题

研究对象受环境和背景影响，在工作中面临的问题不同，思考和解决策略也不同。我们在研究过程中针对不同案例条件选取研究侧重点，在具体问题中，研究案例对象所面临的真实的专业发展难题，并分析其突破专业发展瓶颈的做法和可供借鉴之处。个体案例和团队案例面临的个性问题列表如下（如表6–1，表6–2）。

表6–1 个体案例研究要素表

案例	性别	教龄	专业发展阶段	面临的难题	研究侧重点
Z	男	>30年	专家教师	突破瓶颈、创新发展。	综合能力（专家原型）
W	女	10年	熟手教师（城市教师）	持续学习能力、与资深专业人员合作能力；克服职业倦怠。	个人反思能力（优秀教师行为惯例）
H	女	3年	新手教师	熟练地观察、诊断课堂问题；多种能力的整合。	课堂教学能力（过渡期面临的问题）
X	男	10年	熟手教师（农村教师）	农村社会、学校环境限制下的美术教学；农村美术教学视野、优势。	资源开发能力（农村地区的优势）

① [美]琳达·达林-哈蒙德（Darling-Hammond L.），美国教师专业发展学校[M]. 王晓华，向于峰，钱丽欣，译. 北京：中国轻工业出版社，2006:3.

表6-2 团体案例研究要素表

地区	特点	面临问题	研究侧重点
上海	城市中心区	沟通、交流；团队发展难题；新教师成长。	团队合作与学习的方式与机制
浙江	城乡接合部	城、乡教师共同成长；课程资源开发；美术教育公平问题。	如何解决共同发展的问题
深圳	发达地区	教师职业倦怠，缺乏持续发展动力。	发达地区专业化发展解决方式与途径
云南	欠发达地区	教师队伍参差不齐，多元化（少数民族多）、多样化（专职、兼职并存）。	欠发达地区专业化发展解决方式与途径

（三）不同阶段的美术教师专业发展表现有差异

1. 观念与需求

不同阶段的美术教师在专业发展观念上有一些相同点。第一，重视个人与专业的关系。首先，在个人与团体案例研究中，美术教师表现出对日常教学中的教与学关系的重视。一方面，他们通过课堂教学观摩、实践和反思，摸索探究教学的技能与方法；另一方面，他们以学生为本，围绕学生的日常生活需要，在学生美术经验的基础上，或研究教材、选取教学内容并设计教学，或开展校本教研、拓展课程资源以丰富美术教学内容。其次，对增强持久学习能力的重视。案例中的美术教师表现出较强的学习和研究能力，能不断突破出现的新问题和新挑战，尤其是具备将研究中获得的新知应用于实践的行动能力，减少了理论与实践脱节的矛盾。同时，美术教师自身的学习体验过程能促进他们对学生学习的理解，使美术教学更加有效。这些共同点也反映出美术教师的专业化发展是有知识基础的。

第二，重视个人与团队的关系。案例中的美术教师、教研员、学校管理人员、教师群体之间，建立了密切的专业关系，并且这种关系建立在经常性的交流、共同的工作、共同的兴趣和不断对话的基础上，创造了一种决策和解决问题的环境，这对所有的利益群体都是有效的，这是一种以挖掘专业化发展能力为基础的动力机制。最重要的是，这种关系逐渐形成制度化，具有长期性。但同时，在研究中我们也觉得这种形式存在着风险——如果缺少创新内容和有实效的活动，就会沦为形式而陷入另一种无发展潜质的循环中。

不同阶段的美术教师在专业化发展需求上也存在着不同。选取的典型性案例，都有一定的象征意义，承载着不同阶段专业成长需求、支持体系。以个体案例为例（如表6–3）。

表6–3 个体案例专业发展需求

<table>
<tr><th>案例</th><th>专业发展阶段</th><th>专业发展需求</th><th>激励措施</th><th>支持体系</th></tr>
<tr><td>Z</td><td>专家教师</td><td>有机会分享专业知识、担任同行指导、带教教师、课程编制、实习指导。</td><td>愉快的工作环境、职业成就的认可。</td><td>分享专业知识的领导机会、举办工作坊、担任专业组织工作。</td></tr>
<tr><td>W</td><td>熟手教师</td><td rowspan="2">持续学习、开发课程、行动研究、同行观察和指导。</td><td rowspan="2">额外的学习机会、灵活的工作日、对学校决策的影响。</td><td rowspan="2">高等教育、研讨会或工作坊、同行支持、做带教老师。</td></tr>
<tr><td>X</td><td>熟手教师
（农村教师）</td></tr>
<tr><td>H</td><td>新手教师</td><td>职前知识准备能在教学实践中应用。</td><td>精神回报、工作自主权和处理权、学习机会、工作有效。</td><td>进一步专业定向、有带教教师支持、观摩其他资深教师美术教学与研究。</td></tr>
</table>

从上述表格分析我们发现，在美术教师专业化发展问题上不能以同一个标准来对待所有的教师，应在达到一个基本要求的基础上有区别地、有侧重地衡量个性化的专业化发展水平。

2. 专业知识表现

（1）相同点

案例中的美术教师拥有较好的专业知识体系，能有效利用专业发展内部环境，善于借助各种力量完善与提升专业发展空间。有学者说过，一次职前的教育不能满足一位教师近40年教育职业生涯中全部的专业知识、专业技术、专业理念和专业素养，因此，恰当地运用好自己的专业发展内部环境，有利于美术教师认识自己，更好地发展自己。

（2）不同点

专长和教龄的不同使案例中的教师在对专业知识的理解和运用上显示出差异。以个体案例试作如下分析。

第一，美术内容知识传递。Z老师教龄长，经验丰富。他认为美术内容知识不仅指教材上规定的内容，还有与学生生活相关的美术活动与事件、展览等，这些都是与美术学科内容相关联的。同有10年教龄的W、X两位老师，因为处境不同，对美术学科内容知识认识的侧重点也不同，W老师对教材关注度高，每个单元内容都会精心设计，并在教材基础上拓展更多内容。而X老师因为农村学校环境和文化条件限制，课堂教学不受重视，课程经常被占用，校内教学延续性得不到有效保证，因此，他更多关注课堂之外的美术教育空间，通过丰富多彩的美术教育活动来提升农村孩子的美术素养。有着3年教龄的H老师，对美术学科内容知识已有所了解，但并不是游刃有余。她通过反复磨课加深对美术内容知识的理解和融通。相比较而言，兼职美术教师J由于美术基础知识欠缺，操作能力较弱，对这些知识的理解不够透彻，一定程度上也影响了学生对美术学习的理解与把握。

第二，美术教学知识运用。Z老师并不局限于某一种固定的教学方式或教学策略。设计出身的W老师有一些教学行为惯例：教学过程设计严密，教学知识点明确，课堂教学目标细分，课件制作精美，并用分段学习的方式分解教学难点，强调学会创意的重要性。X老师利用美术兴趣班争取能让更多的农村学生加入美术学习中，通过“综合·探索”领域活动课连接课堂和课外美术学习，努力营造一种教学情境而不是刻意进行技能教学，与农村学生一起收集熟悉的、身边可取的农作物资源作为美术创作材料，向家人或有技艺的农民学习本土文化，体会传统精神。新教师H思考的是她的课堂教学如何设计、如何组织、如何实施才能有效的问题，在研究性教学活动中，她经常向同事请教教学策略和教学方法，课后琢磨教学方法的可行性，敢于在教学中尝试新技术。兼职美术教师J关注的重点在于教学环节的设计，通过实物与范画分析，帮助学生理解，主要采用讲授式教学方法。

第三，美术课程知识理解。在Z老师的身上能深刻地感悟到“教师即课程”的道理，经历30多年的教学与管理工作，他拥有了丰富的美术课程知识，形成了两类凸显当代教育理念的美术课程：开发本土文化资源课程、多元文化及国际理解教育课程。这些课程具有统整的特点，即美术学科与其他学科的统整，美术学科与探究性学习活动的统整，以儿童为课程主体，传递的是人类社会美术经验，并突出学生美术学习的当代性。W老师主张的是以学生为中心的美术创意课程，她将讲授、演示、讨论、练习穿插在一起，在课程学习活动方式上以理解、体验、反思、探究和创造为根本，注重课程教学时的动态性和生成性，突出W教师在开发基本教科书之外的教学资源能力。X老师主张生活取向的美术课程理解，他从美术兴趣小组到美术课堂教学，再到美术课外活动大美术教育的实施。从乡镇学校和学生的需求出发，探寻利用身边的美术资源进行美术教学，这样的活动拓宽了美术学习的范围，使乡镇学校的学生突破原有的环境局限，充分发挥乡镇环境的优势，促进学生美术思考与创造力的发展。H老师对美术课程知识的理解还处于摸索阶段。在“研究性教学”过程中，H老师提出问题并通过自己的努力解决问题，反映出她对美术课程知识理解不再局限于教材中静态的内容，而是想方设法关联到学生熟悉的日常生活，最大限度地创造课程意义。对兼职教师J来说，提高其美术课程知识理解，还需要自身在美术专业知识和技能方面的积累，从而才能在更多的教学实践中不断获得感悟。

第四，实践性知识积累。Z老师的实践性知识最为丰富，在长期的教育实验和研究中，他将积累的经验与对经验的思考提炼并体系化，形成自己独特的专业知识结构，并影响着自己的实践，且在周围老师的专业知识进步中凸显出引领作用。W是一位富有热情、热爱生活的老师，她在不断求变、求新的过程中，体会教育的意义。她善于反思，10年中坚持写的反思日记超过十万字，还通过个人教学博客，建立师生互动空间，提供了W老师对思考话题的提问和向他人学习以及从其他人那里获得帮助的机会，这些机会比她与同事或其他人在日常的面对面互动中得到的要多得多。X老师思维活跃、观察敏锐，能突破环境局限，转换思维，另辟蹊径。保护农村文化和本土资源意识强烈，善于将文化传统与现代农村学生的生活建立联系，具有传承意识。H老师的实践性知识处于积累阶段，非常关注课内教学，以追求课堂教学设计完美，思考多样化的教学策略来促进有效教学，提升实践能力。而兼职教师J虽然作为美术教师的专业知识相对较弱，但作为具有20年教龄的教师来说，其一般性的实践性知识积累还是较为丰富的，问题是这种知识还需要与美术学科进行有效的融合。

第五，专业发展知能运用。Z老师是专业发展知能最为全面的一位教师，这不仅是因为他几乎走过全部的教师职业生涯，而且还在于他在职业初期就表现出对专业发展的规划意识。在其每一个职业生涯中能抓住机遇，克服倦怠，与周围的师生建立了良好的人际关系，因而，其专业发展总能登上一个又一个高度。W老师和X老师，也表现出较好的专业发展知能，他们在各自的教学与生活中，有自己的追求和想法，特别是付诸行动的执行力很强。W老师在教学中形成了自己的行为惯例，养成了良好的记录与自我管理的方法。X老师能与农村学生打成一片，在实现农村学生美术学习的公平性上也找到了自己追寻的目标。相比而言，新手H老师的专业发展知能较为不确定，当周围环境和自我发展不利时，容易怀疑自己的能力，这也是新手教师普遍遇到的问题。

（四）专业化发展反映出美术教师的能力要素

在这8则案例的研究过程中，我们发现无论是美术教师个体还是团队中的美术教师，促进其不断进步、推动其有效教学、激发其不断思考的，总有一些相似的个人素质，或者说是个人具备的能力和发展潜质。由于美术教师的专业化发展研究还处于摸索探究阶段，在专业化发展过程中究竟有些什么重要的概念、关键的内容还没有一个确切的认定，因此，这些体现在有专业化发展能力的教师身上的个人素质或潜质，对于我们研究美术教师的专业化发展就具有非常重要的价值。

结合研究和分析，我们归纳出8个案例中教师们所体现出的个人素质或发展潜质（如图6-2），从图中可以看出，美术教师专业化发展路径主要有两种，第一种是美术教师个人有强烈的专业化发展诉求，在日常的教学和发展中寻求主动发展的机会。他们通常具备较强的自我发展意识，有探究和挖掘问题的能力、观察与反思能力、科研能力、课程开发能力以及创新意识等个人素质。这是美术教师一种向内寻求自我发展的途径，需要美术教师个体良好的发展潜质和能力。第二种是寻求向外发展的路径。由于环境等多种因素影响，依靠美术教师个体主动寻求发展的难度较大，就需要团队的力量来共同搭建发展平台，营造发展空间。在集体中，美术教师个体逐渐发展他们的合作能力、沟通能力、学习能力、评价与判断能力等，来完善他们的个人素质和发展潜质，以增强其个人的专业化发展能力，最终达到促进美术教师专业化发展的目的。而学校美术课程改革、社会发展的挑战以及家长与学生的期待，对美术教师通过这两种路径逐步形成的个人能力有深刻的影响。

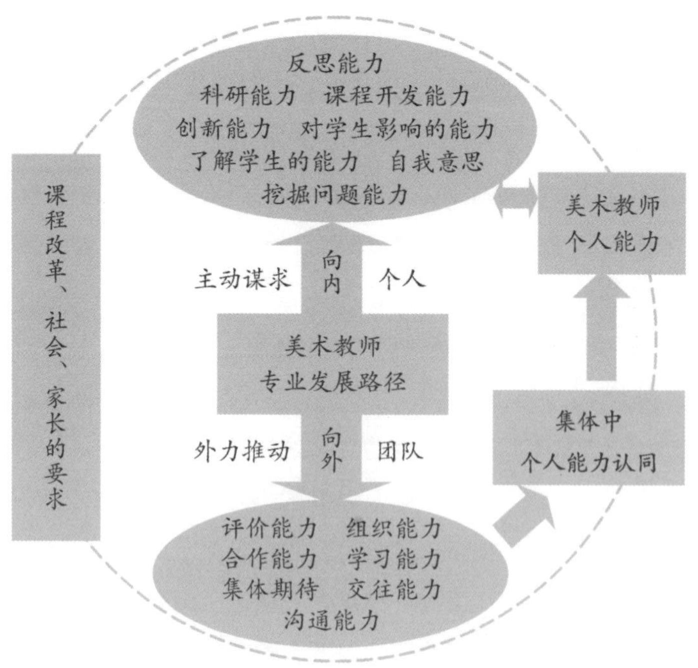

图6-2 美术教师的能力要素及其形成示意图

美术教师个体总是生活在集体环境之中的，抽离出优秀美术教师进行研究，是为了从个人的角度和团队的角度出发，挖掘专业化发展中凸显的发展潜质，这是一种交融和交叉的关系。

二、案例所体现出的美术教师专业发展上的几种关系

（一）美术教师的专业准备与专业化发展的起点

教师专业准备是指教师在职前的学历、专业学习背景等。在4则个体案例中，美术教师2男2女，除1例为师范专业毕业之外，其余3例为非师范专业毕业；而针对4则团队案例中395名美术教师性别与学历的抽样调查时，我们发现非师范专业毕业而从事美术教师职业的约占21.33%，这表明，有无师范专业的背景并不是能否成为优秀教师以及实现较好专业化发展的必要条件，具有设计意识和设计能力，对美术教学而言有积极意义。因而，值得重视的两个问题是：①在职前教师教育阶段，关于师范院校美术教育课程、见习与实习等应更加引起重视；②我国现有的美术教师教育在课程设计方面，应加强对未来教师的设计、创意、策划能力的培养。

（二）美术教师的教学基本能力与专业化发展

教师专业化发展离不开教学技能、方法与教师专业素养。我国教育部自1999年以来，多次从政策层面对中小学教师相关技能进行规范（如表6-4[①]），这些政策是在国家层面上，对教师素养、教师培训等涉及教师教学基本能力提出的要求，但“在如何改变教学方法手段方面并无具体规定”。[②]据此，我们通过案例中具体事例和专业发展方法，探索了美术教师如何改进教学方法，如何获得教学技能。研究发现，具有研究性的公开课能给美术教师提供教学技能研究的平台，注重创新教学技能的探索，能给美术教师专业化发展带来新鲜的活力。

---

① 丁钢. 中国中小学教师专业化发展状况调查与政策分析报告[M]. 上海：华东师范大学出版社，2010:45.

② 丁钢. 中国中小学教师专业化发展状况调查与政策分析报告[M]. 上海:华东师范大学出版社，2010:45.

表6-4 我国有关中小学教师技能的相关政策规范

时间	政策	内容
1999	《中小学教师继续教育规定》	中小学教师继续教育要以提高教师实施素质教育的能力和水平为重点。中小学教师继续教育的内容主要包括：思想政治教育和师德修养；专业知识及更新与扩展；现代教育理论与实践；教育科学研究；教育教学技能训练和现代教育技术；现代科技与人文社会科学知识等。
2002	《关于"十五"期间教师教育改革与发展的意见》	师资培训模式比较单一，教师教育观念、课程体系、教学内容和教学方法手段不能适应教育现代化和实施素质教育的要求。
2004	《关于进一步加强基础教育新课程师资培训工作的指导意见》	根据新课程改革对师资的要求，改革教师教育培养模式，更新教学内容、教学方法和教学手段，提高办学质量。
2004	《2003~2007年教育振兴行动计划》	要深化中小学教学内容和教学方法改革，积极推进校本教研基地建设，加强中小学实验改革和技术课程实践基地的建设，充分发挥现代教育技术的作用……普及信息技术在各级各类学校教学过程中的应用，为全面提高教学和科研水平提供技术支持。
2007	《国家教育事业发展"十一五"规划纲要》	深化教育教学改革，端正教育思想，转变教育观念，更新教育内容，改进培养模式和教育方法，倡导启发式教学，着力培养学生的创新思维、独立思考能力和动手能力。

（三）美术教师的课程资源开发和利用意识与专业化发展

我国自2001年就设置了国家、地方、学校三级课程管理体系，扩大基层单位选用教科书的权利。在教育部审定的11套义务教育美术课程标准教科书基础上，鼓励美术教师积极开展课程资源开发与利用。而对多样化的教材和课程资源选择与利用，则是衡量美术教师专业化程度的一个方面。案例中的个体或团队中的教师都有较强的课程资源开发与利用的意识，不但能通过不同的方式积极挖掘现有教材，而且还能根据自己的教学环境和实际情况拓展课程资源。教师在实施课程进行教学时，使用最多的教学方法是探究学习法和合作学习法。越是有课程资源开发和利用意识的美术教师，越能充分领会和灵活使用各种教材，从而促进学生美术学习方式的改变。事实上，所有的课程资源中，美术教师是最重要的资源，美术教师只有具备良好的专业化发展能力，才能在课程资源开发与利用中获得双赢。

（四）美术教师的教学反思行为与专业化发展

一线教师对教学活动的不断反思是促使其专业化发展的一种方式。但在一些中小学校，由于教学反思是作为对教师考核的一项内容，不少教师的反思流于形式化，甚至把它当作任务来完成。“教师的反思是教师立足于自己的实践经验，通过深刻的内省来调控自己的情绪和行为，整合自己的知识和信念的活动”。[①]案例中美术教师个体或团队，都有一个特征，就是他们乐于反思，勤于反思。这种反思行为通常包括美术教师之间关于教学的讨论、写教学日记、对学生作业进行分析并建立学生美术学习档案袋、整理和改进美术教案、听取并分析同行或专家意见、听取并分析学生或家长意见、学习优秀美术教学范例、观摩美术教学录像、制作美术课堂教学档案袋等，这都是有益于美术教师专业化发展的反思方式。

（五）美术教师的科研活动与专业化发展

在调查研究中发现，大多数教师都参与了学校或更高一级的、定期组织的教科研活动。这些活动包括课题研究、校本研究以及其他一些行动研究活动。美术教师参与科研活动的动机大致有：提高个人素质与能力；开阔视野，增长阅历；解决教学实践中的问题；解决职称或学历达标问题；成为业务骨干或学科带头人；上级硬性规定，不得不参加；晋升职务，成为领导；拓展人际圈，认识同行、专家等。案例研究中，我们具体分析了教科研活动与教师专业化发展的关系，例如，教科研活动概况和内容；教师接受培训对其教科研活动是否有影响；教科研活动能否对教师日常教学产生积极作用；骨干教师的科研成果是否有辐射作用等。热爱研究的美术教师更容易关注对教学中问题的改进，更愿意改变传统的教学模式，尝试新的教学方式。个体

① 崔允漷. 有效教学 [M]. 上海:华东师范大学出版社, 2009:302.

案例中的教师能结合课堂教学、教研活动发现问题，主动在实际环境中探讨和研究，成为他们专业化发展动力。从团体案例来看，营建学习共同体、搭建有针对性的专题教研活动平台，也扩大了团体中教师个人专业化发展的空间。

（六）美术教师的教育信息技术应用与专业化发展

信息技术的广泛应用改变了传统美术学习观念和学习方式，提高美术教师信息技术的应用能力可以不断创新美术教学情境，丰富教师教学的方式。案例中个体或团队中的美术教师，大多能紧跟时代发展，充分利用信息技术，根据学习对象来创造新的学习环境和资源，通过信息平台制作课件、查阅资料、发布与交流美术教学的经验，形成推动美术学习观念和学习方式发展的合力。

但信息技术对美术教学来说是一把双刃剑，其优势是使美术内容更加直观、视觉性更强，视频等技术的运用可以让学生感受更为多样。但同时，过度使用或依赖于信息技术会造成信息泛化，致使教师的示范不易到位，造成学生对美术学习理解上的偏差，学生实践练习创作的时间也会受到影响。案例中将信息技术应用于美术教学时，有的教师能运用得游刃有余——将信息技术作为辅助自己教学的工具，建立个人教学博客，通过这个信息平台，加强与学生课后的联系与交流，促进学生进一步学习美术；也有的教师为信息技术所累——由于技术掌握得不够娴熟或是过于强调这种技术手段，致使课堂上因为机器的不停切换而使得课堂节奏不连贯，不能全身心投入到教学之中，学生的学习效果也会因此大打折扣。

（七）美术教师培训与专业化发展

案例研究的个体和团队中的美术教师，在专业化发展过程中都参加过各种形式的培训，我们发现，在培训中，优秀的培训策划者、管理者、领导者是保障培训取得成功的关键。“最好的培训者用最切题的、最佳的内容开展培训。”[①]如果培训是以知识和技能的习得为预期目标的话，具体的培训内容

---

① [美]乔伊斯，肖沃斯．教师发展——学生成功的基石[M]．唐悦，周俏纨，译．北京：中国轻工业出版社，2005:64.

就会侧重于理论的获得和技能的获取，教师就会依赖于在培训中的技能介绍以及情境示范。如果培训追求的是技能迁移，以新技能和创新思维为预期目标的话，那么在培训过程中，就需要培训策划者寻找最切题、最佳的内容。因此，培训时是直接传授新知和技能给美术教师，还是让他们在迁移中领悟这些新知和技能，这是个关键的问题。在案例研究中，培训是让美术教师获得专业化发展的一个重要因素。在培训中渗透着“学会学习”的态度，在培训中融入了理论、示范、练习和同伴辅导的多维培训方式，使教师能将自身在培训中体验到的“学会学习”的方式，迁移到教学情境中，从而引起学生学习环境的变革。

（八）学校管理与美术教师专业化发展

学校是促进美术教师专业化发展的主要场所，学校的领导、带队教师等对美术教师日常教学工作的关注与评价、学校政策导向、学校是否鼓励美术教师积极成长等，这些对美术教师专业化发展能产生重要影响。案例中的优秀美术教师个体和团队，都重视课堂教学技能的磨炼，他们能采用教研组备课、带教教师指导备课、年级组备课或专家指导下备课等不同方式，对常态课、竞赛课等多种美术课堂琢磨细节，讨论教学环节的合理性，锤炼教学技能。在这个过程中，美术教师加深了对美术课程内容的理解，增强了合作的意识，提高了自己的教学能力。

美术教师在学校大环境中，借助身边他人的专业力量来帮助自己达到持续的专业化发展是非常有益的。但美术教师会受哪些“重要他人”的影响，这种影响又体现在什么方面？在研究中我们发现，学校领导、经验丰富的前辈美术教师、年级组的其他同事、学科组里经验丰富的同事、校外同行与专家等都对美术教师的专业化发展有所影响，其中，校长以及经验丰富、教龄长的美术教师，他们的影响力较大，而且校内的影响大于校外。另外，美术教师能参与到学校的管理之中对美术教师的专业化发展也能起到了一定的作用，对教学专业工作参与越多就越能重视自身的专业化发展，增强职业的满足感。

三、案例所表明的优秀美术教师专业发展的有效方法

在对优秀美术教师专业化发展研究的基础上，厘清专业发展道路上相关的问题后，我们需要有切实可行的方法来支持美术教师专业化发展，综合以上案例研究与分析，我们认为推动美术教师专业发展有一些有效方法。

（一）关键事件的反思

美术教师要善于捕捉专业发展过程中的关键事件，抓住专业化发展机遇。这种关键事件可能是令人兴奋的成功，也可能是刻骨铭心的失败，可以是一次难忘的培训活动，也可以是研讨学习……这都是美术教师亲身经历的实践，对关键事件的反思和总结，可以促使美术教师自主成长，积累个人实践性知识，使之内化为促进自身发展的内在动力。关键事件对一个人的成长能起到至关重要的作用，美术教师要能敏锐地发现那些影响自己专业发展的关键事件，并善于把握发展机遇。在我们研究的个体和团体案例中也充分说明了关键事件对美术教师成长的意义。

（二）传记分析

优秀美术教师成长经历能给美术教师以启示作用，他们对专业发展有强烈的信念和追求，这种对成长的渴求贯穿他们整个职业生涯。不同的优秀教师有各自的成长历程，没有速成的、捷径式的专业发展方式。这是动态的、持续的、主动的、个人化的，是一种日常的生活状态。对优秀的专业发展个案进行传记分析与研究，可以帮助美术教师对照成功者的发展轨迹，把握成功美术教师在不同发展阶段的专业发展特征，理解他们发展过程中关键事件所带来的影响，对照思考自身在发展过程中不同阶段面临的困扰，以获得经验或少走弯路。

（三）课例研究

在团队学习共同体中，集中对优秀美术课例进行分析和探讨，可以帮助美术教师积极思考并改善日常课堂教学实践，促使美术教师重视实践并养成反思习惯。在学习共同体中进行的课例研究，至少可以解决以下四个问题：①关于教师的问题——对教学的重要性；②关于教师学习问题——教师的反思和分析的重要性；③关于证据的事项——收集和分析证据；④关于课程事

宜——对教师学习的影响以及课程与教学的关系。在学习共同体中获得的关于课例研究的经验，可以使美术教师对美术教学的认识更加全面。

（四）以探究式方式观课

如何观课，观课时看什么，如何才能观得有效，是需要美术教师通过探究来获得的。在全国性的美术教师现场课评比和观摩活动中，参与的美术教师所表现出的研究热情和对现场课的热烈探讨与辩论，使许多美术教学相关问题也日益集中、明朗，同时，也深刻影响着美术教师专业化发展的方向。对这种观课方式的批判性思考，也促使更多的美术教师客观地看待美术课堂，积极思考如何观课、怎样观课，进而带着问题回归到自己的课堂教学进行实践与总结。

（五）视频记录课程

美术教师个体在日常的教学中，应养成将自己的课堂教学用视频记录下来，以便日后研究、反思的习惯，这样，在课后进行教学反思时，就可以对自己课堂教学过程进行多方面、逐个细节的反复揣摩和分析，寻找自己教学过程中的优势和不足。也可以带着问题去请教其他有经验的美术教师或同事，以此作为专业发展的工具，促进持续的专业发展。这种借助多媒体工具对自己课堂教学进行的研究过程，可以促进教师个人有针对性地思考，关注教学细节，比较教师自身在教学行为上或教学方法上出现的问题，在自我探究和与他人研究的过程中，有针对性地解决问题，获得个性成长。

（六）专题培训

当发现自己在教学中存在着某一方面的不足或缺陷时，就需要接受有针对性的培训和专业方面的学习，利用一段时间集中对自己的不足进行补缺，可以获得有指向性的发展。通过进行进一步的学历深造或课程学习，带着平时教学中的困惑和思考，重新回到大学课堂，与大学指导教师或同样有学习需求的其他同行老师进行探讨，做深入研究。或者，参加学校、省市乃至国家级的教学、课程、教材等形式的培训，参与专题式的研究会，进行研究发表、与他人交流，在研讨与反思中获得对某一问题的认识，以促进专业发展。

（七）项目研究

美术教师要有发现问题、研究问题、主动探究的意识。在日常美术教学中做一个有心人，能够发现一些有意义的现象和隐含其中的问题，梳理思路找到要研究的主要目标和方向，并对该问题进行专项研究。这种发现问题并通过各种研究方法收集资料，调查研究或实证分析的过程，更能促进美术教师自身对美术教学的理解、对美术教育现象的把握，从而形成一种积极的专业化发展状态。第一，处于这种状态下的美术教师能发自心底地去观察美术教学中的细节，认识和思考自己教学中的优势和不足，使美术学习活动更有意义。第二，深入研究美术课程内容，了解教材和自己教学对象的学习特点，采取有针对性的方法和途径去促进学生的学习，为不同阶段的学生提供丰富的、有建设性的学习经验，在学生美术学习的过程中能激发学生进行建设性的思考。第三，这样的美术教师也能寻求成为学习共同体中一员的机会，吸取团队中其他人的独特学习方式以帮助自己成长，使美术教师在项目研究的过程中获得专业化发展的机会。

（八）善于利用网络平台进行交互式交流

案例研究发现，优秀的美术教师大多有建立教学博客、微信公众平台的习惯。对于这些美术教师来说，他们就是在建立个人专业发展的电子档案袋，通过网络平台，教师可以发表自己对教学问题的相关看法，发布教学中参与活动的消息，写下在日常教学中的成功与不足，与其他人在线互动探讨相关教学问题等。美术教师可以根据自己需要或习惯的思考方式，来设立不同分类，通过网络平台，激励自己自觉地进行专业思考，扩大专业发展空间，并以更加积极的心态迎接专业发展中的挑战。

上述每一种方法，由于实施目标、组织机制、内容、人员、场景、方式等因素的不同会产生不一样的效果，且各有优劣。又由于美术教师个性差异和擅长点不同，所以不是所有的方法都对个人或团队的美术教师的专业发展来说是最佳的。以一种审视的方式将不同方法串联或有效组合，可以形成更为高效的专业发展方式或完善的手段。

第二节 我国美术教师专业发展标准初探

一、建立美术教师专业发展标准的必要性

（一）美术教师专业发展的误区

近年来，我国艺术教育工作的重点主要放在农村及西部欠发达地区，美术教师专业发展正面临前所未有的好时机，但也存在一些认识误区。第一，从认识观念上看，普遍认为农村及西部地区的美术教师才面临专业化问题，从而忽视发达地区美术教师的持续成长，美术教师职业倦怠现象并没有引起足够重视，造成教师资源的一种浪费。第二，从发展方法上看，美术教师越来越关注教学技艺的娴熟，而忽视教学对象个体的感受。教师自身发展缺少情感激励——被期待的力量，致使美术教师发自内心的自我成长内在动力不足，造成很多的培训没有过程只重结果，没有真正理解教师专业化的意义。第三，从教师心态上看，美术教师专业化发展说到底是实现教师专业的自主权。目前美术教师自主发展的意识还不够，主动性不足而依赖性有余。传统的美术教师形象、美术学科在学校整个教育系统中的地位，使得美术教师更愿意封闭自己，与自我心灵对话，而忽视运用美术语言之外的能力来表达自我、与他人沟通。当外力不支持、环境不理想时，个体的发展也会不理想。

（二）制定美术教师专业发展标准的必要性

1. 促进学生的美术学习

一方面，学生美术学习的表现是学校美术教育改革的最终成果，美术教师是对学生美术学习成果影响非常大的教育工作者之一，如果他们不具备落实美术教育价值的能力，那么美术教育改革的努力就无法落到实处，学生美术学习成果也很难显现。另一方面，美术教师在其职业生涯中需要持续的专业发展，始终是以改善学生学习为目的的专业发展，美术教师自觉的学习与研究意识是其专业进步的基础。

2. 为美术教师专业性提供合理辩护

综合上述研究，美术教师专业意义急需得到多方认可，否则，美术教

师在整个学校教育中得不到重视的现象就会更加严重，不能实现美术教师应有的价值。但就全国范围来说，美术教师队伍良莠不齐也是广泛存在的现实，部分美术教师也确实存在诸多不足，缺乏对专业发展的认识和专业发展动力。即使是优秀的美术教师也很难为其自身进行一些合理辩护——应遵循怎样的规则、程序或标准，才能解释其行为的意义呢？这就需要建立一种“标准”，即在美术教师行业内，建立一套关于美术教师专业发展的规则、程序或标准以及机制，以树立美术教师的专业地位，客观、公正地对美术教师做出评价。这样，无论是表现不足的还是优秀的美术老师，在日常工作中遇到问题或困扰时，都可以获得各种支持以激励自我、不断发展。

3. 可提供一种分层评价方式

如果说国家教师资格认证是各类教师专业发展的起点，那么学科教师专业发展标准就是衡量各学科教师专业发展程度的一把尺子。美术教师专业发展标准框架建构主要是针对教师专业发展内部环境而言的，也就是说，美术教师获得教师资格认证之后，其专业发展水平取决于他对专业知识的运用情况。不同教师在不同的职业生涯阶段，评价他们的专业发展程度应该有分层性的评价指标。当教师认识到自己所处的位置时，才能采取有针对性的专业发展方法与策略，以便更好地进行个性化的专业发展。因此，美术教师专业发展标准应该既是对教师发展的一种引领，又是他们在发展时的一面镜子。从美术教师职业生涯出发，制定有层次的美术教师专业发展标准是当务之急。

二、美术教师专业发展标准建构

上述章节，对美术教师专业发展理论、内外部环境、个体与团队专业发展模式等进行了一系列的探究，指向实质是同一个问题：寻找美术教师专业发展本质规律，总结它的普遍性与特殊性，从而形成美术教师专业发展标准框架。

（一）美术教师专业标准内容架构

1. 原则

构建美术教师专业发展标准框架是以这些原则为前提的：美术教师有追求专业发展的明确目标；美术教师专业发展是一个持续的过程；美术教师专业发展是对教师有效性的评价；美术教师专业发展需要强有力的领导。

2. 目标

美术教师专业发展目标是以面向全体学生美术学习素养的进步，提升学生学业成就为目的的。他们的专业发展应嵌入教学工作实践，以获得足够的专业支持。

3. 内容

结合理论与实践的研究，我们发现美术教师承担着学习者、实践者、参与者、指导者等多种角色，他们的专业发展过程离不开4个方面：教学、学习、交往、能力。我们试着从这4个方面来建构专业发展的标准框架，下设若干指标。（如表6–5）

表6–5 美术教师专业标准构建框架表

维度	内容	细化指标
教学	**知识内容和教学有效性** 教学是美术教师最主要的、占据教师职业生涯最重要的一块。作为美术教育工作者的知识内容和所需要的专业知识及其准确性以及技能操作，为学生学习与进步提供合适的教学策略和评价。	符合美术课程标准的目标与要求； 通过研究性教学策略提高学生美术学习方法； 在课堂教学实践中评价学生学习并调整改进； 满足差异性美术学习需要； 培养批判性思维，积累解决问题的知识、技能与素养； 迁移关联其他学科。
学习	**持续的、基于研究的、多样化的学习** 专业发展是以研究为基础的。持续的学习与研究能给美术教师提供分析、应用和解决问题的能力。	将研究性学习结果应用于教学决策之中； 持续学习，符合当前学校美术教育政策与导向； 有意识地收集各种美术学习研究数据，学会分析并解释意义； 与大学和其他合作伙伴进行行动研究，检测自己的假设与发展规划； 利用各种学习资源和现代化的学习方式。

续表

维度	内容	细化指标
交往	**尊重、合作与理解** 和谐互动的人际关系能促进教师间的相互尊重，形成信任的良好环境，使美术教师共同承担专业发展的责任，提供共同进步的实践机会。	学会在团队中倾听、沟通、交流与讨论； 与校内外美术教育工作者一起工作的机会； 建立公平、包容的学习环境，细化教育差异，促进形成最佳的学习环境； 家长、家庭和社区参与，为学生美术学习建立积极的合作伙伴关系。
能力	**规划、技术与领导力** 专业发展能力是决定美术教师专业发展优秀程度的主要因素。全面长远的专业发展规划、技术素养和领导力能促进高质量的专业发展。	结合美术课程标准要求和成年人如何学习的特点，规划设计符合自己专业发展的目标与实践； 运用课例研究、示范、观察、分析学生作品、反思、研究等各种方法促进专业发展； 养成数据分析的素养，分析学生美术学习数据，确定专业发展学习的需求和优先发展事项，调整教学实践； 形成有效运用技术的素养，运用新技术设计美术学习机会，评价学习效果，创新教学能力； 追求卓越的专业发展，充分利用各种资源，带领其他人积极实践、反思与改进。

（二）评价方法

1. 表征专业发展程度的材料

美术教师专业发展是一个动态过程，所以应该采取发展性评价和总结性评价相结合的方式，评价他们的专业发展程度。

首先，发展性评价主要关注的是美术教师的教学实践，展示他们如何进行持续的专业发展，并促进学生在美术学习上的成长与进步。可以通过建立美术教师专业发展档案袋来进行。在档案袋中应该放入哪些内容？我们认为除了美术教师的一些背景信息之外，其他具体的内容必须能较为全面地反映出美术教师的教学实践过程。这些说明和表征美术教师专业发展的具体材料选择是依据四个维度和它们的细化指标决定的。

背景信息可以通过调查的方式来填写，例如，教师的教龄，课时数，教学学段，参与培训、学术会议与研讨、公开课以及课题研究的频率、效果等，每学期阅读量如何，自己的专业发展中是否有优先发展的规划，是否参与学校管理，等等。其他具体材料可包括以下4个方面：教学光盘、照片故事、课件教具、书面评述等。第一，教学光盘可选择两次以上的同一个教学内容（或教学单元）的完整课堂和针对某一个问题或方法的研究性教学片段，内容要能反映课堂的前后对照，可以说明教师对课堂教学内容、策略等方面的思考和改进，研究性教学片段能体现出教师对具体教学问题的研究和实践中的落实；第二，照片故事可包括学生作业照片（同一个教学内容，至少2位学生作业）与分析、学生学习活动照片与分析、专业发展活动照片与分析（课题、培训、学术会议、研讨等）；第三，课件教具可包括与教学光盘一致的PPT等多媒体课件、自制的教具照片、范画照片等；第四，书面评述可包括与教学光盘一致的教学评价（描述、分析、评价和反思）、课例研究、反思等。这些材料与标准框架的关系如图所示（如图6–3）。

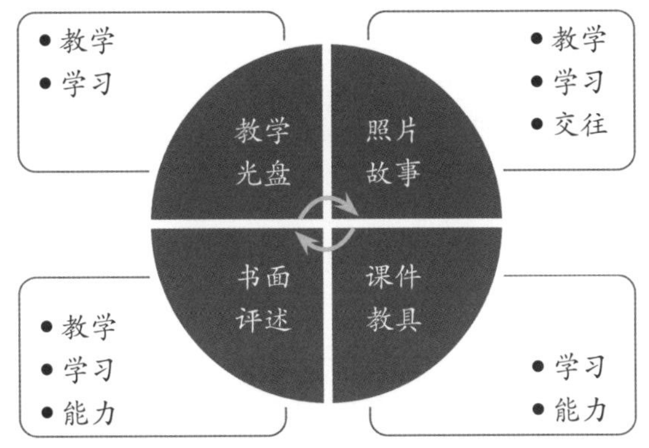

图6-3　表征材料与标准框架对应关系

其次，总结性评价关注的是美术教师的知识和技能，以及教师如何应用这些知识和技能来提高学生的美术学习。可以采取纸笔测试的方式进行，组织专业发展评定小组，设计具体的测试工具，在规定的测试时间内完成。我国中小学美术教师基本功比赛从1995年开始到现在，积累了不少有益的评价教师基本功的经验，可以为设计美术教师专业发展总结性评价测试工具提供参照。在单位时间内，通过测试题和实践创作的形式，考察美术教师的美术内容知识应用、美术创作实践、美术作品理解等。

2. 实行分层评价

(1) 分学段评价

处于中小学不同阶段的美术教师，他们的知识运用与表现不太一样。不同阶段的学生由于认知、情感和美术学习能力的发展有所差别，所以要求美术教师在面对不同教学对象时，他们的专业知识运用与表现也应是有差异的。从小学生生理发展特点来看，他们手部灵活性和精确性逐渐增强，画的形象也越来越细致，但不能胜任细微刻画与持久用力，在动手方面也表现出相似的特点。在认知上仍保留无意性、情绪性和具象性特点，进入小学中高段后，儿童开始从具象思维向抽象思维过渡。在个性品质上，他们的兴趣由肤浅逐渐向深入发展，自我意识日益明显。表现在美术能力发展上，低中年级的小学生喜欢幻想，造型纯朴，色彩绚丽，而中高年级小学生会出现“青少年危机”的现象。这就要求小学美术教师在具体的教学方法和教学策略的运用上要符合小学生的美术学习特点，要运用自己的美术专业知识钻研教材和材料使用，结合小学生的学习特点，开发和利用美术课程资源，实施形象性、绘画性、趣味性和创造性的美术教学，来增强小学生的美术学习感知。换言之，小学阶段更注重学生“在艺术中学习”，小学生美术学习的过程更多的是通过艺术作品、经典范例或身边日常生活，来体验或感悟艺术家创作和反思的过程，这就需要小学美术教师创设各种情境，带领学生像艺术家一样去思考和创作。中学美术教师面对的是年龄在12～15岁的学生，初中生在认知上基本摆脱了无意识、情绪性，出现有意识、计划性和目的性的特点，兴趣广阔，自我控制增强，审美观念逐步形成，因而在美术学习上追求理性表现，常常因为“画不像”而产生“焦虑”情绪等。中学生美术学习更注重“通过艺术的学习”，养成对意义、形式、社会、文化、历史、习俗、批判、评价等多角度的思考。这就要求初中美术教师在教学中注重工艺性、审美性、创造性，促进学生个性化的美术学习。而高中阶段，学生面临两条美术学习途径：参加美术高考，走向专业美术学习之路；继续加强素质教育，增加美术修养，提高审美能力。高中生的逻辑思维能力逐渐发展，情绪、情感由外露转向内隐，也是进入专业化美术学习的最佳时期。这要求高中美术教师能进行分层教学，在系统梳理美术历史与文化的模块教学中，促进学生的自主性学习，提高他们专业实践能力。

（2）分教龄段评价

处于不同教龄段的教师，他们的知识结构和特点不同。美术新手教师步入职业岗位之后，他们需要将已有的知识运用于实际教学实践，将他们基于美术内容知识、美术教学知识和美术课程知识的理论认识在实践中交融，当他们的这种实践越来越多时，感悟和体会也会日益增多，教学能力也在不断提升，他们也就逐渐成为熟手教师。而当熟手教师拥有更多的实践性知识与能力，并具有较好的专业化发展知能时，也就越来越接近优秀教师，甚至达到专家教师的标准。尽管这种理想的、纵向的发展轨迹，在一定程度上表明了教师专业知识发展的一般规律，说明优秀教师或专家教师，其全面的专业知识体系来自知识、实践与能力的长期积累，是教师职业生涯的最终目标。然而，我们在实践研究中也发现，不同教龄的教师由于其个人特质、兴趣爱好、专业特长不同，他们在专业知识某一方面的发展潜力是有差异的，不能单纯地用同一个指标来衡量，而要进行分层评价。

3. 评价结果的使用

我们认为构建这一标准框架的主要目的，不在于提出条目性的概念或强制性的手段，以条条框框约束美术教师的日常工作和行为，其真正意义在于，美术教师能通过自测或他测，了解自己的专业化发展程度，发现专业发展过程中的不足，结合自己的日常教学实践找到专业发展的问题症结，并能探索出适合自己专业发展的途径，不断突破瓶颈，获得持续的专业发展。

发展性评价和总结性评价结果的反馈，可以为各级美术教研部门、大学以及其他各级学校在进行美术教师培训时提供参照。根据美术教师在专业发展中普遍存在的问题，需要补足的地方进行有针对性的课程培训，根据不同地区不同教龄教师的薄弱环节考虑优先发展事项，提供持续的专业发展评价，注重多种措施评价教师知识与技能运用的有效性。

从管理层面来说，有效的评估需要管理层面的支持，这一方面来自各项政策的制定，另一方面在于管理者的有效实施。从技术层面来说，实施评估离不开一定的技术保障，诸如信息平台建设、测量统计等。从财力层面来说，有效实施评估需要财力的支撑，评估的目的一方面在于为教师培养提供参照，另一方面旨在改善教师专业知识体系不足的现状。此外，评估结果应成为建构专业知识体系的起点而不应该成为一个终结性的结束点，这就需要设立专门的基金来发展有针对性的发展项目，促进美术教师专业知识体系的完善以及教师队伍的建设。

（三）美术教师专业实践与发展路线图

1. 用实践性知识指导专业化发展

我们在研究中发现，很多美术教师的困惑在于“很难将学术界的教育理论运用到自己的日常教育教学实践中，他们即使通过培训或读书，在概念上理解甚至在理念上认同了这些理论，但是在工作中通常还是不能运用。”[①]我们认为，美术教师需要理论指导，但这种理论指导要结合他们的日常教学实践进行，不能孤立地学习理论概念而不带着问题在实践中体验理论、感知理论，否则，这种理论的学习对于美术教师来说就会产生无效、无用之感。我们熟悉的“理论联系实际”是一种自上而下的提法，是希望能指导实践者少走弯路，可以更好地行动。通过前述研究我们发现，美术教师更需要一种自下而上的，来自美术教师自己的实践和经验的、用他们自己的语言表达的理论，可以说是一种“实践理论”，即实践性知识。要想成为一名优秀的美术教师，就要了解到美术教师职业工作所内含的一些特点。

首先，作为一线美术教师的工作具有其特殊的方式——美术教师通常通过其行动来体现自己所教的知识、价值观和习惯的思考方式，在教学中出现问题时往往根据自己的经验去解决，而不是先寻求理论再反思解决的方法。因此，对他们来说如何采取行动比寻求什么样的理论来解决问题更为直接。其次，美术教师受学校小环境和社会文化大环境的影响，他们的工作受制于各种现实的条件，例如，学校领导的管理风格，学生的特征和个性需求，家长的期待和社会期望，国家的美术教育政策和导向，社会对美术人才的需求

---

① 陈向明. 理论在教师专业发展中的作用[J]. 北京大学教育评论，2008(1):39.

等，美术教师很难将学术化的美术理论抽象地运用到自身的日常实践中。此外，美术教师工作的不确定性、生成性、模糊性和特殊性，也造成他们不能很好地贯彻那些已经成形的、清晰的理论。他们日常的教学工作需要投入更多的情感，更为感性，学术性的美术理论也只有通过美术教师实践性知识的梳理才能产生作用，形成他们各自的实践智慧。同时，美术教师也只有充分了解自己面临的日常美术教育实践，才能为学术化的美术理论在自己的教学实践中找到切合的落脚点。

美术教师的实践性知识是一种个人化、特殊性的知识，通常表现出内隐的特征，隐藏在美术教师个人日常的美术教学惯例中，体现在他们课堂教学以及与学生和其他教师的各种关系中，他们自身所经历的关键事件、对他们成长有帮助的重要人物等，都是分析这些实践性知识的重要因素。因此，要想成为一名优秀的美术教师，就要求美术教师在专业化发展过程中学习和揣摩那些优秀美术教师的专业化发展路径、美术教学和研究经历，了解这种实践性知识在优秀美术教师身上逐渐形成与发展过程，由此及彼，反观自身，帮助自己不断走向优秀。

2. 夯实教学专长形成自我教学风格

美术教师的教学专长是指他的学科知识、美术教学知识和实践教学经验，关系到他自身的知识结构和经验积累，影响其专业化发展的效率和认知，具有教学专长的美术教师能形成良好的洞察力，敏锐察觉专业发展中出现的问题，并运用自己的知识和经验来解决。换句话说，美术教师的教学专长很大程度上与他们的学科知识结构和美术教学经验有关，有什么样的知识和经验就有什么样的解决日常教学问题的方式。对相同或相似的问题，不同的美术教师在选择解决问题的途径、方式以及侧重点上会存有相似性，也会有差异性，因而就形成了不同效率的美术教学。一位美术教师的教学专长影响着他的教学风格、个性特点。

美术教师的教学专长来源于个人长期的美术教学实践，因此，获得教学专长也是一个长期的、连续的过程。越是经验丰富、美术专业知识全面、对学生的美术学习有充分了解的美术教师，他运用教学专长解决实际问题的能力就越全面，解决问题的方法也会更加灵活，也越能针对学生美术学习的实际情况因材施教。美术教师在其职业发展的不同阶段都会面临知识和经验的积累，因而，也会逐渐发展自己的教学专长，不同发展阶段的美术教师，如养成对教学专长的积累和反思的习惯，随着职业生涯的推进，会对他个人的专业化发展起到促进作用。

当今时代下的美术教师面临不断更新的知识和经验的挑战，获得教学专长除需教师自身主动研究之外，外部环境还应搭建平台来帮助教师发展，形成他们独特的、富有个性的教学风格。

3. 实施“好的教学”

我们对美术教师案例研究及对美术教师专业发展标准框架的构建，其最终目的是想通过这些研究形成美术教师专业化良性循环的空间，以提高美术教育的专业地位。本研究也显示，所有优秀的美术教师，他们对美术教育实践的坚守和改进一直贯穿他们教育生涯的各种舞台，而对“好的教学”的向往和追求也是促进他们最终走向优秀的发展动力。

美术教师是“实施好的美术教学”的关键因素。那么，美术教师在“实施好的美术教学”中应有哪些关键元素？也就是，美术教师要想实现有效的美术教学，应具备哪些条件，在美术课堂上应该如何去做？我们认为，实施好的美术教学，优秀的美术教师首先要有创新思维，这样才能更好、更有效地传递美术知识和技能。这就要求美术教师除具备扎实的美术基本功，能进行课堂演示之外，还要创造性地将这些专业知识应用于美术教学之中，促进学生创造性地学习。其次，要用美术的方法来实现这种知识、技能和创新思维，也就是说，优秀的美术教师要有对美术课程内容的设计、策划、统整的能力，了解美术知识和技能，对美术课程精髓有深入的钻研和理解，用美术的方法表征和传递特定知识与技能以帮助学生有效理解。这就要求美术教师要了解美术材料的特点与特性，美术学科发展的新动向，能融会贯通，深入浅出地讲解。再次，好的美术教学离不开学生在课堂上的积极参与和主动创造。学生积极地参与能活跃课堂气氛，激发其他同学对美术问题的理解与启发，形成创造性的思维。这就需要美术教师了解学生美术学习特点和他们的日常生活，了解社会和文化背景对美术教育的要求和期待。

4. 参与良好的专业化活动

通过上述章节案例的研究与剖析，我们可以得出一个共识：优秀教师的专业发展是一个不间断的、持续的过程，他们在一次次美术专业发展活动中获得专业化发展知识、专业能力以及对专业化发展的理解力，并能身在其中与他人分享专业化发展过程，反思专业化发展的经验与不足。因此，那些想获得良好的专业化发展的美术教师，就需要在他们专业发展过程中明确其个人计划，参与持续的专业发展活动，这也是优秀美术教师专业发展的特征。当他们参与持续的专业发展活动与教学中的实践直接关联时，这种专业发展才是有效的。

良好的专业发展活动是促进形成优秀美术教师的因素。第一，良好的专业发展活动可以提供给美术教师必要的美术教学经验、专业知识和技能，使美术教师逐渐成为校内外教学的专家，成为优秀的美术教师。第二，当美术教师在专业化发展活动中处于被激励的状态时，他们能主动要求进步，对学生的美术学习能产生积极影响。第三，良好的专业发展活动可以提供有针对性的培训和学习，能连接美术教师目前的知识和经验，能促进美术教师积极学习，并能给学生做出榜样。第四，良好的专业发展活动能嵌入美术教师日常生活中关于美术教育问题的探究和解决，以课堂观察作为讨论的基础，解决现实问题。

[第七章]

吸引优秀人才加入教师队伍才能保障学生的学习，这是许多发达国家在教师专业发展上达成的共识，了解和学习发达国家美术教师专业化发展政策和经验，可以拓宽我们学校美术教育视野和美术教师专业化发展空间。随着国内外美术教育政策制定、领导管理和实践举措的发展，我国未来美术教师专业发展也会面临诸多挑战。而社会、教育、科技等因素使美术教育产生许多可能，美术教师专业发展的跨界意义也会凸显，美术教师的专业化发展借助各方面的力量和研究团队的合作，越来越显示出更加广阔的图景。

第一节 发达国家美术教师专业发展经验与启示

一、英国艺术教师专业发展政策与经验

（一）英国《教师标准》的变革

英国教学专业委员会（GTC，General Teaching Council for England）在2010年以教师教学的名义实施了一项调查① 并有四点主要发现：第一，关于专业化发展和学习。受访教师普遍认为教师要有专业责任，能不断维持和改善实践；持续的专业发展活动与他们自己和学生的学习有关；优秀教师和年轻教师更可能对自己的专业发展持积极态度；教师普遍感到没有足够的时间和机会去实践。第二，关于专业化发展和研究。许多教师非常愿意做些研究，但他们想做什么和他们实际上经历了什么样的专业发展活动是有差距的；学校对研究的支持有助于教师自我完善。第三，关于绩效管理。教师对如何用绩效管理来支持他们提高自己的教学实践的意见不一，约有一半的老师认为这可以帮助他们发现自己实践中的优势和

① Helen Poet, Peter Rudd, Joanne Kelly. *Survey of teachers 2010:support to improve teaching practice*[R/OL]. 2010[2010-08-07]. http://eprints. whit erose. ac. uk/73945/. 这项调查收集了有代表性的全国教师意见样本13500份，有效样本4392份，占33%，并对提供的样本进行频率分析、因子分析和统计建模。问题包括：①参与的专业化发展活动；②参与的促进专业化发展的活动；③观察与反馈的使用；④研究的使用；⑤绩效管理；⑥专业标准等。

需改进之处，但也有教师认为对绩效管理的目标比对过程的重视更加有效。第四，关于专业标准。受访教师认为2007年TDA（Training and Development Agency for Schools）发布的《教师标准》为教师专业化发展提供了参照，但他们对这个标准是否能帮助他们提高实践的看法不太一致。他们认为改进实践的方法是开放的，并不唯一，而通过自我反思、观察和接受反馈看起来是最有用的。

在这种背景下，英国QTS（Qualified Teacher Status）在2011年7月发布《教师标准审读报告》，并修订《合格教师和核心教师标准》，目的是使教师绩效更容易评估，帮助教师制定自我发展规划，发展良好的课堂教学。

1. 有哪些变化

（1）内容和结构

新《教师标准》分为前言、第一部分和第二部分，前言概括所有教师在整个职业生涯中的价值和行为，界定合格教师最低标准和对学校教师质量的一些特殊规定。为各级教师实践培训提供指导，在初次教师培训时以这些标准作为依据进行培训项目设计，依据优秀教师评价标准评价优秀教师。第一部分为教学，分为8个维度，第二部分包括个人和专业行为，分3个维度，每个维度有具体的指标。

相比而言，2007年标准是按照教师发展5个阶段（合格教师、核心教师、优秀教师、资深教师、专家教师）来划分的，每个阶段分为教师的专业态度、专业知识与理解力、专业技能三维度，每个维度又包括不同的指标。（如表7–1）

两个标准的内容划分反映出在制定标准上视角的变化，2007年标准体现出从知识的角度来梳理标准的维度，便于概念区分，但不便于教师有针对性地结合日常教学对照自我发展。2012年标准直接切入教师的日常教学，说明教师标准的目标不是建立在一个全面的，关于技能、知识和条目理解上的规定，而是给出了一个清晰的、有力的关于好的教学的关键元素的引导，这是为鼓励专业信心而设计的，它提供了一套教师易于理解的工具去评价他们的实践，指导教师专业发展。

表7-1　英国《教师标准》(2012年9月实施)与2007年《教师标准》的内容与指标比较

内容	《教师标准》(2012.9实施)		《教师标准》(2007)		
	教学	个人和专业行为	专业态度	专业知识与理解	专业技能
指标	1.鼓励学习、激发学习兴趣。 2.促进学生进步和成就。 3.展示良好的学科和课程知识。 4.计划课程，组织教学。 5.适应学生学习需求。 6.准确和积极运用评价。 7.有效管理行为确保良好的、安全的学习环境。 8.履行专业责任。	1.在行业里获得公众信任，在校内外保持好的道德行为。 2.行为符合学校政策，有专业实践，准时出勤。 3.理解法定框架中的专业态度和责任。	1.与儿童和年轻人的关系 2.专业架构 3.与他人交流和合作 4.个人专业化发展	1.教学与学习 2.评估与指导 3.学科与课程 4.文字、数字与信息技术 5.成绩与多样性 6.健康与福祉	1.计划 2.教学 3.评价、指导、给予反馈 4.反思教学与学习 5.学习环境 6.团队工作与合作

（2）实施

新标准在实施上体现出对教师实践的重视，具体表现为以下两点。

第一，聚焦课堂教学技能和专业知识。新的标准明确了所有教师应具备的能力和实现它的途径与方法——帮助优秀教师评估其成就，例如，“使用相关数据监测过程，设立目标，计划连续的课程”“在口头或书面上给学生定期反馈”；提供教师解决能力差的学生行为的方法，例如，“了解抑制学生学习能力的一系列因素，对如何最好地克服这些因素有全面的认识”；确保教师能在阅读和写作教学中了解关键之处，包括在理解上的系统分析，并认为教学的核心要素应包括学科知识和教学行为，对各种特殊需要的学生的教学管理。

第二，关注行为管理和学科知识。新标准提出应提高教学的严谨性，确保课堂上所需要的基本技能；建议用统一的教师标准；设定一个明确的期望，教师不得破坏英国基本的价值观，包括民主、法治、个人自由和相互尊重，容忍不同的信仰和信念的人。教师课堂实践和学科知识的重要性在于对学生学习产生影响。教师教学的严谨性应贯穿其教学生涯，保证其有效的学科教学。

2. 为何有这些变化

以上这些标准是对英国全体教师而言的，并不是单独的为艺术教师制定的标准，但艺术教师可以此对照自己的教学和实践。

英国出现对教师标准的重新界定，离不开英国政府近年来的课程改革和对高质量教育以及对社会发展所需人才培养的追求。他们认为一个教育系统的质量是由系统内的教师素质决定的。对教师标准的重新界定体现的是在新时期下对教师专业实践的期待，这是以优秀教学为愿景的。教师标准也可以为教师专业化发展、教师培训、教师实践管理等提供支持。

英国新的《教师标准》凸显了对教师实践的重视，从教师日常实践的角度来制定标准，具有可操作性和可参照性，更加贴近教师的教学实践。而关注学科知识，则可以让教师在侧重某门学科教学时，更加关注学科本体知识和特殊的教学方法。

（二）教师专业化发展平台建设

1. 以项目支持持续的教师专业化发展

（1）新入职教师指导项目

英国从1999年9月就已经实施新教师入职指导项目，即在教师入职后的前3个学期中，他们能够获得量身定做的课堂教学指导项目的支持，由项目指导团队与新教师一起努力，为新教师的未来发展奠定基础。这个项目旨在使新教师在教学的第一年就获得足够的支持，以便他们能顺利地成为一名合格教师。

项目通常围绕教师个人发展需求，支持指导教师与新教师间的专业对话，最后依据核心标准对教师发展项目进行评价。在为期三个学期的指导项目中，一方面，新教师必须成功完成教学发展目标，从中获得知识和技能，奠定持续专业化发展的基础，反思检讨自己的教学方案，以便能继续在学校中教书。另一方面，指导者也为新教师制订计划、准备评价时间表，使新教师逐步达到核心标准的要求，并成为有效的合格教师，使他们有机会展现自己的才能，迈向好的教学，对学校和学生的发展产生真正的影响。

项目期间，有6～8周用于对新教师教学方面的观察，这种观察是由指导教师或其他专业人员进行的。首次观察应该在新教师入职后的4个星期之内。新教师和他的导师应该依据新教师的教学目标反思他的教学过程，对目标和计划进行必要的修订。指导教师将对新教师进行3次正式的评估，通常是在每学期结束的时候。前两次评估会后，校长将向当地权威部门或其他机构报告新教师的进步，以及达到核心标准的程度。最后，校长将评估新教师是否达到核心标准，成为一名合格的教师。如果新教师或他的指导教师觉得他最终没有达到核心标准的话，他们将会尽快安排进一步的支持，地方当局也将确保相关支持到位。新教师在这个阶段进度不理想并不意味他无法获得成功，所以，每个人努力帮助新教师克服困难是很重要的。新教师通过这个项目应该抓住发展机遇，例如，与学校内其他人一起规划学校和部门工作，观察更有经验的教师教学，参加更为正式的培训活动和课程，反思自己的进步和发展过程等，以便他们在这样的项目中挑战自我，增强自信。

（2）研究生专业化发展项目

研究生专业化发展（PPD，Postgraduate Professional Development）项目，是合格教师保持系统连续的专业化发展的一个途径。教师参加这个专业化发展有以下几个原因：促进他们职业生涯不断发展和进步；研究一些他们感兴趣的东西，可以改进他们的实践；帮助他们教师身份的更好表现。下列案例有助于我们进一步了解研究生专业化发展项目。

【案例1①】：在一个市内小学校里有位新合格的设计与技术教师，他利用业余

① Office For Standards In Education. *Making a difference:The impact of award-bearing in-service training on school improvement*[R/OL]. (2004-01) [2010-08-07]. http://dera.ioe.ac.uk/9466/.

时间参加了为期一年的，关于设计与技术内容的研究生证书课程，由于这所学校在最近一次检查中，艺术教学和学习被认定为薄弱领域，这位教师希望通过这个项目的学习，提升自己的艺术教学和学生艺术学习水平，并能为其他同事提供培训。这个项目的课程结构和内容正好符合他的需要。课程最初要求他结合艺术学科领域知识，思考制订出学校中这门学科优先发展的计划。大学指导教师根据他的实际情况设计相关课程内容，切合学校改进计划的主题，提供广泛的学科知识培训，跨越设计与技术相关方面。课程设置也在考察该教师的教学和学习策略基础上，提供机会帮助他评价相关的教学和学习资源。通过一年学习，这位教师探究了许多有价值的资源并运用于学校教学，他自己和学校里设计与技术课程得到有效的提升：他的学科知识和技能持续提高，包括他设计和绘图的能力、实践技能、系统和控制的知识；他的设计和技术的能力，发展新的技能计划和教学策略得到提高；他的管理能力也得到提高，特别体现在他支持和发展其他教师教授本学科的能力方面；他提供了有效的学校内部培训，对个体同事给予课堂支持；制订了新的评价表。例如，在设定目标的有效性上。对学生作业实施更严格的检测和评价，并使他们的艺术学习渗入到学校内外的实践中；学生作业显著改善，他们评价自己作业和他人作品的能力，比检查的时候更好。

2. 建立持续专业化发展数据库

英国在2009年11月后建立了第一个国家持续发展数据库（CPD database），其宗旨是要求教师为自己的专业化发展负责，提高课堂教学质量，为个人专业化发展提供进一步指导。它以最初建立的试点中所形成案例的经验作为资源，为学校教师寻求持续专业化发展提供方案，便于学校和培训者参照比较，为他们提供可以积极参与互动交流的平台，使他们通过自我评价的过程来改善和驾驭各自持续的专业化发展。数据库提供了许多学术的和以工作为基础的关于专业化发展的资源，教师可以自由选择。这个资源包括由外到内的三个层面：外部广泛的经验、校际网络资源和校内资源。在外部广泛经验方面，有当地专家、学院和大学专家、学科协会和私人提供的关于学科专业化发展的拓展课程、进一步研究的建议。在校际网络资源方面，建立跨学校的联系和基于网络的工作与交流。在校内资源方面，包括教学、培训、课堂观察和反馈，集体计划和教学、跟踪研究、反思好的实践，以及关注整个学校的专业化发展事件等内容。

这个平台鼓励教师在线注册，提出自己的专业化发展重点和需求，包括课程之外所有形式的专业化发展机会。通过管理自己的账号，上传自己专业化发展相关内容，提出自己的反馈意见，包括一般性建议、专业化发展困惑与难题、专业化发展成功之处、遇到的技术问题等。管理数据库的专业团队会记下这些反馈，定期建立反馈报告，在平台上发布。

3. 设立全国教师专业化发展咨询机构

2008年6月，英国设立全国教师专业化发展咨询机构（NAG，National Advisory for Professional Development）①，由多个组织组成合作伙伴团队，共同解决教师在专业化发展上出现的问题，其目标是促进学校教师技能水平的提高以满足学生学习需要，具体表现为实现学校教师的专业化发展优先事项；提供策略，帮助促进学校教师培训和发展；通过成员组织支持、实施策略；通过该机构的部门工作，提供数据和反馈；反思研究成果，评价活动，确定行动影响；修订活动计划，支持小组目标；帮助教师以新方式实现有效发展。

NAG认为应优先发展三个方面的内容。第一，应嵌入文化学习。因为持续有效的专业化发展的目的就在于对儿童和年轻人的学习成绩和生活带来积极的影响，促进他们的进步；第二，增加一致性和相互协作。地方、区域以及国家层面的协作机会日益增加，可以减少持续专业化发展实践上的重复，增加发展的连贯性和持续性；第三，提高素质和能力。能力建立在充分利用跨学校可获得的资源上，所有高品质的专业化发展，都应满足学校特殊的、个性化的需求。教师可以发展面向21世纪的学校系统中所需要的技能，支持教学实践和专业化发展。

---

① Training And Development Agency For Schools. *Strategy for the professional development of the children's workforce in schools(2009-12)* [R/OL]. [2010-09-20]. http://webarchive. nationalarchives. gov. uk/20091116230635/ http:/www. tda. gov. uk/about/publicationslisting/TDA0769. aspx.

（三）给我们的启示

上述英国教师标准和教师专业化发展搭建平台上的举措，对我国现阶段中小学美术教师专业发展有启示作用。

1.教师标准和教师专业发展模式为教师指明方向

没有什么比高质量的教学能实现学生学习成就更重要，教师标准的建立和修订，体现出英国政府对高质量教师的重视，以及在实践中的改进。第一，教师标准可以作为教师自我评价的工具，用来检查自己的教学实践和教师行为，并在此基础上做出进一步的规划，获得持续专业发展。第二，教师标准可以用于团队共同进步，通过对同伴的教学反馈，观察他人的教学实践和教师行为中的做法。第三，教师标准可以为初任教师的教学实践和教师行为确立规范，不断提高他们的教学能力。第四，教师标准可以为管理者进行学校教学质量评价、教师业绩评估时提供参照。第五，教师标准对学校教师应该表现的知识和技能以及能力等做出明确规定，这可以为教师教育、培养教师、设置课程时提供依据。我国于2012年已经颁布幼儿园、小学、中学教师专业标准，但还没有专门针对美术学科教师的专业标准出台，美术教师的专业性质需要进一步明确。

2.创建课程执行与教师专业化发展过程中的多元平台

英国学校课程改革中，网络在支持学校和个人发展上发挥了巨大的作用。国家设置课程改革专门网页，为教师提供新学习目标、互动的课程发展和设计的工具①、出版政策或研究指导手册，在整个国家范围内推广学校中的课程执行案例等。此外，各种不同层次和范围的机构，也通过网站、调查、研究、培训等提供在线案例学习、学科特殊资源和网站发布。②提供多种选择方式以支持教师持续的专业化发展。这形成了强有力的专业发展平台

---

① 英国国家课程网站提供互动的课程设计工具，帮助设计者创造、储存和反思学期中间的课程计划，考虑重点发展的地方以及学生的特殊需要。围绕“什么是你试图实现的？你如何组织学习以实现目标？你如何知道成功与否？”三个部分的七个步骤来设计课程，即认识你的优点，记录你的起点，设置清晰目标，设计和执行，回顾过程，评价和记录影响，维持、改进和继续。

② 如儿童、学校和家庭机构（QCA）、质量改革机构（QIA）与特殊学校和学术院校、学校领导人国家学院（NCSL）等也设立相关课程网站。

和氛围，让教师个体和团队在专业发展时能及时获得各种支持的力量，专业发展的积极性能被充分激发。

3.在日常生活中关注教师的专业化发展

英国的教师标准改革思路可以给我们带来某些启示，即关注教师的日常生活实践、教学能力、学科知识以及对学生学习经验的理解和把握。最成功的是学校中所有的教员都用发展的视角，进行与整个学校课程相关的实践，即提升学科中跨学科知识、技能和理解的联结，并用跨学科技能和维度[①]来支持实践。学校的领导人关注学校中以学习者为中心的课程目标，使他们以合作途径建立他们的课程，让他们拥有发言权。这些做法对我国美术课程改革和教师专业发展具有参考价值。

二、美国艺术教师专业化发展政策与经验

（一）美国艺术专业教学标准

美国国家委员会（National Board）成立于1987年，通过国家委员会认证制度，激励教师完善教学和进行评价。如今，国家委员会拥有25个领域的认证，跨16个内容领域和4个学段（幼儿园、小学、初中或高中水平）。围绕5个核心主题探讨“什么是教师应该知道和能够去做的”，这5个核心主题是：对每个学生及其学习尽心尽职；通晓所教学科的知识和教学方法；有责任管理和监督学生学习；能系统地反思与学习；做学习型团队的一员。国家委员会规定的5个核心主题是各学科教师认证的基础，具体学科认证时需要转换到相应的实践当中。学科教师要获得资格认证，必须具备一些共性条件，例如，持有学士学位；至少有3年的教学经验（幼儿园、小学、初中或高中水平）；有些州还需要取得教学许可证。自2014年起，国家委员会开始修订教师评价标准，将教师实践放在重要的位置。美国对合格的艺术教师的要求，注重通过有效教学实践影响学生学习，针对不同学段的艺术教学也有其具体的专业标准。（如表7–2）

① 根据英国国家课程网站，跨学科包括7个维度：多元化的身份和文化、健康的生活方式、团体中的参与、事业心、全球多样化和可持续发展、技术和媒介、创造性和批判性思维。

表7-2　不同学段艺术教学专业标准

标准名称	早期和中期儿童/艺术 ——3～12岁学生的教师	青少年到年轻人/艺术 ——11～18岁学生的教师
内容	1. 艺术教学目标 2. 学生作为学习者的知识 3. 公平和多样性 4. 艺术的内容 5. 课程与教学 6. 教学资源和技术 7. 学习环境 8. 家庭、学校和社区的合作 9. 教学和学习的评价、评估和反思	1. 艺术教学目标 2. 学生作为学习者的知识 3. 公平和多样化 4. 艺术的内容 5. 课程与教学 6. 评价、评估和反思学生的学习 7. 教学资源与技术 8. 学习环境 9. 与同事、家庭、学校和社区合作 10. 反思实践

上述两个学段的标准中每一个标准又含有数量不等的细化指标，通过研究我们发现，细化指标中也存在一些差异，在艺术教学目标，公平与多样性，教学资源与技术，学习环境，与家庭、学校和社区联系，评价、评估、反思教学和学习等标准的指标细化上基本相同；而在学生作为学习者的知识、艺术内容、课程与教学等标准的指标细化上有区别。这说明，一方面，不同学段的艺术教师专业教学标准有共性也有差异；另一方面，这种差异是由学生的艺术学习经验和学习内容趋于复杂化而决定的。总体来说，青少年到年轻人阶段的标准比早期和中期儿童阶段的标准，在指标中更加复杂，说明越往高段，对教师的教学要求越高。艺术教师认识到这种差异，可以根据自己的知识、技能与兴趣，有针对性地选择专业发展方式。

（二）艺术教师标准

从1990年起，美国AEP（Arts Education Partnership），在50个州和哥伦比亚特区，进行了国家艺术教育政策的研究，2014年发布了《艺术教育政策的分析报告》。简要介绍了相关政策，包括艺术教学要求、指导、评估、问责和教师资格认证。[①] 全国范围内关于艺术教育的公共政策，形成了一个强有力的艺术教育图景，有助于推动学校艺术教育的发展。

1. 美国预备艺术教师标准

早在1999年，美国政府就颁布了《预备艺术教师标准》(*Standards for Art Teacher Preparation*)，从预备艺术教师项目和艺术教育学院两个部分来规定（如表7–3），共7个标准，每个标准下又细分出具体内容。

表7–3　美国预备艺术教师标准[②]简表

分类	预备艺术教师项目	艺术教育学院
标准内容	1. 聚焦视觉艺术内容。 2. 聚焦艺术教育中的理论和实践。	1. 有艺术教育理论知识和实践的经验。 2. 在他们的教学中展示最好的实践。 3. 在他们教学中运用当代技术。 3. 在发展艺术教育和其他专业社团中是积极的。 4. 在机构内部积极支持专业多样化，同时，艺术教育作为一个整体，联系其他专业团体。

①这些政策包括：艺术作为一门核心学科（*Arts as a Core Academic Subject*），早期儿童艺术教育标准（*Early Childood Arts Education Standards*），小学和中学艺术教育标准（*Elementary and Secondary Arts Education Standards*），艺术教学要求——小学（*Arts Education Instructional Requirement - Elementary School*），艺术教学要求——中学（*Arts Education Instructional Requirement - Middle School*），艺术教学要求——高中（*Arts Education Instructional Requirement - High School*），高中毕业艺术要求（*Arts Requirements for High School Graduation*），高中毕业的艺术选择（*Arts Alternatives for High School Graduation*），艺术教育评估要求（*Arts Education Assessment Requirements*），艺术教育国家认证要求（*Arts Education Requirements for State Accrediation*），非艺术教师执照要求（*Licensure Requirements for Non-Arts Teachers*），艺术教师认证要求（*Licensure Requirements for Arts Teachers*），州艺术教育资助项目或艺术学校（*State Arts Education Grant Program or School for the Arts*）等。

② *Standards for Art Teacher Preparation* ©2009 by the National Art Education Association 1806 Robert Fulton Drive, Suite 300, Reston, VA20191. www.arteducators. org.

从上表可以看出，美国政府对建立预备艺术教师的标准设有一定保障，这突出表现在使预备艺术教师顺利达到规定目标的外部支持上。给预备艺术教师“是什么样”“应达到哪些要求”“艺术教育学院能提供怎样的发展平台”等提供支持。标准的制定是从外部环境要求“预备艺术教师是怎样的”这个视角出发的。

通过对文件的梳理，可以看出，美国政府认为在职艺术教师应该具有这些知识——如何创作和表现艺术作品的知识；如何分析、解释和评价艺术作品的知识；其他时代和文化的艺术作品的知识；如何计划艺术教学的知识；如何实施艺术教育教学的知识；如何评价艺术教学的知识。一个预备艺术教师应该具备如下知识才能进行好的艺术教育实践——综合艺术教育中艺术相关领域知识（艺术史、艺术批评、美学、艺术教育各领域创作知识与技能）；美术博物馆（画廊）、戏剧等知识；多元文化艺术教育知识；视觉文化知识；新技术知识。此外，艺术教师还应该符合预备艺术教师标准、艺术教育从职人员标准、艺术教师候选人标准以及必须具备的技能等。

2. 视觉艺术教育者的专业标准

该标准由美国国家委员会于2009年创建，提供给所有的美国国家艺术教育协会（NAEA）成员进行参照，提出相关建议以便他们对照改进。这个标准也适合所有的视觉艺术教育者，不仅适用于中小学艺术教师，还适用于博物馆、社区艺术教师、儿童艺术教育项目中的艺术教育工作者。（如表7–4）

表7–4 美国视觉艺术教育者专业标准①简表

维度	标准
艺术的内容	1.对视觉艺术有一个全面的了解
学生作为学习者的知识	2.了解学生个性特点、能力和学习风格
社会和文化多样性理解	3.多样化社会和文化身份建构

① *Professional Standards for Visual Arts Educators* ©2009 by the National Art Education Association 1806 Robert Fulton Drive，Suite 300，Reston，VA20191.www.arteducators.org.

续表

维度	标准
教学和学习	4.对艺术内容和课程知情选择 5.依据学生作为学习者的知识来计划适当的教学 6.运用当代技术提升其教学与学习
评价、评估和反思	7.为学生引导有意义的和适合的评价 8.系统反思他们自己教学实践 9.视觉艺术评价项目的有效性
合作，专业参与和领导力	10.与其他教育者合作 11.服务于他们的学校和社区 12.在他们的职业生涯中实现持续专业化发展 13.视觉艺术教育有助于他们专业的成长

从上表中可以看出，标准从6个维度规定了13项具体标准，这6个维度也分别涉及视觉艺术教师在学科、学生、社会与文化、教与学、评价与反思以及专业化发展的能力等方面标准的规定。在13项标准中，分别详细地规定了范围指标，让使用者在学习研究中能依此参照和借鉴。

例如，在标准12（视觉艺术教育者）“在他们的职业生涯中实现持续专业化发展”中规定：

视觉艺术教育者：

（1）参与研讨会、工作室和大型会议来加强他们的专业化发展，并能鼓励同事以同样方式进行实践；

（2）了解专业的历史，视觉艺术教育当前的哲学基础；

（3）连续考察他们的假设，思考他们自己，他们的学生，以及视觉艺术教育领域相关问题；

（4）清楚地表达这样的教学哲学观——艺术学习是有助于认知、情感、道德和社会的独特方式；

（5）制订一个专业简历和教学档案袋，了解通过他们持续的职业生涯引导教学有效性的重要意义；

（6）持续了解当前学科领域内的研究，不断寻求和实施多样化的教学策略。

美术教师有了这样的专业标准，他们在美术教学和研究中就能获得一些参照和指导，也能在专业化发展时有章可循。

（三）艺术教师专业化发展研究与案例

1. 艺术教师专业化发展研究

美国国家艺术教育协会（NAEA）2006年发起一项关于艺术教师专业化发展的研究，研究内容包括：支持艺术教育者获得专业化发展的种类；艺术教育者参与的专业化发展活动种类；艺术教育者想要的专业化发展种类；艺术教育者关于他们的专业化发展有哪些重要的问题。研究得出如下结论：艺术教师的专业化发展很可能随着教育领域重要性的增长而变得复杂化。未来社会中，涉及像经费、责任心、发展机会等这样的问题会一直持续，并不断扩大。艺术教育者将不得不寻求有意义的专业化发展活动。NAEA、州艺术教育协会、地方学区必须努力工作，为所有艺术教育者提供持续的、有意义的专业化发展活动。艺术教育者的愿望需要依靠技术来满足他们专业化发展的需求。无论未来会产生什么样的艺术教育，艺术教育者必须为他们自己的专业化发展承担主要的责任。学生所接受的素质教育取决于艺术教师如何承诺教育他们自己。①

2. 以工作室促进艺术教师专业化发展的案例

这个案例②体现出三所学校的K~5年级艺术教师教学与专业化发展上的新思路，由艺术教育专家、艺术教师、校长等共同组成一个艺术教学、学习工作坊，在持续一年多的时间内研究有关艺术课程、教学和学习的问题。工作坊成员以小组为单位，通过视频学习共同探讨艺术的基本概念，然后选择课程内容，进行单元设计，接着再返回所在学校付诸实践，他们在实践的过程中进行反思、改进，对不同学校间教师实践上采取的不同做法进行比较，思考工作坊专业发展方式给他们艺术教学以及对学校所产生的影响，通过这个过程促进艺术教师的专业发展。

---

① 内容编译自“*Professional Development in Art Education: A Study of Needs, Issues, and Concerns of Art Educators*”. F. Robert Sabol, Purde University.

② 内容编译自http://www.learner.org/resources/series174.html.

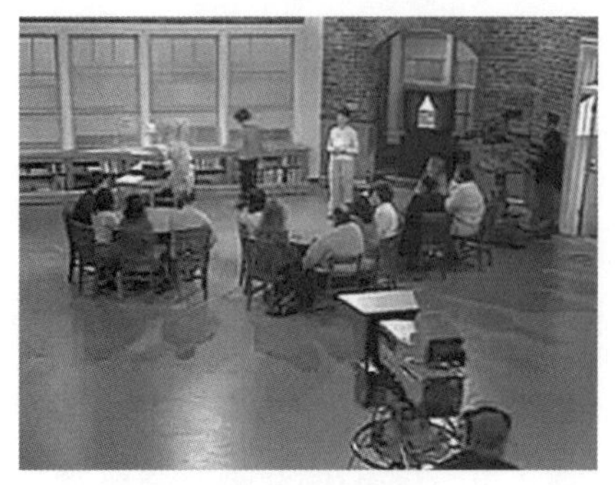

图7-1 工作坊活动的场景

工作坊将整个过程用视频记录下来，并编辑成内容递进的8段视频，每段视频1小时，上传至学习网站平台，以供更多艺术教师在专业发展时思考和参照（如图7-1）。每个片段的内容（如表7-5）包括描述、学习目标、问题指导、关键概念、工作室活动。活动期间进行家庭作业分析、阅读分析等，并根据工作坊内容分发学习资料、填写评价表格等。

表7-5　"每节课堂里的艺术——小学艺术教师工作坊"简要内容

序列	主题	目的	内容
1	什么是艺术	概念探讨	工作坊成员共同探讨戏剧、音乐、舞蹈和视觉艺术的本质。观看超现实主义的艺术表现，结合四种艺术形式，探索幻想与现实之间的链接。
2	回应艺术	历史、社会情境下影响创造力和艺术表现	通过综合的、不同艺术领域的艺术表演，识别观众可能认为的艺术元素，探讨综合艺术的意义,讨论什么是批判主义。
3	历史典故中的艺术	探讨历史情境下艺术的概念	通过历史典故调查，解释其传达的重要信息，探讨今天的艺术是如何塑造历史的。历史典故如何影响新的艺术作品创作。
4	创建综合艺术表演	综合表演	以前面3次工作坊学习为基础，进行综合艺术表演实践。探讨创造一个综合艺术表演的步骤，教师思考如何有效地引导学生产生有创意的作品。
5	整合艺术单元课程设计	课程设计	进行以四种艺术内容为基础的单元设计。不同于传统方法，这个过程强调以思想来促进课程，即强调课程设计时的"为什么"而不是"是什么"。
6	评估课程设计的价值	课程评价	学习团队研究满足学生学习的目标制定，设置绩效任务、评分准则以及评价学习表现。
7	三所学校，三种方法	课堂教学实践	用一年的时间记录各所学校不同的课堂教学实践，结束时，学习小组一起反思如何进一步发展教学。
8	探索新思路	工作坊学习的影响	工作坊学习仍在继续，团队成员反映他们在艺术上的新举措以及他们的艺术教学对学校产生的影响。

此外，工作坊还提供初中和高中阶段相类似的工作坊学习的专业化发展实践活动与视频学习平台。

（四）给我们的启示

美国是联邦制国家，在国家规定了相关标准之后，各州根据实际情况进行适当调整、补充或删减，这是一种有意义的艺术教育方式。综合研究美国艺术专业教学标准、教师标准以及教师专业化发展的举措，我们可以获得以下几点启示。

1.建立美术教学专业化共识

从美国制定专业教学标准，实行规范化的认证制度来看，他们旨在审视行业规则的同时建立一种教学专业化的共识，使不同领域的教师了解该领域教学有哪些专业化的要求，知道做什么和如何去做，特别是围绕领域教学制订教学档案袋，在实践中去做和去评价，这对不同领域的动态化的学习非常有益。我国也实行了中小学教师的认证制度，但对具体的学科教学领域，特别是在美术教学领域的专业化方面还没有形成较为一致的共识，美国的做法值得我们借鉴和学习。

2.制定全面的艺术教师专业标准

从预备艺术教师到在职艺术教师，美国政府或研究机构都出台了一些相关标准，在教师的知识、教学和行为上对预备艺术教师或在职艺术教师进行规范。同时，也对培养艺术教师的专门学院或大学机构提出教学硬件和师资力量上的相关要求。相比而言，我国在教师教育方面，对预备美术教师和在职美术教师培养与培训目标及方向上，还需要连贯性、相关性发展。

3.重视艺术教师专业化发展平台

美国各州政府或艺术教育研究机构，纷纷通过搭建网络平台，为艺术教师的专业化发展提供支持。他们在项目研究的基础上，利用视频、小组学习与交流、互动与反馈等多种方式，将研究结果通过网络辐射，影响更多的艺术教师实现专业化发展。在我国，美术教师专业化发展平台建设有待多元化，还需进一步拓展有力的美术教师专业化发展咨询研究，搭建多样化的网络平台。

4.强调学校管理者的作用

在美国，学校管理者比较重视艺术教育，通过艺术学习来发展学生必要的知识、技能和创造能力，要求学校管理者通过三方面原则来提高艺术对学校产生的影响。首先，建立广泛的学校社团进行艺术学习。制定明确目标，设立艺术基金，制造艺术学习机会，鼓励家长积极参与。其次，创建一个丰富的艺术学习环境。将艺术带入日常教学，提供以艺术为基础的专业发展机会。最后，重新思考利用时间和资源。充分利用课后时间，建立社区资源。[①]这些做法都值得我们借鉴。

三、澳大利亚艺术教师专业化发展政策与经验

澳大利亚也是联邦制国家，地方拥有教育法定权。各州和领地有权制定自己的课程标准，但这也给联邦政府统计和比较各地的教育数据带来困难，因此，20世纪80年代联邦政府就提出在基础教育阶段建立统一的国家课程。2008年《墨尔本宣言》明确了在基础教育阶段的8个核心学习领域[②]，建立相应的国家课程目标。2009年5月，澳大利亚成立负责监管各地开发幼儿园至12年级的国家课程机构——澳大利亚国家课程评估和报告委员会（Austrian Curriculum Assessment and Reporting Authority，ACARA），指导国家课程改革与方案实施。出于改革和促进教师职业发展的目的，澳大利亚政府2012年9月颁布《澳大利亚教师专业标准》，从2013年3月至2015年12月，组织评估小组对标准实施进行评估。

（一）澳大利亚教师专业标准

1. 内容与结构

澳大利亚教师专业标准表明了教师应具备怎样的素质，他们在学校工作

---

①内容改编自http://www.cae-nyc.org/.

②即英语、数学、科学（包括物理、化学和生物）、人类和社会科学（包括历史、地理、经济、商业、社会和公民）、艺术（表演和视觉）、外语（尤其是亚洲语言）、体育和健康教育、信息技术。Melbourne Declaration On Educational Goals For Young Australians. 2008, 12. http://www.curriculum.edu.au/ verve/_resources/National_ Declaration_on_the_Educational_Goals_for_Young_Australians. pdf.

中为造就高质量的有效教学应有哪些元素，对教师整个职业生涯从专业知识、专业实践和专业参与等三个维度提出相应要求，每一个维度对应2~3个标准，共计7条（如表7–6）。每条标准下有4~7个聚焦领域，整个标准共有38个聚焦领域。

表7–6 澳大利亚教师国家专业标准简表

维度	标准
专业知识	1.了解学生，了解他们如何学习。 2.了解内容，懂得如何去做。
专业实践	3.计划和实施有效教学和学习。 4.创造和维持辅助的和安全的学习环境。 5.对学生学习进行评价、提供反馈和回应。
专业参与	6.参与专业学习。 7.与同事、家长、监护人和社区一起从事专业活动。

其中，每一个领域因教师处于不同职业生涯阶段对其要求也不相同，分四个阶段（毕业教师、熟练教师、高成就教师、领导教师）为教师进行预备性的引导、支持和发展。例如，专业知识维度标准1中聚焦领域1是这样描述的（如表7–7）：

表7–7 专业知识维度标准1. 了解学生，了解他们如何学习

聚焦领域1：学生心理、社会和智力发展以及个性			
毕业教师	熟练教师	高成就教师	领导教师
了解并知道这个领域知识怎样影响学习。	在这个领域知识基础上运用教学策略并改进学生学习。	灵活选择有效教学策略以实施这个领域知识。	用这个领域知识领导集体选择和发展教学策略以促进学生学习。

从中可以看出，这个聚焦领域分四个阶段为教师指出递进的、发展性的目标，帮助他们判断、自我反思与评价，使他们认识到他们现有的和将要发展的能力。

2. 评估认证策略

这里以高成就教师和领导教师的认证和评估为例。该评估有三个目的：提升教学质量；为教师提供反思实践的机会；为优质教学提供可靠的指标以用于鉴定、区分或奖励高成就教师和领导教师。通过促进教师素质，采用全国一致的标准有助于实现国家教育目标。在评估认证时遵循如下原则：以教师标准为基础；以促进学生为重点；以发展为驱动；可信的；以证据为基础。

教师标准从四个职业生涯阶段描述了不断增长的专业知识、专业实践和专业参与。认证评价就是以教师标准为基础，来评估教师所处职业生涯的专业发展阶段。认证过程包括三个阶段：预评估阶段、评估阶段1和评估阶段2（如表7–8）。

表7–8　高成就教师和领导教师申请人在认证中经历的阶段

评估阶段	评估内容	实施策略
预评估	取得资格，自我评估和专业讨论。	规定资格要求。申请教师在线申请提出认证请求。与评审人讨论，补充准备。
评估阶段1	提交证据，讨论决策和反馈。成功申请过渡到第二阶段。	针对教师标准提交证据材料，包括教师实践做法的书面陈述。
评估阶段2	实地考察包括直接观察实践和专业研讨。	直接评估教师实践。由评审团现场直接评估，根据需要与同事和申请人进行讨论。
证明	决策和建议。	评审员根据标准和专业讨论提出最后建议。申请未通过可再次申请。

参与认证的申请人需提交的直接证据包括：①实物，教师实践的观察报告与反馈。例如，教案、教学计划和教学实施细节；学生作业样本；学生成绩数据与结果分析文件，表明这些是如何影响教学策略和计划的；连接学生学习结果的评价策略文件；来自实践的学生或家长反馈文件；参加专业学习的证据，表明这种学习是如何改进教学实践，策略和知识是如何被用于提高学生学习成果的；参与家长、社区和同事工作及其影响的文件。②教师的反

思。申请人对照标准提交一份简短的书面声明，包括教师背景、特点、优势。领导教师还需提供学校领导力的描述，包括行动研究的实施、评价；显示在同事间影响力的证据；跨学校领导实践的证据。③参考依据。申请人提供他们自己关于教师标准中聚焦领域的直接知识，以及他们运用这些知识进行实践的证据。

参与认证的教师必须是自愿申请，对照每项标准所提交的证据至少有两项。认证过程由校长、部门主管、同事和同行，以及由认证机构提名的校外两个评估人共同完成。他们承担以下职责：在预评估时，对照教师标准在申请人提交的材料基础上进行短期与专业讨论，对准备申请进行认证；在评估阶段1，提供一份观察教师做法的报告，对照教师标准中聚焦领域评估教师实践；在评估阶段2，短期讨论与实地考察期间，提出教师标准中聚焦领域相关的、具体的评估报告。

（二）创新的教师表现与发展评价

有证据表明，更好的评价、教学和反馈能促进教师有针对性的发展，促进教师实践。但很多教师认为对他们的评价主要是为了满足管理的要求。因此，澳大利亚政府呼吁所有学校建立一种表现和发展的创新型框架，以改善教学作为提高学生成就的有力手段。这个框架包含五个方面：①关注学生学习成就；②对有效教学有清晰的认识；③校长领导力的重要性；④学校发展的灵活性；⑤教师和学校发展目标的一致性。

教师的业绩和发展是一个循环的过程，它由反思和目标设置、专业化实践和学习、反馈以及回顾构成，它们互相交织，不一定按次序进行，需要根据时间的长短视情况而定。这个循环有四个必不可少的元素，即①所有教师都有一组业绩和发展的纪录，并定期检查目标。②所有教师在实现目标中获得支持，包括获得高质量的专业学习上的支持。③事实用来反映和评估教师业绩，包括通过全面回顾下述证据：学生成就的数据显示；基于直接观察教学的信息；同伴收集的证据。④所有教师接受经常性的正式和非正式的业绩反馈信息，口头或书面报告。

（三）教师发展平台

1. 未来的教师教学项目

“未来的教师教学”项目（Teaching Teachers for the Future，TTF）是澳大利亚院校为培养职前教师能力而设立的项目，由政府“信息与交流技术改革基金”（the Information and Communication Technology Innovation Fund，ICTIF）提供资助，全国39个教师教育机构全部参与其中。

该项目专门针对研究生学历的职前教师，旨在增强他们信息交流技术的熟练程度，以丰富他们专业的学习和提高他们数字资源的利用能力，包括三个部分的内容。第一部分由AITSL领导，配合研究生学位培养，为职前教师提供教育技术信息方面的支持。他们设计专门的软件包和使用指南，放置在发布教师标准的网站上供职前教师使用。第二部分是提供给职前教师、教师教育者和有丰富专业学习经验的教师随时随地学习的软件包。ESA开发了12个数字资源包，促进对澳大利亚课程利用的有效性。帮助教师通过利用信息技术提供的新方法的学习来转化教学方法。这个数字资源链接技术、教学方法和内容知识，能够确保职前教师在计划时学会全面的、综合的思考和实践。第三部分是通过前面两个部分的实施，全国39个机构合作完成的项目研究成果和经验被用于研究生培养的课程设置中，并作为考核研究生的标准。项目研究中职前教师的工作被拍摄下来并上传至TTF网站，便于推广与应用。

2. 澳大利亚初任教师教育认证项目①

这个项目反映的是教学专业、教师教育者、教师聘用者、学校和教育社区等对高质量教育的共同追求。致力于高标准的初任教师的教育课程，认证建立在毕业生的学习成果上，提供多种途径和方案。

认证原则：①持续改进。评审过程有助于改善初任教师教学质量，促进持续教学和学习，保证毕业生质量以建立公众对专业人员的信心。这要求职

---

①*Accreditation of Initial Teacher Education Programs in Australia: Standards and Procedure*[S/OL]. (2011-04) [2013-08-10]. http://aitsl.edu.au/docs/default-source/initial-teacher-education-resources/accreditation_of_initial_teacher_education_programs_in_australia.pdf.

前培养课程要进一步提高质量和计划性。②关注成果。评审过程对毕业生成果的设置有较高标准，毕业时要达到这些标准。③灵活性、多样性和创新性。国家鼓励多样化的、创新的方式满足学生的需求。④合作伙伴。在教师教育机构、学校、教师之间建立合作伙伴关系。⑤依靠现有的专业知识。在进行教师认证时增加并依靠法律的价值力量和经验。⑥证据。认证建立在实践成果数据的基础上。

认证目标有两个：通过持续地改进初任教师教育以提高教师质量；用透明、严格的认证标准和流程对教师质量的教育课程问责。项目包含三个元素：一是预备教师标准，澳大利亚教师标准中，明确了毕业生阶段应达到的知识和技能；二是程序标准，描述高质量职前教师的关键特点；三是认证过程，设置一个统一的认证程序，包括评审组设立、方案评估、评审报告等。

3. 领导澳大利亚学校计划

该计划是为促进大学与中小学校间进行有效合作而设。目的在于使大学和学校成为有效合作伙伴，实现跨部门或跨区域交流，计划具有非政治性，目的是为了及时解决专业学习需要。在计划实施过程中，合作双方要持续关注战略性问题，强调提供有意义的个人反馈，促进反馈的灵活性，为国家教育发展搭建网络链接。

从参与者反馈的信息来看，这个项目提供了先进的、个性化的专业学习。在学校中提供高品质的、有挑战性的专业学习，许多参与者认为这是他们最好的专业学习。理论联系实践，注重实用性，根据个人学习背景提供国内外相关学习材料。

有调查数据表明该计划对以下几个方面具有意义：改进知识和技能（86. 63%）；改变专业发展途径（81. 05%）；学校文化转换（77. 44%）；影响学生成绩提高（70. 00%）；作为学校领导者提升专业身份（85. 12%）；作为一个专业人员提升教学地位（67. 91%）；满足作为领导者的个人需求（95. 23%）。以上说明领导澳大利亚学校计划，在学校领导专业化学习方面是一个非常有效的方案，短期内迅速提供给学校领导者专业学习机会。该项目有战略意义，能满足学校未来发展需求。

（四）启示

1.充分认识到教师的核心作用

澳大利亚政府认为教师在年轻人准备走向成功和富有成效的生活过程中负有责任。建立在国内和国际研究证据上的教师标准表明，教师的质量直接影响学生的成绩，并且是一个非常重要的因素。有质量的教师可以是灵感的来源，为学生提供可靠性和信赖感，而更为重要的是，这深刻地影响着学生在教育、工作和生活上做出进一步的选择。因此，提高教师素质被认为是改革的重要部分，学校认为最大的资源就是教师，教师对学生学习影响很大，培养教师的经费在学校教育支出中占最大部分，远远超过其他任何教育计划支出。

2.为教师入职与发展提供较为完善的评价机制

澳大利亚政府部门和教育机构为教师的入职和发展创设了良好环境。从专业知识、专业实践和专业参与三个方面划分教师职业发展的不同阶段，进行维度划分和目标细化，使各个阶段的教师在发展时能自我对照，找到不足和努力的方向；并且设置的专业发展要求因不同阶段而逐步递进，符合教师发展的规律。同时，各级部门和教育机构在评估论证时，从预评估到正式评估，每个阶段都制订了较为详细的认证策略，包括同申请人讨论不足，改进发展策略等，体现出良好的互动机制。

3.重视时代发展下教师信息技术与领导能力的培养

为提高教师应对未来发展的需要，澳大利亚政府设立信息与技术能力培训专项计划，设计专门的学习软件包放置于网络平台，供教师们随时随地学习和使用，并提供在线案例研究和在线辅导的有效做法，支持教师的专业实践。同时，网站允许教师上传自己的教学视频，陈述教学理念、倾听学生的需求，提出他们在教学中遇到的困难，以便让更多教师借助网络获得实时交流与互动，共享所有成果与资源。此外，政府鼓励所有教师承担责任，积极参与到职业生涯的专业学习之中，接受提供高品质学生学习的挑战。

第二节 我国未来美术教师专业发展的图景

全球化进程给世界带来深刻的变化，教育也应适应时代的发展而变化。培养具有创新思维和创造力的未来人才是社会和教育发展的要求。优质美术教育的关键离不开优秀的美术教师。未来五年，深入推进美术课程改革，解决美术教师师资不均、美术教师专业化发展是当务之急。

一、未来我国美术教师专业化发展面临的挑战

根据世界经合组织（OECD）国际教学与学习调查（TALIS）①显示，不同国家的教师强烈地渴望更专业的发展。但在所有TALIS参与国及经济体中，专业发展主要有两种类型："专业发展工作坊、研讨会""专业发展合作学习"，教师更多地参与工作室或研讨会式专业发展，然而，专业发展和教学实践的合作率却比较低。

结合理论、环境、教师发展路径案例以及国内外美术教师专业发展经验研究，可以看出，我国美术教师在专业发展时，一方面，有着强烈的专业发展愿望，但会遇到许多影响他们进一步发展的障碍；另一方面，他们的专业发展需求急需得到及时的支持，这也是对政策制定者与学校领导者提出的挑战，以便调整教师繁忙的工作日程并确保适宜、高效的随时援助。

（一）未来五年全球基础教育形势

新媒体联盟地平线报告②，通过连续十三年的研究和发布，预测全球范围内未来五年新兴技术在学校中将会产生哪些影响，它已经成为国际社会针对新兴技术发展趋势及其在教育中如何应用而开展的最持久的跟踪研究。在2015年年度报告中，专家们对两个长期趋势达成共识：一是从支持学生参与和推动创新角度反思学校如何改进；二是探索深度学习方式，开展如项目学习和挑战性学习。在学校未来面临的挑战方面，"将技术融入教师教育"被认为是一项可应对的挑战。如翻转课堂及其如何高效应用于课堂等。另一方

① http://www.eachina.org.cn/eac/gjjc/ff80808150dde18a0150f1f8abc50016.htm

② L. 约翰逊，S. 亚当斯贝克尔，V. 埃斯特拉达，A. 弗里曼. 新媒体联盟地平线报告：2015基础教育版[R]. 张铁道，白晓晶，李国云，等译. 德克萨斯：新媒体联盟，2015.

面，专家们将“教学创新的推广”视作较为严峻的挑战，认为这是一项既难以定义又难以解决的复杂任务。好的课堂实践推广需要充分的支持系统。最终追求的是最有效的教学方法在广泛的范围内传播。专家们也对支持创新和变革的技术发展进行了预测，自带设备和创客空间预计会在一年或更短的时间内被更多的教育机构所采用，以便学校利用移动学习和创设相应技术环境，让学生通过“实践”和“创造”来掌控自己的学习。3D打印和自适应学习技术的采用为未来2~3年内，数字徽章/微学分和可穿戴技术预期在未来4~5年内进入主流应用。

（二）未来五年影响我国美术教师专业发展的重要趋势

在全球教育发展和我国教育改革的背景之下，未来美术教师发展离不开政策、领导力和实践因素的影响。这里的政策是指国家管理学校与美术教师的各项法律、法规、章程、条例和办学方针等；领导力是指专家们基于研究和深度思考而形成的对未来学习的认识；实践是在学校、课堂和相关教学环境应用新的思想和教学法所做出的努力。

1. 政策趋势

从政策层面引导学校对学习的持续关注，是未来五年时间内各国政府和学校感兴趣的主题。2015年12月我国教育部对《国家中长期教育改革和发展规划纲要（2010~2020年）》实施5周年进行了综述[①]，我国教育事业总体发展水平进入世界中上行列，新一轮改革正在推动中国教育在公平、质量、效益方面实现崭新跨越，学有所教、学有所成、学有所用的学习型社会正在加快形成。

（1）教师队伍建设

“加强教师队伍建设，提高师德水平和业务能力，增强教师教书育人的荣誉感和责任感”，党的十八大报告将教师队伍建设列入改革的重要议程。教育大计，教师为本。育人好比下棋，教师队伍建设是关键，“一着棋活，满盘皆活”。2013~2015年，我国在教师队伍建设上密集出台了一系列政

---

① 中国教育的崭新跨越。http://www.moe.edu.cn/jyb_xwfb/s5147/201512/t20151217_225256.html.

策：《乡村教师支持计划（2015～2020年）》《中等职业学校教师专业标准（试行）》《关于建立健全中小学师德建设长效机制的意见》，为科学育人打开良好局面。同时，自2010年7月起，教育部、财政部联手实施的全国中小学教师“国培计划”，是提高中小学教师教学水平和能力的重要举措，2010～2015年，全国1000多万名教师接受每人不少于360学时的全员培训，100万名骨干教师接受国家级培训，为各地输送了一批“种子”教师。

（2）教育质量监测

长期以来，由于缺乏准确反映义务教育质量状况的客观数据，导致既不能全面客观地对义务教育质量做出评价，也不能有效诊断存在的问题及其根源，单纯以成绩和升学率为标准评价学校教育教学质量的现象一直存在。2015年4月15日，《国家义务教育质量监测方案》正式发布，标志着我国正式建立起义务教育质量监测制度。与PISA（国际学生评估项目）不同，这个方案旨在客观反映义务教育阶段学生学业质量、身心健康及变化情况，深入分析影响义务教育质量的主要原因，为转变教育管理方式和改进学校教育教学提供参考。同时，教育部依托北京师范大学成立教育部基础教育质量检测中心，开发涵盖七大学科领域、适合我国国情的、能全面测查和评估学生质量与发展状况的整套监测工具。目前，检测中心已经研发了义务教育阶段数学、语文、科学、品德、体育和艺术等6个学科领域的监测指标体系，并经教育部审定通过。

考虑学生认知和学习能力发展的阶段性特征，监测对象确定为义务教育阶段四年级和八年级的学生。每年监测时间为6月份，每次监测周期为三年，每年监测两个学科领域。艺术同语文一起是第二年度监测，它重点测查对艺术作品表现形式，民族艺术作品特点，中外艺术作品表达主题和情感的了解、理解，对民族艺术的兴趣、喜爱，以及艺术活动的参与等。监测工具包括纸笔测试工具和现场测试工具。根据课程标准和学生答题的实际表现，对学生学业水平进行等级划分和具体描述。等级标准的划定，参照我国教育教学中常用的“优、良、中、差”四个等级，借鉴国际通行方法，将学生学业表现划分为水平I、水平II、水平III、水平IV四个水平段。根据报告目的、内容和阅读对象的不同，主要形成基础数据报告、分省检测报告和国家监测报告三类报告。其中，国家监测报告面向社会公开发布。

2. 领导力趋势

（1）21 世纪技能

教育的主要作用之一是培养未来的劳动者去应对他们所处时代的挑战。“21 世纪是知识经济的时代，而知识时代对劳动者的需求正在发生巨大的变化，未来的工作和职业要求更高的知识水平、专家型思考、复杂交流等更高的应用技能。”[①]在社会演进中，教育之所以重要，就在于它能使人们为工作和社会做出贡献，锻炼和培养人的才能，履行公民责任，弘扬传统价值等。这些内容随着时代的变化其内涵也在变化。如今，21 世纪学习的节奏中，越来越多的是数字化学习者的融入，学生学习如何才能创新，全球学习形势如何转变、转变的方法怎样？这是对学校教育提出的挑战。21 世纪的技能有三类：学习与创新技能（批判性思考和解决问题的能力、沟通与协作能力、创造与革新能力）、数字化素养能力（信息素养、媒体素养、信息与通信技术素养）、职业与生活技能（灵活性与适应能力、主动性与自我引导能力、社交与跨文化交流能力、生产能力与绩效能力、领导能力与责任感）。21 世纪，教育需要新的路线图来指引和探索。

（2）美术核心素养

大数据时代深刻地影响着视觉文化，并催生它的转型。传统艺术与数字技术的跨界和融合产生出许多新的创意与想象空间，视觉文化有了更多的可能性，这使学校美术教育更为多样化，也更富有挑战性。

美术学科提供给学生不一样的思维方式，“在大数据时代的视觉文化背景下，所有的年轻人都有一个新的使用图像技能的需求，新的能力需求不仅改变了学习环境，同时改变了工作场所。无论是现在还是未来，从事任何一门工作的人都要高度依赖美术素养……以视觉、造型、空间、创意、美感为

① [美] 伯尼·特里林、查尔斯·菲德尔. 21 世纪技能——为我们所生存的时代而学习 [M]. 洪友，译. 天津：天津社会科学院出版社，2011：7.

核心的美术素养与21世纪技能一一对应。”[①]2014年3月，美国完成《国家核心艺术标准》的修订，“将创造力与创新能力、批判性思维与解决问题的能力、沟通能力和合作能力作为艺术学科学习最重要的四大技能列出。”[②]以期待通过艺术学习能将这些能力迁移到21世纪学习与生活的各个方面。随着我国基础教育改革的深入，基础美术教育进入了“核心素养”时代。专家们提炼出美术学科的五个核心素养：图像识读、美术表现、审美判断、创意实践和文化理解。适时对美术核心素养展开实践层面的研究，必将深刻地影响学校美术教育的发展。

3. 实践趋势

（1）学校运行机制

目前，基于项目的研究、基于挑战的学习、基于探究的学习、基于问题的学习等一些创新方法，已经被一些学校用于教学规划，学生能更加有组织地参与一次又一次的学习活动，这些教育方法具有跨学科的特点。随着学习更具有流动性、更加以学生为中心，课堂中对学习的安排就应该更加灵活才能使学习真正发生，独立的学习才会有足够的空间。按照惯例，学生每日的学习被分成单位化的时间进行不同学科的学习，随着综合化、跨学科学习的研究，未来的学校运行机制或许会尝试不太一样的时空与学习内容的安排方式。芬兰新课程改革将教孩子未来生活技能，而不仅仅是将提高学生的考试成绩放在首位。2015年3月，芬兰国家教育委员会正式颁布了强调“寓教于乐”和学习兴趣培养的《国家核心课程大纲》，并于2016年8月实施。为迎接未来挑战，改革重点在于培养学生的横向（通用）能力与跨学科学习能力。在课程大纲中增加“基于现象（主题）的教学”，即围绕学生感兴趣的某一现象或主题调配师资，以培养学生的综合能力。数学、历史和其他传统学科都将继续存在，但与科学、艺术、语言等学科之间的边界将大大模糊，这将是结合能力教学与学科教育的新模式[③]。

① 钱初熹．大数据时代美术教育的创新发展［A］．//韦天瑜，大数据时代创意美术教育——第五届世界华人美术教育大会论文集．上海：华东师范大学出版社，2015:20.

② 胡知凡．美国《国家核心艺术标准》介绍［J］．中国美术教育，2015(5):90.

③ 谢银迪．芬兰“最激进的教育改革”来袭？［N］．中国教师报，2015-12-18(3).

（2）深度学习

大数据时代，学生已经从被动的教学内容和知识消费者变成内容和知识的创建者。一方面，学生需要深度学习，他们需要培养应对未来社会发展和职业需要的综合能力；另一方面，各种技术应用于教学和学习之中，提供了深度学习的平台，有助于学生在校内外获得更多主动学习的经历。例如，平板电脑和智能手机等技术也已经成为学生熟悉的应用工具，有相当一部分学生已经能应用这些工具来帮助自己进行自我导向性的学习。此外，深度学习也转变着传统的教育范式，使学生在项目研究、问题探究、主题学习和合作学习中，在个人经验和自主探索中构建知识，通过课堂内外，真实或虚拟的小组学习，体验像科学家从事探索工作一样，在做中学并获得学习和生活的双重能力。

（三）未来五年影响美术教师专业发展的重大挑战

未来五年美术教师的专业发展面临诸多挑战，每一项挑战的有效解决最终会使美术教师获得支持和持续的发展。

1. 政策层面

影响政府政策决定的挑战有两个方面。一是，政府如何制定相应的政策，以便将时代对美术教师专业发展的需求纳入到教师职业课程学习和在职培训当中。换句话说，推进有效的美术教师教育课程和教师培训改革，需要制定美术教师教育专业的国家标准。二是，美术教师专业发展的创新实践，如何在学校、地区乃至国家范围内推广，这也需要政策的支持，在质量和覆盖范围上做出规划，积极推进各种项目的落实。

2. 领导力层面

影响领导力的障碍在于如何进行学习规划和教师角色的重新定位。一方面，学习研究领域诸如认知心理学、发展心理学、有关学习和迁移的研究、神经科学的发展、新兴技术的进步等，已经将科学和实践的关系带入到一个新时代。教师的学习研究还是比较新的领域，“成功的教师学习要求有一个连续不断的、合作努力的职前、职后以及终身的专业发展机会。创造这样的机会，以学习科学来建立知识库要面临巨大的挑战。”[①]另一方面，翻转课堂、MOOC（Massive Open Online Courses）等学习方式，改变了教师在教学过程中的功能，影响着美术教师入职的评价。那些传统教室里指导学生开展的项目学习和讨论，在虚拟环境里也要能相应展开。基于互联网的教师共同体逐渐成为消除教师孤立无援感的重要工具。

3. 实践层面

实践层面中，对学校教学和学习的挑战之一就是个性化的学习，为每一个学习者提供“私人定制”化的机会和支持，需要教师制订较为详细的计划和有效的实施，才能满足每一位学生的兴趣和职业方向。挑战之二就是对学生综合思维的培养。培养综合思维需要多种能力，美术教师如果在职前就没有获得相应的多种能力是很难应对这个挑战的，而随着视觉文化的转型和技术对教育的渗透，对美术教师能力也提了出新的要求，比如自我导向学习能力、数字技术素养等。

二、未来我国美术教师专业发展策略

（一）重塑教师专业角色

2014年世界教育创新峰会“2030年的学校”调查，汇集全球645位专家观点，73%的专家认为教师传统角色将消解进而成为“学习的促进者”，并向师生共同引导课堂方向发展。[②]许多教育领域的领军人物认为，学校要为学生持续地参与学习活动提供必要的方法和途径，这就需要对教师职责问题进行重新思考，教师的专业发展将越来越多地依赖于他们沟通交往的能力。社交媒体、在线工具和开放的资源给教师提供了混合式、体验式学习，使他们通过技术建立学习社群。

互联网的不断整合，使以学生为中心的学习模式得到壮大，学生可以选择如何进行深度学习，教师在课堂中不再是知识的保管员、搬运工或快递

---

①[美]约翰·D. 布兰思福特，安·L. 布朗，罗德尼·R. 科金. 人是如何学习的：大脑、心理、经验及学校[M]. 程可拉，孙亚玲，王旭卿，译. 上海：华东师范大学出版社. 2013：183.

②郝孟佳. 2030年的学校“教室”变身“会议室”[EB/OL]. [2014-10-20]. http://edu.people.com.cn/n/2014/1020/c367001-25871662.html.

员，他们更像是导师或调解人，帮助和指导学生学习，和他们一起参与解决问题。

（二）策略

未来的美术教师应该扮演三种主要角色：研究与开发者、整合者、引导者。换言之，美术教师要按照学生学习需求设计教学和准备材料；积极与同事分享各种教学经验；在学生学习过程和学习结果的基础上来调查、分析学生的学习路径，从而做出更好的教学决策。根据以上综合分析，我们从影响美术教师专业发展的外部和内部环境出发，思考未来美术教师的专业发展策略。

1. 从专业发展外部环境来看

（1）政策

第一，制定美术教师专业发展标准是当务之急。它能使美术教师发展有章可循，有据可依，在进行美术教师专业发展评价时，既可对照，又可评估。第二，这种标准应该建立在最大范围的数据分析基础之上，组织各方面的专家进行相关测量工具的研制与实施，形成相关报告，以提供作为决策的基础。第三，美术教师专业发展标准中提出的要求，应能体现在美术教师培养课程设置和在职培训规划中，并能形成美术教师教育和在职教育的连贯性。

（2）平台

各层各级教育管理和教研部门，积极搭建各种平台为美术教师专业发展提供及时、必要的各种支持。例如，根据美术教师实际需求，设置优先发展的培训项目；鼓励学校建立与本校管理规划目标一致的美术教师专业学习社团，调整美术教师繁忙的工作日程，提供教师持续的支持，通过价值观、规范和共同期望而促进学生学习的一种学校文化。美术教师专业发展的各级民间组织，有必要提升专业发展工作坊、研讨会的实践内涵。促进不同地区间美术教师专业发展经验的交流、借鉴与讨论。增强专业发展和教学实践的合作。

2. 从专业发展内部环境来看

（1）依据知行合一原则

未来是美好的远景，走向未来需要踏实前行。今日的美术教师要想获得良好的专业化发展，有能力接受未来的挑战，就需要增强美术教师专业知识，使其能力和行动保持一致性。知道是什么，知道如何去做，知道如何做得有效，知道如何创造性地去做更有意义。首先，美术教师专业知识是其专业化发展的基石。美术教师专业知识不同于美术专业知识，是美术教师从事日常美术教学中应知、应会的知识，这也是一种与时俱进的知识。前述章节中广泛的关于美术教师专业化实践的实证研究表明，美术教师专业化发展存在着专业知识基础，决定着美术教师的专业地位和专业属性，具有个人化的特征。其次，了解专业知识的内涵还需要美术教师踏实的实践，将专业知识贯穿到教学行为、研究行动之中，才能丰富自己的专业知识，形成与时俱进的认识，不断促进自己的专业化发展。

（2）促进核心素养的发展

自我导向学习素养、交往合作规划素养、数字技术素养是未来美术教师专业化发展的核心素养。美术教师专业化发展路径研究显示，美术教师专业发展虽有个体的独特性，但也有着相似的个人素质，或在专业化发展过程中具备的能力和发展潜质。他们的专业化发展路径主要有两种：向内寻求自我发展和向外拓展发展平台。前者体现出美术教师通常有较强的自我导向学习素养，有探究挖掘问题的能力、观察与反思能力、科研能力、课程开发能力以及数字技术素养等个人素质；后者寻求在团队发展的共同体中，逐渐形成合作能力、沟通能力、学习能力、评价与判断能力等，以促进美术教师的专业化发展。而美术教师是否勇于创新、主动研究和开阔视野，关系到他们对自我发展的观念、行动和可以成长到的高度。

（三）建立多元发展的路径

美术教师的专业化发展虽具有个人意义，但离不开在集体中的成长和进步。前述案例研究也充分显示，美术教师专业发展的路径各有千秋，呈现出多样化的发展模式。一方面，如果美术教师能在个体专业化发展需求的基础上，积极寻求团队中的发展机遇，持续地参加多种专业化发展活动，与团队中的其他教师交流与沟通，分享自己专业化发展道路中的成功经验与失败教训，这能帮助自己成长，也能促进同伴进步。另一方面，美术教育管理者、研究者也面临思维模式、身份角色的转换，他们需要积极拓展并搭建多种形式的美术教师专业发展平台，与美术教师一起为实现可持续发展而努力。再次，在整个美术教师群体内部，急需发展一种专业化发展的机制，来集合多方力量将美术预备教师、美术新手教师、熟手教师以及专家型教师融合在一起，使他们在思维碰撞中共同发展。此外，开拓跨学科和多学科领域的美术教师专业化发展形式，能跳出学科思维的局限，从其他学科的发展和研究领域中获得启示，促进产生创造性的专业化发展方式。

三、未来我国美术教师专业发展新时代

（一）美术教育所处的时代要求

1. 对学习成功的关注

未来的学习将会变得更快速、更高效，课堂活动的机会将会大大增加，教师的专业性也因此更为重要。成功的学习将真正成为教学系统的核心所在。2015年12月10日，美国总统奥巴马签署了《每一个学生成功法》（*The Every Student Succeeds Act*），取代2002年实施的《不让一个孩子掉队法》（*No Child Left Behind*）。该法包括11项改革，“帮助各州提高教师质量”是其中一项，提出“为教师提供持续的基于证据的专业发展……”[①]其未来前景如何，需要美国教育改革的进一步实践，但其提出的将控制教育的权利归还各州和地方学区，促进学生成功学习的理念值得借鉴。

2. 对复合思维的教学

未来年轻人所处的世界相互关联非常紧密且日益复杂，要求培养他们运用复合思维处理复杂问题的能力，即培养如何通过协同工作来解决问题的技能。美术学习可以培养学生批判性思维，可以建立与其他学科的关联。随着大数据的激增，创客空间、可视化技术、社交媒体技术的快速发展，对有创意的复合型人才的需求将在各个领域内激增，但能胜任这些工作的技能并不是在学校内可以全部完成的，所以，培养学生的复合思维能力成为学校的一个主要任务，通过复合思维教学相关课程，让学生可以利用可视化手段来支

① 吴海鸥. 从十一项改革读懂《每一个学生成功法》[N]. 中国教育报. 2015-12-16（11）.

撑他们的观点和想法。

（二）我国美术教师的3.0时代

纵观改革开放以来我国学校美术教育的发展，美术教师的形象经过几代人的共同努力，变得越来越清晰，专业性特质也日趋明显。从中等师范院校毕业的中师毕业生到专科院校、本科院校毕业的美术师范生，直到拥有研究生学历的美术毕业生，我国美术教师队伍也经历着类似于网络术语中的1.0时代、2.0时代和3.0时代。如果将当年从中等师范院校毕业走向工作岗位的中师生称为美术教师1.0时代的话；那么，伴随我国美术新课程改革步伐进入教师岗位的教师可以称为美术教师2.0时代；而如今，随着对学习研究的深入，科技与艺术的飞速发展，大数据时代入职的教师，我们称之为美术教师3.0时代，这也将是我国未来美术教师的主力军。

美术教师1.0时代跨度较大，具有这样的特点：他们专业基础全面、教学基本功扎实，一般都有着较为丰富的人生阅历；但受到长期以来教学观念和教学方法的影响，多采用以教师为中心的教学方式，注重学生学习结果。

美术教师2.0时代，正是21世纪开篇之时，世界各国都在进行美术课程改革，我国基础教育美术课程改革在这样的潮流中获得了良好的发展空间，这一时期入职的美术教师接受新课程、新理念的洗礼，与新课程一同成长，他们容易接受新事物、尝试新方法，以学生的学习为中心，关注学生的学习与评价。

美术教师3.0时代，教育正在从学校教育过渡到终身学习，数字革命更快地推动着这种趋势，大数据时代下入职的美术教师更多的是重新思考学校美术教育的价值和意义，学习方式的改变倒逼教学方式的变革。3.0时代的美术教师自己就应该是一个终身学习者、学生学习的引导者和导师。

（三）我国美术教师专业发展的空间

1.不断变革的能力

通常美术教师对个人知识有着思维定式，受到自身的教育信念和行为习惯影响。当他们面临社会变革和新时代挑战时会产生抵触情绪。而只有当他们认为某种观念或知识是合理的、可靠的，才会将这种知识内化为自己的观念体系中，成为他们个人的知识。因此，面对飞速发展的未来社会和教育的需求，未来的美术教师必须唤醒不断变革的意识，培养创新精神和变革的能力。而“创造性不像人们所想象的新鲜事、想法和主意等，而是以它为基础进行的严密思考，加入自己的研究课题和目的，最终体现在创造性的表现和行动上。”[①]未来社会是一个多看、多听、多想、多说的时代，也将是一个有多种表达样式的时代，这要求每个人更加关注体验与尝试。美术教育也更应该重视创造性传达，更需要未来美术教师变革程式化的教学思维和观念，融入创新意识，发挥主观能动性，产生创造性的教学方式，使学生获得更加新鲜、富有活力和创造意义的美术学习方式和学习体验。

2. 跨学科的综合能力

虽然美术教师专业化发展是基于美术学科基础上的教与学的生长，钻研美术教学观念、知识与技能、价值观念等诸多方面的内涵，但美术教师也需要跳出学科思维的局限，学会从其他学科发展与研究领域中获得启示，这一点，对未来的美术教师来说尤为重要——未来的社会，人们交往交流的方式将会发生越来越多的变革，表达方式和手段更加丰富多样。社交网络给人们带来一种崭新的世界观与方法论，将人们从虚拟的世界中拉回到现实的社会生活里，追求一种网状的、交叉碰撞的、互相联系的思维模式，这意味着不同的人的知识在交叉碰撞中可以产生更多新的知识、新的思维，而未来的学习也将从内容转向过程，即更关注如何去学，学生可以借助互联网平台而获得海量信息与资讯，未来美术教师如果还是囿于学科之内的内容和知识，将很难面对知识结构日益丰富的教学对象，而只有当我们美术教师站的高度越高，看的视野越宽，从跨学科的角度去挖掘本学科的生长点和创新思路时，才能对一些教育现象和问题产生触类旁通式的理解和体会，而将这种认识带到具体的美术教学时，就能产生出有生命

① [日]东山明. 孩子与美术：教与学[M]. 王晓平, 夏河, 译. 北京:中国林业出版社, 1994:167.

力的美术教学。

3. 共情能力

共情能力与人的“情商”有关，也称为“移情能力”①，指的是一种能设身处地体验他人处境，从而达到感受和理解他人情感的能力，也称为“同理心”，主要体现在情绪自控、换位思考、倾听能力以及表达尊重等方面②。从未来社会和教育发展来看，美术教师对学生的共情能力的影响，关系到学生的成长，也关系到教师自身的发展。在美术教学时心中有学生，从学生的角度思考和判断，用学生的眼光去观察周围发生的事情，用学生的情感去体验生活中有意义的内容，从学生的兴趣出发来选择合适的教学内容和教学方法，使学生在美术学习上获得愉悦和满足感。未来美术教师拥有共情能力，在平时工作与教学中，培养自己与他人高效沟通和合作的能力，这样在未来社会中，那些有想法又会表达沟通的美术教师会得到更多的关注，获得更多的发展机会，因而，也会享受到最大的工作乐趣并从中获得回报。

（四）我国未来美术教师专业化发展的图景

未来美术教师的专业化发展不但需要理论上的研究与突破，更需要方法上的创新与实践。本着这样的宗旨，通过广泛深入地调查和实践探寻，列举数据，实证探考，表明未来的5年内，我国美术教师的专业化发展图景开阔，在许多方面值得我们美术教育者期盼和向往。

1. 预备美术教师将成为整个美术教师专业发展的起点

越来越多的研究表明，当今时代下的美术新教师要想获得持久的专业化发展，其专业化发展能力尤为重要，而这种专业化发展能力从何而来，或许从职前教育中所获得的专业化发展能力储备是一个关键因素。本文前面对实习教师的研究也充分说明，在大学阶段接受有意义的教学，对他们将来胜任美术教师职业有积极作用。预备教师在职前阶段深入学校见习和实习，结合所学知识在实践中摸索而来的经验最为可贵，这能使他们对将来整个职业生

---

① 引自http://baike.baidu.com/view/6588.htm.

② 引自http://zh.wikipedia.org/zh/%E5%85%B1%E6%83%85%E8%83%BD%E5%8A%9B.

涯产生感性认识，养成对美术学习关注的思考与研究习惯。美术预备教师的可持续发展力，来自高师美术教师教育中的课程设置、高师美术教育师资、教师教育人才培养的观念与机制。

2. 在职美术教师专业发展过程有章可循

中小学教育是人生发展的重要阶段，中小学美术教师的质量关系到中小学生在审美能力和创造能力方面的成长，也关系到未来国家和社会所需的人才质量。在国家层面明确美术教师专业化发展标准，可以凸显美术教师职业的专业性、推进美术教师专业化进程，也是国家提高美术教师质量的战略。大多数美术教师有着强烈的专业化发展诉求，但对如何才能有效发展并不能很好把握。培育能应对未来挑战的美术教师，需要教育决策部门、学科专家和广大研究者给出良好的专业发展指导和引领。对他们应具有的职业道德、专业知识和专业能力进行定位，规范美术教师专业行为，设立合格、优秀的美术教师标准，为职前美术教师培养、在职美术教师培训提供目标参照，为美术教师的资格准入、退出、考核与评价提供依据，使未来美术教师在专业化发展时了解“应知”，实现“所能”，做到有章可循。

3. 美术教师专业发展环境步入上升轨道

学校美术课程改革十多年以来，在国家和地方政府、学校、学科专家、研究者以及美术教师的共同努力下，美术教育的重要性和积极意义越来越深入人心，得到了社会、学校、家庭等广泛认同，学校美术教育在十多年的改革实践中逐渐步入良好的发展轨道。由于国家政策的制定，财政扶持，像“国培计划”这样一批批针对教师培训的项目支持，使得美术教育上的地区差异、师资问题、资源不均的状况也正在得到逐步改善。美术教育研究者们也将关注的焦点转向美术教师教育、美术教师专业发展等问题的研究，我们相信，未来5年将是学校美术教育发展的又一个黄金时期。对学校美术教育来说，从国家到地方，从团队到个人，都将步入成长的上升期，美术教师专业发展的平台将以多种形式、多种面貌呈现在未来美术教师的脚下，未来的美术教师，谁抓住了机遇，谁就能拥有生态的专业化发展空间。

参考文献

一、期刊

1. Cochran, Kathryn F., et al. Pedagogical Content Knowing: An Integrative Model for Teacher Preparation[J]. Journal of Teacher Education, 1992, 44 (4), 263-272.

2. Colleen M. Conway, Shannan Hibbard, Dan Albert, et al. Professional Development for Arts Teachers[J]. Arts Education Policy Review, 2005, 107 (1): 3-10.

3. Frances Corner. Identifying the Core in the subject of Fine Art[J]. International Journal of Art & Design Education, 2005, 24 (3): 334-342.

4. Lynn Galbraith. Daliy Life: A Pre-Service Art Teacher Educator and Her Work[J]. International Journal of Art & Design Education, 2004, 23 (2): 118-126.

5. Mary Erickson, Pat Villence. Base of Preservice Art Teachers' Refective Art Judgments[J]. Studies in Art Education A Journal of Issues and Research, 2009, 50 (2): 184-200.

6. Melody K. Milbrandt, Sheri R. Klein. Survey of Art Teacher Educators: Qualifications, Identity and Practice[J]. Studies in Art Education, 2008, 49 (4): 343-357.

7. SHULMAN L. S.. Those who understand: Knowledge growth in teaching. Education Researcher, 1986, 15 (2): 4-14.

8. 敖洁．香港教师职业的准入要求及教师教育概述[J]．当代教育论坛，2009（2）：116-117.

9. 蔡铁权．课程理论：教师专业化的主旋律——基础教育课程改革推进教师的专业化发展[J]．教育科学研究，2005（7）：16-17.

10. 陈向明．理论在教师专业发展中的作用[J]．北京大学教育评论，2008（1）：39-44.

11. 丁钢．日常教学生活中的教师专业成长[J]．教育科学，2006, 22（6）：52-55.

12. 辜芝兰．构建教师终身学习体系——日本第三次教师教育改革的实践及启示[J]．继续教育研究，2010（5）：13-15.

13. 耿涓涓．教育信念：一位初中女教师的叙事探究[J]．中国教育：研究与评论．2002, 2（1）：182.

14. 何善亮．论有效教学的实践建构[J]．课程·教材·教法，2010（5）：20-26.

15. 胡悦．我国教师资格政策研究：一种政策内容分析的视角[J]．理论观察，2008（3）：95-96.

16. Jouni Väliärvi．芬兰研究型教师教育述评[J]．陆璟，译．上海教育科研，2009（1）：21-25.

17. 胡知凡．美国《国家核心艺术标准》介绍(续)[J]．中国美术教育．2015（5）：85-89.

18. 姜勇．论教师专业发展的后现代转向[J]．比较教育研究，2005，26（5）：52-55.

19. 吕立杰．教师学习理论对教师教育课程的启示[J]．教育发展研究，2010（22）：59.

20. 李静．中小学美术教师专业知识认知状况和特征分析[A]∥钱初熹．美术教师教育愿景．上海：华东师范大学出版社，2009：119.

21. 李静．美术课程观转向中美术教师的课程知识构建[J]．教育理论与实践，2010（11）：16.

22. 卢乃桂，钟亚妮．国际视野中的教师专业发展[J]．比较教育研究，2006（2）：71-76.

23. 刘宇．教师专业知识及其发展——图式观与组织文化条件[J]．教育理论与实践，2007（17）：35-38.

24. 毛毅静，周凤甫．教研员访谈录（一）[J]．中国美术教育，2007（4）：15-17.

25. 钱初熹．以项目研究推进教育实习——关于美术学科教育实习的行动研究[J]．中国美术教育，2008（3）：4-7.

26. 钱初熹．研究之路有你相伴——贺《中国美术教育》创刊30周年[J]．中国美术教育，2010（5）：6.

27. 钱初熹．大数据时代美术教育的创新发展[A]．∥韦天瑜，大数据时代创意美术教育——第五届世界华人美术教育大会论文集．华东师范大学出版社．2015：20.

28. 全力．名师工作室环境中的教师专业成长——一种专业共同体的视角[J]．当代教育科学，2009（13）：31.

29. 谌启标．基于教师专业成长的课例研究[J]．福建师范大学学报（哲学社会科学版），2006（1）：156-159.

30. R. C. 米什拉．印度教育研究[A]．教育展望，2000（3）：28-40.

31. 王保星．从"终身教育"到"终身学习：国际成人教育观念的根本性改变[J]．比较教育研究，2003（9）：61-71.

32. 吴宏，徐斌艳．基于有效教学理论的教师专业化发展[J]．北京教育学院学报，2008（2）：71-73.

33. 王建勤．终身学习：教师专业化的根本要求[J]．中国成人教育，2009（12）：74.

34. 王艳玲．英国“一体化”教师专业标准框架评析[J]．比较教育研究，2007（9）：78-82.

35. 徐斌艳．德国教师教育标准的理论依据及内涵分析[J]．外国中小学教育，2007（2）：13-17.

36. 徐今雅．交往：教师专业发展的重要途径——哈贝马斯批判理论对教师专业发展的启示[J]．教师教育研究，2008（1）：13-17.

37. 徐今雅，黄运红．澳大利亚学士后教师教育的新模式——墨尔本大学“教学硕士计划”评析[J]．比较教育研究，2010（2）：84-88.

38. 姚菁．自我实现：一位语文特级教师的专业发展[A]∥丁钢．中国教育：研究与评论

（第8辑）．北京：教育科学出版社，2005（4）：221.

39. 杨瑞敏．我国学校艺术教育现状及亟待解决的问题[J]．中国美术教育，1995（6）：2.

40. 杨平，魏奇，杨东．欧盟终身学习政策与实践新进展[J]．教育发展研究，2010（17）：83.

41. 殷玉新．TALIS：一种教师专业发展水平的测量框架——基于2013年国际性教与学的大数据调查[J]．外国中小学教育．2015（2）：11-17.

42. 于泽元．教师专业发展视野中的高师课程改革[J]．高等教育研究，2004，25（3）：55-60.

43. 邹斌，陈向明．教师知识概念的溯源[J]．课程・教材・教法，2005（6）：85.

44. 赵凌，张伟平．教师的专业标准：澳大利亚的实践与探索[J]，比较教育研究.2010（4）：87-90.

45. 张学民，林崇德，申继亮．国外教师认知能力发展研究述评[J]．比较教育研究，2004（5）：1-6.

46. 张淑芳，张熙君．教师专业化与教师专业发展：反思与实践[J]．教育实践与研究，2009（3）：4-8.

47. 钟启泉．教师“专业化”：理念、制度、课题[J]．教育研究，2001（12）：12-16.

48. 钟启泉，胡惠闵．我国教师教育课程标准的建构[J]．全球教育展望，2005，34（1）：36-39.

49. 钟启泉．“有效教学”研究的价值[J]．教育研究，2007（6）：31-35.

50. 钟启泉，王艳玲．教师知识研究的进展与启示[J]．大学：研究与评价，2008（1）：11-16.

51. 钟启泉．我国教师教育制度创新的课题[J]．北京大学教育评论，2008，6（3）：46-59.

52. 朱旭东，周钧．教师专业发展研究述评[J]．中国教育学刊，2007（1）：68.

二、书籍

53. (美)埃利奥特・W. 艾斯纳．教育想象——学校课程设计与评价[M]．李雁冰，主译．北京：教育科学出版社，2008.

54. (美)艾尔・赫维茨，迈克尔・戴．儿童与艺术[M]．郭敏译．长沙：湖南美术出版社，2008.

55. (美)阿瑟・D. 艾夫兰．艺术与认知[M]．智玉琴，译．长沙：湖南美术出版社，2008.

56. (美)乔伊斯，肖沃斯．教师发展——学生成功的基石[M]．唐悦，周俏纨，译．北京：中国轻工业出版社，2005.

57. (美)伯尼・特里林，查尔斯・菲德尔．21世纪技能——为我们所生存的时代而学习[M]．洪友，译．天津：天津社会科学院出版社．2011.

58. (美)Charlotte Danielson & Thomas L. McGreal．教师评价——提高教师专业实践能力[M]．陆如萍，唐悦，译．北京：中国轻工业出版社，2005.

59. 卢乃桂，操太圣．中国教师的专业发展与变迁[M]．北京：教育科学出版社，2009.

60. (英)C. P. 斯诺．两种文化[M]．陈克艰，秦小虎，译．上海：上海科学技术出版社，

2003.

61. 陈向明．教师如何作质的研究[M]．北京：教育科学出版社，2001.

62. 崔允漷．有效教学[M]．上海：华东师范大学出版社，2009.

63(美)Douglas J. Simpson，(加)Michael J. B. Jackson，(美)Judy C. Aycock著．杜威与教学的艺术[M]．耿益群，译．北京：中国轻工业出版社，2009.

64. 丁钢．全球化背景下的教师专业发展创新计划[M]．北京：北京师范大学出版社，2009.

65. 丁钢．中国中小学教师专业发展状况调查与政策分析报告[M]．上海：华东师范大学出版社，2010.

66. (日)东山明．孩子与美术：教与学[M]．王晓平，夏河，译．北京：中国林业出版社．1994.

67. (美)戴维·波普诺．社会学[M]．李强等译．北京：中国人民大学出版社，1999.

68. (加)D. 简·克兰迪宁，F. 迈克尔·康纳利．叙事探究：质的研究中的经验和故事[M]．张园，译．北京：北京大学出版社，2008.

69. 郭丁荧．教师图像——教师社会学研究[M]．高雄：高雄复文图书出版社，2004.

70. (英)赫伯·里德．通过艺术的教育[M]．吕廷和，译．长沙：湖南美术出版社，2002.

71. 胡惠闵，王建军．教师专业发展[M]．上海：华东师范大学出版社．2014.

72. (加)卡伦·芒迪，凯西·比克莫尔，许美德等．比较与国际教育导论：教师面临的问题[M]．徐辉，朱红，王正青，主译. 北京：教育科学出版社，2009.

73课程教材研究所．20世纪中国中小学课程标准·教学大纲汇编——音乐·美术·劳技卷[M]．北京：人民教育出版社，2001.

74. (美)拉塞尔·L. 阿克夫（Russell L. Ackoff），丹尼尔·格林伯格（Daniel Greenberg）．翻转式学习：21世纪学习的革命[M]．杨彩霞，译．北京：中国人民大学出版社，2014.

75. (美)琳达·达林-哈蒙德，美国教师专业发展学校[M]．王晓华，向于峰，钱丽欣，译．北京：中国轻工业出版社，2006.

76. (美)琳达·达林-哈蒙德，有力的教师教育——来自杰出项目的经验[M]．鞠玉翠译．上海：华东师范大学出版社， 2013.

77. (美)鲁道夫·阿恩海姆．对美术教学的意见[M]．郭小平，翟灿，熊蕾译．长沙：湖南美术出版社，1993.

78. 刘捷．专业化：挑战21世纪的教师[M]．北京：教育科学出版社，2002.

79. 刘军宁．自由与社群[M]．北京：生活·读书·新知三联书店，1998.

80. 李力加，章献明．小学美术教师专业能力必修[M]．重庆：西南师范大学出版社，2012.

81. 李静．构建我国基础教育美术教师专业知识体系及其评估模式研究[M]．浙江：浙江人民美术出版社，2014.

82. (美)奈尔·诺丁斯．教育哲学[M]．许立新，译．北京：北京师范大学出版社，2008.

83. 钱初熹．美术教学理论与方法[M]．北京：高等教育出版社，2005.

84. (美)乔治·J. 波斯纳．课程分析[M]．仇光鹏，韩苗苗，张现荣，译．赵中建，审．上海：华东师范大学出版社，2007.

85. (美)Ralph Fessler，Judith C. Christensen. 教师职业生涯周期——教师专业发展指导[M]. 董丽萍，高耀明，译. 北京：中国轻工业出版社，2005.

86. (德)滕尼斯. 共同体与社会[M]. 林荣远，译. 北京：商务印书馆，1999.

87. 徐碧美. 追求卓越——教师专业发展案例研究[M]. 陈静，李忠如，译. 北京：人民教育出版社，2003.

88. 徐建融，钱初熹，胡知凡. 美术教育展望[M]. 上海：华东师范大学出版社，2002.

89. 王大根. 美术教学论[M]. 上海：华东师范大学出版社，2000.

90. (美)夏洛特・丹尼尔森（Charlotte Danielson）. 提升专业实践力：教学的框架[M]. 杨晓琼，译. 北京：教育科学出版社，2008.

91. (美)约翰・杜威. 确定性的寻求——关于知行关系的研究[M]. 傅统先译. 上海：上海人民出版社，2005.

92. (美)约翰・D. 布兰思福特，安・L. 布朗，罗德尼・R. 科金. 人是如何学习的：大脑、心理、经验及学校[M]. 程可拉，孙亚玲，王旭卿，译. 高文审校. 上海：华东师范大学出版社. 2013.

93. (德)尤尔根・哈贝马斯. 在事实与规范之间[M]. 童世骏，译. 北京：三联书店，2003.

94. 尹少淳. 美术教育学新编[M]. 北京：高等教育出版社，2009.

95. 钟启泉，罗厚辉. 课程范式的转换：香港与上海的课程与教学改革[M]. 上海：上海科技教育教育出版社，2005.

96. 钟启泉，崔允漷，吴刚平. 普通高中新课程方案导读[M]. 上海：华东师范大学出版社，2003.

97. 赵中建. 全球教育发展的研究热点——90年代来自联合国教科文组织的报告[M]. 北京：教育科学出版社，1999.

98. 周赞梅. 专家教师研究[M]. 北京：知识产权出版社，2006.

三、报纸

99. 刘放桐. 杜威：曾被误解的实用主义者[N]. 社会科学报，2011-04-07（6）.

100. 谢银迪. 芬兰“最激进的教育改革”来袭? [N]. 中国教师报，2015-12-18（3）.

101. 吴海鸥. 从十一项改革读懂《每一个学生成功法》[N]. 中国教育报. 2015-12-16（11）.

四、报告

102. Survey of teachers 2010: support to improve teaching practice[R]. Research commissioned by the General Teaching Council for England. 2010，11.

103. L. 约翰逊，S. 亚当斯贝克尔，V. 埃斯特拉达，A. 弗里曼. 新媒体联盟地平线报告：2015基础教育版[R]. 张铁道，白晓晶，李国云，等译. 德克萨斯：新媒体联盟，2015.

104. 孙家祥美术学科带头人工作室. 改进中学美术教学的艺术范例和课堂微观技术研究结题报告[R]，2009.

五、电子文献

105. Accreditation of Initial Teacher Education Programs in Australia: Standards and Procedure [S/OL]. (2011-04) [2013-08-10]. http: //aitsl. edu. au/docs/default-source/initial-teacher-education-resources/accredit-ation_of_initial_teacher_ education_programs_in_australia. pdf.

106. Helen Poet, Peter Rudd, Joanne Kelly. Survey of teachers 2010: support to improve teaching practice [R/OL]. 2010 [2010-08-07]. http: //eprints. whit erose. ac. uk /73945/.

107. Office For Standards In Education. Making a difference: The impact of award-bearing in-service training on school improvement [R/OL]. (2004-01) [2010-08-07]. http: //dera. ioe. ac. uk/9466/.

108. Training And Development Agency For Schools. Strategy for the professional development of the children' s workforce in schools [R/OL] (2009-12). [2010-09-20]. http://webarchive. nationalarchives. gov. uk/20091116230635. http://www. tda. gov. uk/about/publicationslisting/TDA0769. aspx.

109. 郝孟佳. 2030年的学校“教室”变身“会议室”[EB/OL]. [2014-10-20]. http: //edu. people. com. cn/n/2014/1020/c367001-25871662. html.

110. 赵毅衡. 论知行不必合一[N/OL]. 外滩画报: [2005-03-30]. http: //news. sina. com. cn/cl / 2005-03-30/20496243358. shtml.

111. 刘奕湛, 吴晶. 中国教育的崭新跨越[EB/OL]. [2015-12-30]. http: //news. xinhuanet. com/2015-12/16/c_1117482839. htm.

后记

一个人的成长离不开有思想的人的启迪和指引。做研究的人尤其需要与他人的思想互动。对帮助和激励着我进步的人，唯有感恩于心，责任于行。

这本书部分源于我的博士论文。钱初熹先生是我的老师，她学养深厚、治学严谨，以践行的风格、极大的热情，投入所热爱的事业中。我对美术教师专业发展方面的思考，有相当程度来源于她的启发与点拨。时光在与老师一起做研究、下学校、共读书、喝咖啡中流逝；灵感却在交谈、散步、修枝叶、沉思中留下来。以至于现在整理出版这本书，因为时间的变化需要增加或删减一些内容时，经常会反复思考和琢磨，也又一次悟到了老师曾经说过的话——创新才有发展、独特才有生命力。是老师的点滴馈赠，扶我前行。

《中国美术教育》36年的创刊历史，使她本身就积淀了丰富的美术教育研究资源，依托她而为我国广大美术教师搭建的交流与互动的平台，为美术教师服务，也使美术教师获得成长。我在这里工作了21年，一方面，受惠于前辈的教诲和指导，陈通顺、张恒翔、张劲先生使我从初入职的懵懂到逐渐成长起来，他们手把手地传授我编辑门道和精髓，使我受益匪浅；崔卫先生的学识与智慧，经常能促进我深入地思考与探究；年轻人赵蓉和范艳的进取精神，带来很多活力和看世界的新视角。另一方面，在各种活动中我接触越来越多的一线美术教师，便开始观察他们、了解他们、研究他们。渐渐地，我发现美术教师在日常教学生活中有自己的“语言”编码方式，研究者需要深入到他们之中，破译这些密码——才能了解他们是一群什么样的人，他们在追求什么，他们是如何做的，他们的成长空间在哪里……于是，与美术教师交流、交心，能增进我的思考，也增添了要为他们做些什么的动力。

这本书能够出版来自于尹少淳先生的扶携。他是我国非常有影响力的美术教育理论家，也是我敬仰的前辈。拙作纳入该丛书出版，我自知才疏学浅，担心不及要求，是尹老师的信任和支持，促使我下定决心，尽力而为。我还要感谢西南师范大学出版社王正端先生，他给本书的出版提供了很多建设性的意见和建议，他的严谨和耐心，记忆犹新。

人非生而知之者。学然后知不足，学而思，知而行。这是研究过程中优秀美术教师的知行合一，也是给我的启发。

李静

2016年6月于随园

图书在版编目（CIP）数据

美术教师专业发展图景：知识与行动的研究 / 李静著. — 重庆：西南师范大学出版社, 2017.5（2021.8重印）

（新生代美术教育家书系）

ISBN 978-7-5621-8711-0

Ⅰ. ①美… Ⅱ. ①李… Ⅲ. ①美术课 – 中小学 – 师资培训 – 教学研究 Ⅳ. ①G633.955.2

中国版本图书馆CIP数据核字(2017)第075696号

新生代美术教育家书系　主编 / 尹少淳

美术教师专业发展图景 —— 知识与行动的研究

MEISHU JIAOSHI ZHUANYE FAZHAN TUJING — ZHISHI YU XINGDONG DE YANJIU

李静 著

责任编辑 / 王正端　赖晓玥　刘　凯

整体设计 / 宋　宇　王正端

出版发行 / 西南师范大学出版社

地　　址 / 重庆市北碚区天生路2号

邮　　编 / 400715

本社网址 / http://www.xscbs.com

网上书店 / http://xnsfdxcbs.tmall.com

电　　话 / (023)68860895

传　　真 / (023)68208984

经　　销 / 新华书店

排　　版 / 江礼群

印　　刷 / 重庆康豪彩印有限公司

幅面尺寸 / 170mm×240mm

印　　张 / 20.25

字　　数 / 342千字

版　　次 / 2018年3月　第1版

印　　次 / 2021年8月　第3次印刷

ISBN 978-7-5621-8711-0

定　　价 / 80.00元

本书如有印装质量问题，请与我社读者服务部联系更换。
读者服务部电话 / (023)68252507
市场营销部电话 / (023)68868624　68253705

西南师范大学出版社美术分社欢迎赐稿。
美术分社电话 / (023)68254657　68254107